シリーズ・織豊大名の研究 13

羽柴秀吉一門

黒田基樹 編著

戎光祥出版

序にかえて

本書は、羽柴秀吉の一門衆についての重要論文を集成するものである。とはいえ秀吉の一門衆といっても、すべてを対象にできているわけではない。分量の都合から、具体的に関係論文を収録しているのは、秀吉の天下人化以前の時期に嫡男であった実子の石松丸秀勝、養嗣子の次秀勝、それに姉瑞竜院殿の夫・三好常閑、長男秀次、次男小吉秀勝に関するものにすぎない。さらに秀次については、その後に秀吉の家督を継承して羽柴家当主・豊氏長者になったことから、関係論文は多く存在しているものの、本書に収録することができたのはその一部にすぎない。それでも、それら秀吉の一門衆についての重要論文を集成することで、一門衆についての研究状況を把握することができるであろう。

また、秀吉の一門衆について認識するためには、そもそも秀吉と、そのきょうだいの出自についての理解が欠かせない。そのため本書には、それに関わる論考についても収録することにした。これによって、秀吉とその家族についての研究状況を認識することができるだろう。ただし、秀吉の最有力の一門衆として存在したのは、弟秀長であったが、それについては本シリーズで別にまとめられることになっているので、秀長とその養嗣子秀保（秀次・小吉秀勝の弟）に関する論文は、収録の対象にしていない。また、養子であった秀俊（のち小早川秀秋）についても、その関係論文はそれなりの分量にあるので、本書に収録することはしなかった。

こうして本書では、以上に述べてきた内容に関する論考十三編を集成した。それを第1部「秀吉の出自と石松丸秀勝・次秀勝」、第2部「羽柴秀次とその一族」の二部に編成した。第1部では、秀吉とその家族の出自に関する論考二編、石松丸秀勝に関する論考二編、次秀勝に関する論考二編を収録した。第2部では、秀次に関する論考五編、小吉秀勝に関する論考一編、三好常閑に関する論考一編を収録した。そのうえで、秀吉の一門衆については、いまだ基礎史料の集成がおこなわれていない状態にあることを踏まえて、今後における研究進展のため、第3部「羽柴秀吉一門文書集」として、次秀勝・小吉秀勝・秀保・三好常閑について、発給・受給文書を集成した。なおここには、秀保も対象にしているが、これは秀保の関係文書の分量が少ないため、収録が可能であったことと、総論で、秀次・小吉秀勝の弟であることから取り上げていることをうけてのことである。

そして総論では、秀吉の家族・一門衆について、研究状況の把握と、とりわけ基礎的事実関係の確定に努める内容とした。総論については、これまでの関連研究を総括するという方法もありえる。しかしその場合には、発給文書の内容や政治動向の整理、なかでも次秀勝・秀次・小吉秀勝について領国支配の内容を取り上げなければならなくなるが、その分量を確保することは難しいと判断した。その一方で、秀吉の一門衆については、基礎的事実関係についても、いまだ確定されていないことが多い状況にある。そのため総論では、これまでの関連研究の成果を踏まえたうえで、そうした基礎的事実関係の確定に主眼をおいた内容にすることにした。

ともかく本書によって、羽柴秀吉の一門衆についての、単著論文集やほかの再録論集に未掲載の重要論文の多くが集成されることになった。また総論によって、それらについての基礎的事実関係の確定をすすめることができ、さらに一門衆の一部について、基礎史料を集成することができたといえる。それらは今後における関連研究の進展に大いに寄与することになると確信している。最後に、論考の再録について快く御承諾いただいた執筆者各位に、深く感謝します。

二〇二四年九月

黒田基樹

目次

序にかえて　黒田基樹　1
総論　羽柴秀吉一門の研究　黒田基樹　6
第1部　秀吉の出自と石松丸秀勝・次秀勝
Ⅰ　天下人秀吉の出自と生い立ち　跡部信　60
Ⅱ　尾張中村雑考　横地清　79
Ⅲ　長浜で早死した太閤の嫡子　桑田忠親　117
Ⅳ　朝覚秀勝の再検討　山本順也　128
Ⅴ　信長在世期の御次秀勝をめぐって　尾下成敏　136
Ⅵ　御次秀勝と生母養観院　高木嘉正　158

第2部　羽柴秀次とその一族
Ⅰ　織豊政権と三好康長——信孝・秀次の養子入りをめぐって　諏訪勝則　162
Ⅱ　八幡山城主秀次の統治　太田浩司　188
Ⅲ　豊臣秀次の入部　三鬼清一郎　198
Ⅳ　関白秀次の文芸政策　諏訪勝則　217
Ⅴ　豊臣秀次事件と金銭問題　遠藤珠紀　255
Ⅵ　羽柴秀勝の入国と支配　平山優　264
Ⅶ　三好吉房　山田彦郎　268
第3部　羽柴秀吉一門（次秀勝・小吉秀勝・秀保・常閑）文書集　黒田基樹 編　337
初出一覧／執筆者一覧

羽柴秀吉一門

総論　羽柴秀吉一門の研究

黒田基樹

はじめに

本書で対象とする「羽柴秀吉一門」とは、羽柴家当主・羽柴政権主宰者としての羽柴秀吉にとって、秀吉の家督を継承し、あるいは行政・軍事・外交などにおいて、その代行を務めることができる、血縁者・養子を想定している。具体的には血縁の子供、弟と甥、養子である。もっとも当時の史料において、「羽柴家一門」という政治的区分・類型が存在していたことを、明確に示すものはみられていない。そのため一門衆という存在を想定できるかどうか、という観点そのことから検討を開始しなくてはならないが、そのことは実際には、一門衆としての政治的地位と役割を把握した結果として、導き出されるものとなる。しかしその検討自体は、今後において積み重ねていくべきものであり、現時点でただちに結論を示すことはできない。そして検討に際しては、仮説を設定し、それをもとに検討していくという手段が必要である。

私は先著『羽柴を名乗った人々』(1)において、羽柴家・羽柴政権において、高い政治的地位を占め、重要な役割を担った者のうち、養子と血縁の弟・甥を「一門衆」、姻戚関係にあった者を「親類衆」として区分し、それぞれの該当者について取り上げた。そこで一門衆として括ったのは、弟秀長とその養嗣子秀保、甥秀次・秀勝、養子秀俊（小早川秀秋）であった。親類衆として括ったのは、宇喜多秀家・結城秀康・前田利家・同利長・同利政・徳川家康・同秀忠・京極高次・同高知・木下勝俊・某秀弘・青木重吉・福島正則であった。この区分は、現在においても有効と考えているが、親類衆についてはいくつか修正すべきところもある。京極高知は、同高次の弟であり、そのため親類衆に加えたのであったが、兄高次と政治的地位には格差があり、その他の羽柴苗字を称した諸大名と同列の地位にあったにすぎないため、この括りからは除外するのが適切と考えている。某秀弘（羽柴長吉・因幡守）は、官位昇進の在り方から親類衆と想定したが、その後、谷徹也氏によって長谷川秀一（羽柴東郷侍従）の子に比定する見解が示され(2)、妥当と考えられるので、これもこの括りから除外するのが適切になる。

一門衆と親類衆の性格の違いを示すこととして、まずあげられるのは、一門衆は「家臣」の立場になく、そのため「五大老」などの役割に就くことはなかった、ととらえられることである。養子の小早川秀秋が「五大老」に加えられなかったことが、それを示しているととらえられる。この点から、一門衆と親類衆とを区分することは、妥当性を有していると考える。ただしその一方、親類衆のなかには、一門衆の政治的地位に限り無く近い存在もみられた。秀吉が一門衆・親類衆に出した文書で、宛名に羽柴苗字を記す場合と省略する場合があったが、一門衆については、他者との連名ではなく、単独で宛てている場合は、基本的には羽柴苗字は省略されている。対して親類衆については、基本的には羽柴苗字を記している。

しかしそのなかで、残存史料の関係によることも考えられるが、現時点において、徳川家康（事例が多いため典拠は省略）・同秀忠（「駿河長」『豊臣秀吉文書集』三〇一五号。以下、秀吉〜と略記。「武蔵宰相」秀吉四一四九・「江戸中納言」秀吉四二五二）・京極高次（「大津宰相」秀吉五八五五）については、羽柴苗字で記されていない（なお家康については一点のみ、羽柴苗字を記されているものがある）。彼らが羽柴苗字を称していたことについては、それを署名して出した発給文書によって確認できている。この点に関して、徳川家康が何時から羽柴苗字を称するようになったのか、いまだ判明しておらす、天正十七年（一五八九）五月の時点で「徳川大納言」と記されているので（秀吉六〇九五。他に秀吉六二九九がある）、羽柴苗字を与えられたのは同十八年以降のことと推定される。この時期から考えると、嫡男秀忠が元服して羽柴苗字を与えられたのと同時のことという想定も可能であろう。また徳川家康・同秀忠・京極高次のみが、羽柴苗字を基本的に省略されていた理由は、ただちに判明しないが、想定できることとして、徳川秀忠が秀吉妹朝日の養子でかつ秀吉養女小姫の婿、家康は朝日の婿でかつ秀忠の父、京極高次は秀吉妻浅井茶々の妹婿、という、秀吉およびその嫡男（茶々所生の鶴松・秀頼）との姻戚関係の強さがあげられるかもしれない。

もっとも基本的に羽柴苗字を省略されるという在り方は、織田信兼・同秀信の織田家一族の有力者についてもみられているので、必ずしも一門衆の指標とはいいきれない。しかしともかくも、そのように羽柴苗字を省略されるという在り方がみられ、それが特定の人物に限られているという状況がある以上、そのことの理由を解明していくことは必要である。それは一門衆・親類衆、さらに織田家の有力者が、羽柴政権においてどのような政治的地位に位置付けられていたのか、ひいては羽柴政権の政治秩序の在り方を明らかにすることにつながると考えられる。羽柴政権の政治秩序については、今後も引き続いて検討すべき課題が認められる。

さて本書において、秀吉一門衆として対象とするのは、秀吉の実子で最初の嫡男石松丸秀勝、次いで養子で嫡男となった次秀勝、姉瑞竜院殿の子供の秀次・小吉秀勝である。このうち石松丸秀勝・次秀勝は、秀吉の嫡男であり、他の一門衆と全く同列には扱いえないが、両者は秀吉が天下人の地位を確立する以前に嫡男として存在していたものであり、関連研究も多くはないため、ここで取り上げることにした。また本来であれば、弟秀長とその養嗣子秀保（秀次・小吉秀勝の弟）、養子秀俊（小早川秀秋）も対象とすべきところだが、秀長・秀保については、本シリーズで別に刊行される予定になっていること、秀俊については、関係論文の分量により本書に収録することができなかったため、省略することにした。また取り上げているもののうち、秀次については、羽柴家当主になって以降も含めると、関係論文は多いが、秀次については別に研究書が複数刊行されていることもあり、ここでは羽柴家当主になる以前の動向、秀次個人の動向に関わる論文を中心に、分量の許す範囲で収録することにした。

したがって本書で、秀吉一門衆についての研究すべてを集成できているわけでないことはいうまでもなく、本書に未収録で、単著論文集や再録論文集に収録されている関係論文も多い。そのため本総論では、それら本書に未収録の関係研究書や論文も対象にして、秀吉一門衆についての研究状況とその成果を整理、把握することにしたい。なおここでは、秀次・小吉秀勝の弟秀保についても、その観点から取り上げることにする。もっとも秀吉一族については、基礎的事実関係すら、いまだ明確にされていない部分も多い。具体的には以下で触れるが、秀吉きょうだいの生年、甥の生年についてすら、明確に確定されているわけではない。そのため以下では、それらの基礎的事実関係の検証を中心に取り上げていくことにしたい。

一、秀吉の父母ときょうだい

ここでは秀吉の父母ときょうだいについて取り上げる。

1、秀吉の父

そもそも秀吉の父については、当時の史料によって確認されない。通説では、実父を「木下」弥右衛門、継父を筑阿弥（竹阿弥）とされているが、これは後世の関係史料をもとにした解釈にすぎない。

秀吉の父について記す最も古い史料は、寛永二年（一六二五）成立の小瀬甫庵「太閤記」（刊本は『新古典文学大系60 太閤記』を使用）であり、巻一に「父は尾張国愛智郡中村之住人筑阿弥」（刊本一二頁）、「父は織田大和守殿に事へ、筑阿弥入道と申し候て、愛智郡中村之住人にて御座候、代々武家之姓氏をけがすと云う共、父が代に至りて家貧しければ、某微小にして方々使令之身と成て君門に達すること能わず」（刊本一四頁）とある。

これによれば父は、尾張愛知郡中村（名古屋市中村区）の住人で、清須織田大和守（達勝）に仕えた筑阿弥とされる。同書では、秀吉は一〇歳の時の天文十五年（一五四六）に生家を飛び出し、「方方流牢」し、「遠三尾濃四ヶ国之間を経廻」し、二〇歳の時の弘治二年（一五五六）に遠江の国衆・飯尾連竜家臣とみられる松下加兵衛尉（長則か）に仕えたといい、そして永禄元年（一五五八）九月一日に織田信長に仕え、筑阿弥の子のため「小筑」と称されたという。この文脈からすると、一〇歳から二〇歳の間に、筑阿弥は死去していたととらえられる。

次にみえるのは、福田千鶴氏が名古屋市蓬左文庫所蔵本の奥書をもとに、寛永十九年の成立であることを明示している「清須翁物語」である。(3) 別名を「祖父物語」「朝日物語」といい、尾張清須朝日村（清須市朝日）の柿屋喜左衛門が祖父の見聞談を書き留めた聞書である（刊本は『改定史籍集覧第十三冊』所収「祖父物語」を使用）。柿屋祖父の生存期間は判明しないが、柿屋が同書を四〇歳くらいでまとめたとすれば、およそ文禄年間（一五九二～九六）の生まれとみられ、その祖父というから、それは秀吉と同世代にあたることになろう。

そこでは「御親父は尾州ハサマ村（名古屋市昭和区狭間町）の生まれ、竹アミと申して、信長公の同朋なり」「（秀吉は）清須ミスノのガウ戸と申す所にて出生し玉う、幼名をコチクとぞ申しける」（刊本三二三頁）とある。ここでは筑阿弥は、狭間村の出身とされ、清須に居住して、同地で秀吉が生まれたとしている。「太閤記」では中村の住人となっていたが、ここでは狭間村の生まれとされて異なっている。整合的に考えるならば、狭間村の出身で、その後に中村に居住したということなら成立する。また「太閤記」では、清須織田通勝に仕えていたとあり、ここで秀吉が清須で生まれたとされているのは、それに関連していると理解することも可能だろう。

次にみえるのは、延宝四年（一六七六）以前成立の土屋知貞「太閤素生記」（刊本は『改定史籍集覧第十三冊』所収本を使用）である。同書は、土屋知貞（一五九四〜一六七六）の「養母」が、尾張愛智郡中々村の代官を務め、織田信長の弓を預かっていた稲熊助右衛門という人物の娘といい、「秀吉前後の年比」で、秀吉関係の話は彼女からよく聞いていたものだという（刊本三〇七頁）。ただし稲熊助右衛門の名は、「信長公記」などにはみられていないため、実在を確認できない。また知貞の祖母は、飯尾連竜の娘で、朝比奈駿河守（信置、一五二九〜八二）の妻「キサ」であることが記されている（刊本三一〇頁）。朝比奈信置の妻が飯尾連竜の娘であったことは、他の史料でも確認される（『寛永諸家系図伝第七』二一四頁）。その娘が、知貞の父円都（一五四一〜一六二一）の妻になり、文禄三年（一五九四）に山城で知貞を生んだと伝えられている（『寛永諸家系図伝第六』一四八頁）。そうすると「養母」というのは、実母の死後に迎えられた、父円都の後妻のことであろうか。その「養母」は、秀吉と同世代であるといい、父円都とも同世代にあたっていたとみなされるので、元和年間（一六一五〜二四）には七〇歳代であったとみなされ、話を聞いていたというのは、慶長年間後半から元和年間頃のことと推測できるだろう。体験談ということからすると、柿屋祖父とほぼ同時代でのこととみられる。

そこでは「父は木下弥右衛門と云い、中々村の人、信長公の親父信秀〈織田備後守〉鉄炮足軽也」「秀吉八歳の時父弥右衛門死去」（刊本三〇六頁）、「尾州愛智郡中々村の住秀吉父木下弥右衛門は信長父織田備後守足軽なり、天文十二年に死、太閤（秀吉）八歳の時なり」（刊本三一一頁）とあり、父は中々村の住人で、木下弥右衛門といい、信長の父織田信秀に足軽として仕えて、天文十二年に死去したという。母天瑞院殿については、「秀吉母公も同国（尾張）ゴキソ村と云う所に生まれて、木下弥右衛門所へ嫁し、秀吉と瑞竜院とを持ち、木下弥右衛門死去ののち、後家と成りて二人の子をはぐくみ中々村に居る」（刊本三〇六頁）、「秀吉母は同国ゴキソの生まれ、後大政所と号す、文禄二癸巳年死去、太閤五十八の年」（刊本三一一頁）とあり、尾張愛知郡御器所村（名古屋市昭和区御器所町）の生まれで、木下弥右衛門との間に瑞竜院殿と秀吉の二子をもうけ、弥右衛門死後もそのまま中々村に居住したという。

そして筑阿弥については、「信秀〈織田備後守〉家に竹阿弥と云う同朋あり、中々村の生まれの者なり」「木下弥右衛門後家秀吉母の方へ入るる、其の後男子一人・女子一人秀吉と種替りの子を持つ、兄男子秀利〈初名小竹、後羽柴美濃守、後大和大納言〉（秀長）是也、女子は大権現宮（徳川家康）へ嫁され、参州岡崎へ御輿入る」（刊本三〇七頁）とあり、木下弥右衛門と同じ中々村の生まれで、織田信秀に同朋衆として仕えていて、弥右衛門の死後、秀吉母の天瑞院殿に婿入りして、天瑞院殿との間に、秀長と朝日（旭）を生んだという。ここでは秀長・朝日は、秀吉とは異父きょうだいとされている。

秀吉の父に関する史料は、この三点が基本になる。それぞれの内容は、ほぼ同時期に存在していたとみなされ、それゆえ相互の優劣を付けがたい。しかしその内容は相互に一致しておらず、そのため秀吉の出自は不明確なものになっている。「太閤記」「祖父物語」は、秀吉父を筑阿弥とし、「太閤素生記」は、秀吉実父を木下弥右衛門とし、継父を筑阿弥としていて、大きく異なっている。「太閤素生記」では、弥右衛門の死去を天文十二年としていて、この情報は前二者にはみえていないが、これはおそらく姉瑞竜院殿の菩提寺の瑞龍寺の所伝によると考えられる。文中で瑞龍寺位牌について触れられているので（刊本三〇八・三一三頁）、土屋知貞はその情報を得て、記したものと考えられる。瑞龍寺位牌について確認できないが、同種のものに、同寺の「木下家系図」があげられる。

「木下家系図」は、渡辺世祐『豊太閤の私的生活』（4）に引用されている（三六頁）。「東京大学史料編纂所に京都瑞龍寺書出しの木下家系図」と記されているが、同所架蔵史料で該当のものを確認できなかった。そこには、秀吉姉瑞竜院殿について、

日秀、羽柴武蔵守一路室、一路法名建性院殿、三位法印日海大居士、慶長十七年壬子八月十五日逝去、

御父妙雲院殿栄本虚儀（天文十二年癸卯一月二日逝去）

御母天瑞院殿一位春巌桂尊儀（天正廿年壬辰七月廿一日逝去）

と引用されている。なおその他、『大日本史料』第十二編之五、一八〜九頁に、「瑞竜寺差出」の出典名で、同内容が収録されている。

瑞竜院殿（日秀）の父妙雲院殿が天文十二年の死去と記されていて、これが土屋の情報源と考えられる。渡辺氏は、この情報と「太閤素生記」の情報をもとに（他に「明良洪範」「遺老物語」をあげているが、情報源は「太閤素生記」と考えられる）、「太閤素生記」の内容を採用し、実父を木下弥右衛門、継父を筑阿弥ととらえ、秀長・朝日は異父きょうだいととらえた。これに対して桑田忠親氏は、秀吉父の死去年が天文十二年であり、秀長・朝日はそれ以前に生まれていることから、秀吉母天瑞院殿が筑阿弥と再婚したのは、それ以後のことととらえて、秀長・朝日の父も妙雲院殿ととらえ、秀吉きょうだいはすべて妙雲院殿・天瑞院殿の子で、同父同母きょうだいととらえている（5）。

父妙雲院殿の死去年月日について、これ以外の史料としては、「東西歴覧記」（『近畿遊覧誌稿』淳書房、一九一〇年、所収、九八〜九頁）に引用されている瑞竜院殿菩提寺の瑞龍寺の過去帳に、

妙雲院栄本、秀吉公父、八月二日

とあり、忌日は「一月」と「八月」と相違しているが、「木下家系図」における「一月」は、おそらく「八月」の誤

記とみなされ、忌日は「八月二日」とみてよいだろう。しかし死去年については記載されていないので、「木下家系図」の記載を信用できるかどうかが問題になるが、それはおそらくは実子の瑞竜院殿からの情報と考えられるから、信用してよいと考える。そうであれば秀長・朝日は、同父同母きょうだいととらえるのが妥当となる。その場合、「太閤素生記」が、天瑞院殿が弥右衛門の死後に筑阿弥と再婚し、秀長・朝日が生まれた、というのは、明確に時系列に齟齬をきたすものとなる。

また「太閤素生記」は、妙雲院殿の名を「木下弥右衛門」としているが、その情報源は判明しない。瑞龍寺の所伝にもみられていない。同書では、織田信秀に仕えて「鉄砲足軽」を務めていたと記している。これらについて桑田氏は、父は「中村の百姓」ととらえて、苗字はなかったと考え、秀吉妻寧々の「実家の本家」にあやかって木下苗字を称したととらえ、天文十二年の段階で織田信秀が「足軽の鉄砲隊」を組織していたとは考えられないことをもとに、それらを否定している（註（5）書一五～六頁）。秀吉の木下苗字の由来について、寧々の「実家の本家」というのは、寧々の実兄木下家定のことをいっているが、家定の木下苗字は秀吉から与えられたものなので、それに関しては別に検討する必要があるが、おおむね桑田氏の見解は妥当である。そうすると「太閤素生記」での、木下苗字、「鉄炮足軽」の記述は信用できないといえ、同時にその名が「弥右衛門」というのも、そのまま信用はできないと思われる。

「太閤記」「祖父物語」は、秀吉父を筑阿弥とし、前者は中村の住人で、清須織田達勝に仕えていて、代々武家奉公していたと記し、後者は狭間村の出身で、清須に居住し、織田信長の同朋衆と記している。しかし秀吉父の活躍時期からすると、後者の信長の同朋衆であったというのは成り立たない。また「太閤素生記」は、筑阿弥について、中村の出身で、織田信秀の同朋衆であったとする。「祖父物語」「太閤素生記」が同朋衆としているのは、筑阿弥が出家の身で阿弥号を称していることからの類推ととらえられる。また両書がその仕官先を織田信秀・信長にしているのは、尾張国主を信秀・信長とする認識と、秀吉がその後に信長に仕えることをもとにしたものと思われる。それに対して「太閤記」は、仕官先を清須織田家としている。のちに秀吉が信長に仕えることを踏まえると、ここであえてそれとは別家の清須織田家を出していることは注目でき、むしろこちらが事実を伝えていると考えられる。

では「弥右衛門」と筑阿弥の関係についてはどのように考えられるだろうか。「弥右衛門」の情報が信用性が低いとすれば、両者は同一人物の可能性が考えられる。「太閤素生記」は、「弥右衛門」の情報を得て、それを筑阿弥とは通称が異なっているため、別人物と理解したのではなかろうか。そうであれば、筑阿弥は代々武家奉公する家系にあり、本人は清須織田達勝に仕えて、天文十二年に死去したと考えるのが妥当と思われる。その際、奉公の在り方が、「足軽」であったのか「同朋」であったのかは判断できないが、筑阿弥の名が、何らかの理由で清須織田家から致仕し、それをうけて出家したとみれば、あえて同朋衆であったと考える必要もなくなる。ちなみに「足軽」についても、当時の「足軽」は、江戸時代におけるように下級奉公人を指すのではなく、軍事専門軍団に所属する者を指す場合が多かったとみなされる。「太閤素生記」が「足軽」としているのは、江戸時代的な下級奉公人を想定しての表現ととらえられるので、ここからも同書の「弥右衛門」に関する記述の信用性は低いととらえられる。

なおその他、「祖父物語」が出身を狭間村としていることについてどう考えるか、中村での階層についてどう考えるか、の問題があるが、ここでは省略し、その検討は別の機会に譲りたい。ただし階層については、詳細については別の機会にあらためて検討するが、筑阿弥（弥右衛門）の妹が、青木重矩（生没年未詳、重吉の父）妻（生没年未詳）・福島正信（?~一五九七、正則の父）妻（松雲院、生没年未詳）になっていること、妻の天瑞院殿の妹が、杉原家次（一五三一~八四）妻（生没年未詳）・小出秀政（一五四〇~一六〇四）妻（栄松院、?~一六〇八）、従妹が加藤清忠（一五三七か~一五七四、清正の父）妻（聖林院、?~一六〇〇）になっていることからすると、他村の有力者と婚姻を結ぶことができる階層、すなわち一定の上層百姓であったととらえられる。筑阿弥の代に没落し、そのため秀吉は少年期に、他所奉公にでなくてはならなかったと考えられる。(6)

2、秀吉の母

秀吉の母天瑞院殿については、河内将芳氏の評伝書が出されていて、その事蹟が明らかにされている。(7) 天正十八年(一五九〇)十二月吉日付伊藤秀盛立願状(註(5)桑田著書二三頁)に「丑之御年　御年七十四歳」とあり、『多聞院日記』天正二十年七月二十五日条(『多聞院日記四〈増補続史料大成41〉』三五九頁)に「廿二日暁大政所死去〈七十六才云々〉」とあることで、永正十四年(一五一七)生まれであることが確認される。なお法名については同史料九月四日条(刊本三六五頁)に、「天瑞寺殿従一品春巌大禅定尼」と記されている。その他では、先に掲げた「木下系図」があり、また「諸寺過去帳上」所収「大徳寺中過去帳抜書」のうち天瑞院の部分に、

秀吉公御母堂大政所殿
天瑞寺殿贈准三宮春岩桂公大禅定尼〈天正二十壬辰七月廿二日〉

とある。

これによって天瑞院殿は永正十四年生まれで、天文六年(一五三七)に秀吉を生んだのは二一歳のこと、同十二年の筑阿弥(弥右衛門)死去時には二七歳であった。出身については先の三点の史料では、「太閤素生記」が唯一、御器所村の出身と記している。他に有力な情報はみられないから、さしあたりはそれを信用してよいと思われる。また天瑞院殿の名については、通説では「なか」とされるが、先の三点の史料にはみられていないので、それ以降の時期に成立した所伝とみなされる。その出所を探求する余裕はないが、いうまでもなく信用できないとみなされる。した

がって彼女については、法号の天瑞院殿（ないし天瑞寺殿）で呼ぶのが適切と考える。

なお彼女の出身については、青木家の所伝に記述がある。桜井成広氏が引用している青木家の系図書というものである。[8]それについては、「青木一矩の子孫のお家に古い系図が伝わっていて、同家から明治年間東京帝国大学史料編纂所に提出された由緒書」であると記しているが、同所の架蔵史料で該当のものを確認できなかった。そのため桜井氏の引用に依拠するしかないが、そこには、

紀伊守（青木重吉）の父青木勘兵衛一薫（重矩のこと）に至る七世の間、該地（美濃大野郡）に居住し、其室は尾州愛知郡に住したる関弥五郎兼員の三女なり。兼員の長女は杉原七郎左衛門家利の妻、二女は筑阿弥の室にして豊臣秀吉の母なれば紀伊守為には従兄弟、又四女は加藤弾正左衛門清忠の室にして加藤清正の母なれば紀伊守の為には是亦従兄弟に当たれり。

とあるという。これによれば天瑞院殿の父は、愛知郡の住人で関弥五郎兼員であったと伝えられている。この記述では、姉妹が杉原家利（家次の父）・青木一薫（重矩）・加藤清忠の妻となっていることが記されている。詳細についてはこれも別の機会に譲るが、正確には、杉原家利ではなくその子家次、青木重矩妻は筑阿弥（弥右衛門）の妹、加藤清忠妻（聖林院）は天瑞院殿の従妹（母は関兼員のきょうだいか）と考えられ、必ずしも正確な内容ではないとみなされる。しかし秀吉父母の姻戚関係について近い内容を記していることから、その情報に一定の史料性を認めることはできると思われる。天瑞院殿の父についての情報は、これが最良と思われるので、さしあたって信用してよいと考える。そうであれば、父は関の苗字を称し、愛知郡の住人であったというから、おそらく御器所村の有力百姓であったとみなしてよいだろう。

3、秀吉のきょうだい

秀吉のきょうだいは、姉の瑞竜院殿、弟の秀長、妹の朝日であるが、それらの生年について、通説では瑞竜院殿は天文三年（一五三四）、秀長は同九年、朝日は同十二年とされているが、いずれも十分な史料的検討を経てのものではない。

瑞竜院殿について、通説では名を「とも」とされるが、これについても先の三点の史料にはみられていないので、それ以降の時期に成立した所伝とみなされる。その出所を探求する余裕はないが、信用できないとみなされる。したがって彼女については、法号の瑞竜院殿で呼ぶのが適切と考える。生年についての通説の典拠になっているのは、「東西歴覧記」引用の瑞龍寺過去帳とみなされ、

瑞龍寺日秀、秀吉姉・秀次公妣　寛永二年乙丑四月四日九十二歳

とある。寛永二年（一六二五）に九二歳で死去したとされ、逆算すると生年は天文三年になる。しかし死去年齢については別の所伝がある。河内氏も引用しているように、「孝亮宿禰記」寛永二年四月二十四日条に、

故秀次関白母儀瑞了院〈九十四才〉今朝被他界由風聞、

とあり、死去年齢は九四歳と記されている。この逆算による生年は、天文元年になり、通説よりも二年早くなる。こちらのほうが史料の信用性は高いので、こちらを採用するのが適切であろう。今後、天文三年生まれ説を示す有力な根拠がみられればあらためて検討することが必要となるが、現時点では、天文元年説を採るのが適切である。これにより瑞竜院殿は、天瑞院殿が一六歳の時の生まれであったことになる。出産年齢としては少し早いと思われるが、そのようにとらえておくしかない。ただしその年齢からすると、瑞竜院殿は天瑞院殿の第一子であったとみてよいだろう。父筑阿弥（弥右衛門）の年齢は判明しないが、その時に二〇歳とみると、生年は永正十年（一五一三）と推測で

きる。およその頃の生まれとみられるだろう。ちなみにその場合、秀吉誕生時には二五歳くらいであったとみることができる。

弟の秀長の生年について、先行研究において、通説の典拠を明記しているものがないため、すぐには特定できないが、例えば「系図纂要」所収「豊臣系図」に、「天文九年三ノ二生」「同（天正）十九年四〈正ヵ〉ノ廿二薨五十二」とあることなどによっていると思われる。しかしその情報の典拠は判明していない。秀長の死去年齢に関しては、「多聞院日記」天正十九年（一五九一）正月二十三日条（前掲刊本二七九頁）に、「大納言秀長卿昨日廿二日ニ死去云々、五十一才」とあり、ここでは死去年齢は五一歳とされている。史料の信用性からみれば、こちらの所伝を採用するのが適切である。この逆算による生年は天文十年となり、通説よりも一年遅くなる。しかし、当時の史料で天文九年生まれであったことが確認される。すなわち天正十八年十月付羽柴秀長都状（「奈良国立博物館所蔵文書」）に、自書で「秀長五十一」と記されている。その逆算による生年は、通説の通り、天文九年と確定される。ちなみに同史料については、すでに永島福太郎・亥口勝彦氏によって紹介されているが[9]、広く周知されてはいなかった。またそれによって、三月二日誕生説も何らか根拠があった可能性も残される。それについては今後も引き続いて検討していく必要がある。ともあれこれによって、秀長は天文九年生まれであり、姉の瑞竜院殿からは八歳年少、兄秀吉からは三歳年少になる。

ちなみに秀長の法名については、「諸寺過去帳上」所収「大徳寺中過去帳抜書」の大光院の部分に、

　大和大納言
　大光院殿前亜相春岳栄公大居士〈天正十九辛亥〉正月廿二日

とある。なお「東西歴覧記」引用の瑞龍寺過去帳には、秀長の法名は記載されていない。

妹の朝日の生年について、それを示す当時の史料はみられていない。通説の典拠になっているのは、例えば中村孝也氏は、朝日について述べているところで、「徳川幕府家譜」（『徳川諸家系譜第一』所収）を引用しているように[10]、そうした江戸幕府編纂史料によっていると推測される。「徳川幕府家譜」には、「同（天正）十八庚寅年正月十四日於聚楽亭御逝去、御四十八歳」（刊本三二頁）とあり、同様の性格の史料である「幕府祚胤伝」（『徳川諸家系譜第二』所収）では、「同（天正）十八年庚寅正月十四日於聚楽之御所而逝去、御年四十八」（刊本二〇頁）とある。死去年齢についての所伝は、それら以外には確認されていないので、現時点ではそれを採用してよいと考える。その逆算により、生年は天文十二年となっている。母の天瑞院殿が二七歳の時の生まれで、姉の瑞竜院殿から一一歳年少、兄秀吉から六歳年少、秀長から三歳年少になる。また父の筑阿弥（弥右衛門）は、三一歳くらいであったと推測される。

またその名についても、「徳川幕府家譜」「幕府祚胤伝」に、「朝日君」「朝日姫君」とあることによっているととらえられる。「朝日」の表記については、別の史料などに「旭」とするものもあるが、いずれも後世の所伝にすぎないといいえ、どちらが正確というものではない。そのためここでは、それらの史料をもとに、「朝日」の表記を採っておくことにしたい。

ちなみに朝日の法名については、「東西歴覧記」引用の瑞龍寺過去帳に、

南明院宗玉、天正十八年正月十四日

とあり、「諸寺過去帳中」所収「高野山過去帳」に、

南明院殿光室永玉大姉〈秀吉妹〉

とある。なお先に触れた「幕府祚胤伝」には、「南明院殿光室総旭大姉」と記されていて、それぞれで法名が微妙に異なっている。

二、石松丸秀勝と次秀勝

ここでは秀吉が「天下人」になる以前に、嫡男として存在した石松丸秀勝と次秀勝について取り上げる。両者については、史料が少なく、そのため関連研究も少ない。なかでも石松丸秀勝については、秀吉の子であったのかどうか、さらにはその実在について、現在まで諸見解が出されている状況にある。

1、石松丸秀勝

まず石松丸について取り上げる。彼については、そもそも「石松丸」と「秀勝」とにわけて確認していく必要がある。石松丸について、唯一の史料所見が「竹生島奉加帳」である。同史料については、『近江国古文書志　第一巻東浅井郡編』五七九〜八三頁、大阪城天守閣・長浜市長浜城歴史博物館編『豊臣家ゆかりの天女の島』（二〇二〇年）一一三〜五頁に、全文が収録されている。秀吉とその家族、家中から竹生島に寄進した金品を記録したもので、時期は天正四年（一五七六）から同十六年におよんでいるが、後者では、ほとんどは天正四年から同六年にかけて、秀吉の近江長浜領時代におけるもの、ととらえられている。筆頭に秀吉の署名があり、それに続いて「御内方」（寧々）・「大方殿」（天瑞院殿）が記され、それに続いて「石松丸」、次に「大方殿」があり、それに続いて「南殿」が記されている。そしてこの「南殿」は、石松丸の実母と推定されている。

「石松丸」の部分は、

同日（五月六日）　　同（御内之）

百疋　石松丸　御ちの人　　弐斗　うば

とあり、「南殿」の部分は、

同（御内之）

弐十疋　南殿　　参百文　ま、

とあり、ともにその女房衆による寄進も記されている。

「御内方」から「南殿」までの記載は、同一年におけるものとみなされ、「御内方」から「石松丸」までが五月六日の寄進、続く二度目の「大方殿」の寄進は十月吉日の寄進で、それに続く「南殿」の寄進は、記載の連続性からみてそれと同日のこととみなされる。寄進の年代については、天正四年から同六年と推定されていて、特定の年次に限定できないが、全体のなかで最も古い寄進時期は、天正四年四月吉日（卜真斎〈法名信貞〉の部分）であり、秀吉とその家族の寄進が、家臣よりも遅いとは考えがたいから、遅くても同年の天正四年、あるいはその前年以前、ということも想定できる。ここでは最も早い寄進時期にあわせて、天正四年と推定しておきたい。

この石松丸は、秀吉妻寧々・秀吉母天瑞院殿に続いて記されていることから、秀吉の嫡男と推定され、次いで二度目の天瑞院殿に続いて記されている「南殿」は、寧々・天瑞院殿に準じる女性ととらえられるため、秀吉の「側室」で、石松丸の実母と推定されている。このことを最初に取り上げたのは、桑田氏とみられ[11]、当初から石松丸を秀吉の嫡男、かつ実子ととらえ、南殿をその母と推定している。このことについては、石松丸と南殿の記載位置からみて、妥当である。これにより秀吉には、長浜領時代に、石松丸を称した嫡男があったこと、その実母として南殿が存在していたことが確認される。なお桑田氏は、記載の年次を天正三年に比定している。理由を記していないが、おそらく家臣の寄進時期より早いものと推測してのことと思われる。

それとともに桑田氏は、その石松丸を、天正四年十月十四日に死去した、実名秀勝と伝えられる、法名本光院朝覚居士にあてる見解を示している。この本光院については、それより先に、渡辺氏によって注目されている。長浜妙法寺に伝来された「羽柴秀勝像」があり、寺伝で秀吉の子とされていて、その讃に「本光院朝覚居士」（右側）「天正四丙午暦十月十四日」とあることから、これを秀吉の最初の嫡男と推定した（註（4）渡辺著書五八～九頁）。そこでは、実子か養子か判断を留保しているが、その後に桑田氏によって、「竹生島過去帳」が同時期におけるものであることから、そこにみえる石松丸と同一人物ととらえ、また南殿をその実母とする見解が出されたのである。

この本光院朝覚については、渡辺氏も触れているが、妙法寺に供養塔があり、長浜徳勝寺に位牌がある。妙法寺の画像はその後に焼失したものの、供養塔の銘に「天正四年」（塔身部右）「十月十四日」（同左）、位牌の銘に「朝覚大禅定門　次郎秀勝君」「天正四子年十月十四日」と刻まれていることが確認されており、さらに妙法寺の供養塔については、正面に「南無妙法蓮華経　本光院朝覚　霊位」と刻まれていたことが新たに確認されている[12]。これらにより天正四年十月十四日に死去した本光院朝覚居士（大禅定門）という人物がいたことは確実ととらえられる。問題はその人物が、寺伝にいうように秀吉の子で「秀勝」といったのかどうかであるが、これについては検証のしようがない。しかし妙法寺の供養塔は、十六世紀後半のものと比定されていて同時代にあたるとみなされていることを踏まえると、その寺伝の信用性は高いととらえられる。したがって本光院が、実名を秀勝といい、秀吉の子であったことは、確かな事実ととらえてよいと考える。

そしてこの秀勝は、桑田氏が推定したように、時期的近接性から考えて、「竹生島奉加帳」にみえる石松丸と同一人物ととらえて間違いないと考える。なお妙法寺の秀勝画像に描かれている容姿は、「稚児風」（渡辺氏）、「袴着の儀式を行った際の晴れ姿」「三才から七才までのあいだの幼児におこなわれたもの」（桑田氏）と評されていて、そのため元服前に早世したと理解されている。確かに画像からだとそう考えざるをえない。しかし「竹生島過去帳」に名が記されていることから、その時点で、社会的に認知される八歳を超えていたと考えられ、その場合は、少なくとも永禄十二年（一五六九）以前の生まれととらえられる。さらに画像賛・位牌では、元服後に対応する「居士」「大禅定門」が付けられ、また実名として「秀勝」が伝承されていることからすると、本光院は元服を済ませていて、それにより実名を名乗っていたと考えるのが適当になる。

この件に関しては、現状で確定することはできないが、一つの仮説として提示しておきたい。またその場合、「竹生島奉加帳」の記載は、元服の直前にあたっていたとみなされる。そして元服は通常、一五歳でおこなわれるから、石松丸秀勝は、死去した天正四年に一五歳であったとみられ、そうすると生年は永禄五年と推定されることになる。このことは実母と推定される南殿の立場をとらえるうえで大きな問題になる。これまでは「側室」ととらえられていたが、この時代にその概念は存在しないので、別妻か妾と考えられる。いずれにあたるのかは確定できないが、「南殿」と殿付けで称されていることから、別妻か、女房衆であっても「上臈」という最高位にあったと推測される。

また石松丸秀勝が死去した天正四年の時点では、寧々が秀吉正妻として「御内方」と称されていたが、秀吉と寧々の結婚時期は確定されておらず、有力な所伝には永禄四年説と同八年説がある。寧々は天文十八年（一五四九）生まれであることが確定されており（註（3）福田著書）、前者では一三歳、後者では一七歳にあたる。福田氏は、およそ当時の女性は一三歳で成人になることをもとに、前者の所伝を採用しているが（同書二五頁）、私の調査によれば、戦国大名家の女性の結婚年齢は一八～九歳の事例が多いことからすると、[13]むしろ永禄八年のほうが可能性は高いととらえられる。その場合、秀吉の妻妾としてすでに「南殿」が存在していて、さらにその子として石松丸秀勝が存在していたことになる。そこでは「南殿」が妾として存在し、嫡男を産んだため、その生母として、別妻もしくは女房衆の最高位に位置付けられて「南殿」と呼称され、秀吉と寧々の結婚後も、その地位を寧々から承認されるとともに、石松丸秀勝を秀吉の嫡男とすることも寧々から承認された、という状況が推測されることになる。

もっともこれらの問題については、史料によって確定することはできない性格のものであり、状況をもとに最も妥当性の高い事態を推定していくしかない。以上の見解はあくまでも問題提起にすぎない。

2、養女ごう

なお石松丸秀勝のことに関わって、同時期に秀吉の子どもとして存在していた、天正二年（一五七四）生まれの秀吉の娘について取り上げておきたい。それについても早くに桑田氏が取り上げていて、長浜八幡宮別当寺舎那院所蔵の懸仏の銘に、「江州北郡羽柴筑前守殿御れう人甲戌歳」とあることから、天正二年（甲戌）生まれの「御料人」、すなわち秀吉の娘の存在が指摘されている。この懸仏銘については、山本順也氏（註（12）論文）が詳しく紹介していて、裏面に墨書で、「江州北郡羽柴筑前守殿御れう人甲戌歳」「天正九年辛巳八月三日敬白」「八幡宮」「息災延命、如意御満足処」とあることが確認されている。これにより秀吉には、天正二年生まれの娘があり、八歳の時の同九年八月三日に長浜八幡宮に、息災延命を祈願して懸仏を寄進したことが確認される。

この秀吉娘に関して、桑田氏も山本氏も具体的なことについては述べていない。しかし同時期に秀吉の娘として確認されるものがある。すなわち秀吉が播磨姫路城を拠点としていた、天正九年四月から同十一年六月までの間にあたる（註（3）福田著書五二頁）、「五もじ」宛の秀吉消息（秀吉九四五）があり、宛名の「五もじ」は「御料人」の愛称で、すなわち娘に宛てたものと推定される。これにより天正九年頃に秀吉に娘がいたことが確認される。先の長浜八幡宮寄進の懸仏は、天正九年八月のものであるから、それと同時期にあたり、そのことから懸仏寄進者の秀吉娘と、秀吉消息の宛名の秀吉娘は、同一人物ととらえられる。そして秀吉消息の「五もじ」については、大西泰正氏の研究にみられているように、これまでも養女の樹正院（前田利家四女、「ごう」）に比定されている[14]。この樹正院は、天正二年生まれであることが確認されている（註（14）大西著書）。この生年は、懸仏寄進者の秀吉娘の生年に一致する。大西氏は懸仏寄進者の秀吉娘について触れていないが、すでに北川央氏（註（6）論文）が指摘しているように、生年が同一であること、かつ同時期に存在していたことから、それは「ごう」にあたるとみて間違いないだろう[15]。

これにより秀吉は、天正九年までに、前田利家四女樹正院を養女に迎えていたことが判明する。養女に迎えた時期までは判明しないが、大西氏は、元和七年（一六二一）から同九年の成立と推定される川角三郎右衛門「川角太閤記」巻二に、「又左衛門（前田利家）娘（樹正院）、二ツのとし筑前守もらひ、養子に仕置くなり」とあることから（刊本は『太閤史料集〈戦国史料叢書1〉』所収本を使用、二九一頁）、二歳の時の天正三年の可能性を提示している。確定できるわけではないが、現時点において、他の関連状況とは矛盾しないことから、有力な所伝ととらえられ、その可能性は高いとみることができるだろう。秀吉が「ごう」を養女に迎えたのが天正三年であったとした場合、その時に寧々は二七歳にあたっている。すでに結婚から一〇年以上を経ても、子どもが生まれなかったため、養女を迎えたと考えられるだろう。また樹正院が、天正九年に長浜八幡宮に懸仏を寄進したのは、八歳になって、社会的に認知される年齢になったことにともなうと考えることができるだろう。

3、次秀勝

続いて次秀勝について取り上げる。織田信長の子息であるが、江戸時代成立の系図史料では信長の四男に位置付けられているため、長く信長の四男とされてきたが、谷口克広氏によって、信長子息の動向の検討から、正しくは五男であることが指摘されている。[16]これに関しては、谷口氏が取り上げているように、同時代成立の大村由己「惟任謀叛記」（「天正記」所収、刊本は『太閤史料集』所収本を使用、四〇頁）に「相公（織田信長）の第五男御次丸」とある。また「太閤記」巻三も「御次と申すは将軍（織田信長）の五男」と正しく記していて、あらためて注目され（刊本七七頁）、同書の情報源の正確さをうかがわせる。次秀勝については、秀吉の養子になってから、長浜領時代の動向については、森岡栄一氏・尾下成敏氏によって、[17]天正十年（一五八二）九月以降の丹波亀山領時代については、片山正彦氏によって、[18]本格的な研究がおこなわれている。

当時の史料で生年が判明するものはないが、谷口氏が取り上げているように、（天正十年）十月十四日付秀吉書状写（秀吉五〇三）に、「御次も拾五、六に御蔵（成）り候」とあり、天正十年に一五、六歳と記されていて、その逆算により生年は、永禄十年（一五六七）、十一年であることが知られる。そのうえで「高野山過去帳」（『大日本史料』一一編二四冊四一頁）に、

中納言豊臣秀勝卿〈小名於次丸、信長公子、秀吉公養子〉
天正十三年十二月十日逝、年十八、
瑞林院賢岩才公

とあり、死去年齢は一八歳と記されて、その逆算による生年は永禄十一年になる。もっともここでは次秀勝の官職を「中納言」としているが、明確な誤りである。秀勝は、同年七月の秀吉の関白任官以降に参内した形跡はみられていないので、官職への任官は想定できず、無位無官であったとみなされる。とはいえその死去年齢については、先の秀吉書状の記述にも一致することから、これらによって次秀勝は、永禄十一年生まれと確定してよいだろう。

母については、岡田正人氏が「信長側室　某氏　御次秀勝の生母」を記しているのが、ほとんど唯一の概説といえ、[19]

法号を養観院といい、天正十一年から次秀勝死後の同十六年まで動向を確認できることが明らかにされている。死去年や法名などは判明していないようである。また次秀勝と墓所を同じくするものに、姉にあたる蒲生氏郷妻（相応院殿、一五五八か一五六一～一六四二）があり、そのことから、渡辺江美子氏[20]および岡田氏も、彼女は次秀勝と同母きょうだいの可能性があることを示している。そのことの検証は不可能であるが、その可能性は十分に想定できると思われる。養観院について、子の次秀勝が秀吉の養子になったのち、長浜領時代における居所は確認されないが、丹波亀山領時代には、次秀勝に同行して亀山城に移住している。そのことからすると、長浜領時代についても、次秀勝に同行して、長浜城に居住した可能性も十分に想定できると思われる。

秀吉の養子になった時期は判明しておらず、史料上の初見は、天正八年三月に秀吉と連署して、「次秀勝」と署名し、長浜八幡宮（「坂田郡八幡宮」）に奉加しているものになる（秀吉二二二）。この時、次秀勝は一三歳にすぎないが、すでに元服して、実名秀勝を名乗っていたことがわかる。また通称の「次」は、仮名として用いたものとみなされる。「惟任謀叛記」では、「御次丸」と記されていて、それは幼名としてのものとみなされるから、幼名を於「次」丸と称していたと推定され、元服後もそれを仮名として称したととらえられる。一般的な元服年齢は一五歳であることからすると、次秀勝の元服年齢は早いといわざるをえない。そこにはそれなりの理由があったと考えられ、それは秀吉の養子化にともなったのではないか、と思われる。次秀勝の養子入り時期について、渡辺世祐氏は「多分天正五、六年のこと」（註（4）渡辺著書五九頁）とし、桑田氏は石松丸秀勝の死去後「ほどなく」としているため、石松丸秀勝の死去後しばらくのうちのことと考えられてきたが、次秀勝の元服年齢から考えると、まさに初見文書がみられた天正八年、一三歳の時のことと考えるのが妥当といえ、前年末か同年初めに秀吉の養子になり、すぐに元服し、秀吉の嫡男の地位を成立させたと考えられる。

秀勝の動向については、前出の森岡氏・尾下氏・片山氏の論考で明らかにされているとともに、全体の概要については柴裕之氏によるまとめが充実している[21]。そのためここで次秀勝の動向について具体的に述べることは省略する。一つだけ、毛利輝元養女との婚姻について取り上げておく。これについてはすでに片山氏が検討しているので、簡単にみておくことにしたい。次秀勝と毛利輝元養女との婚姻は、秀吉と毛利家の和睦を踏まえ、さらに毛利家の従属にともなってすすめられたもので、天正十一年十二月十五日に、「御次縁辺之儀」が初めて史料に確認される。その後、小牧・長久手合戦の展開のため、交渉は延期されたとみられ、合戦後の同十二年十一月五日には「御祝言之儀、不日可為御上着候」とあり、婚儀が近いことがわかり、そして十二月二十六日に秀吉本拠の大坂城で婚儀がおこなわれている（「宇野主水日記」『大日本史料一一編一〇冊』三七〇〜三頁）。

もっとも次秀勝妻の毛利輝元養女について、具体的なことは判明していない。これについては西尾和美氏が[22]、毛利家の後世作成史料を駆使するかたちで、毛利家重臣内藤元種（輝元の母方伯父）の娘であること、次秀勝の死後、天正十四年から同十七年までの間に安芸に帰国し、同十七年までに毛利家家臣宍戸元続（輝元妻の甥）に再嫁し、同年に右田毛利元倶妻を産んだこと、秀吉が「あきの五もし」に宛てた書状の宛名「安芸の御もじ」は、次秀勝後室に比定されること（秀吉六六八八）、同文書と同時に伝来された「御もし」宛秀吉書状（秀吉六三六〇）、「つほね方」宛秀吉書状（六三七〇）も次秀勝後室に関する史料であることが明らかにされている。これによって次秀勝妻の出自とその後の動向がかなり明確になっている。これらのことからすると、次秀勝の後室は、次秀勝の死去からほどなく、天正十四年頃には安芸に帰国したと考えられるだろう。

三、姉瑞竜院殿の夫と子供

ここでは姉瑞竜院殿の家族について取り上げたい。

1、三好常閑

まずは夫の三好常閑について取り上げたい。常閑についての本格的研究としては唯一、山田彦郎氏の論考があるが、(23)江戸時代成立史料を多用しているところがあり、その事蹟については当時の史料をもとに、あらためて確認していく必要がある。

まず生年について確認したい。「東西歴覧記」引用の瑞龍寺過去帳には、

建性院前三位法印日海　慶長十七年壬子八月二十五日七十九歳　秀次公父

とあり、慶長十七年（一六一二）に七九歳で死去したことが確認され、その逆算による生年は天文三年（一五三四）である。常閑の年齢についてはほかに、「兼見卿記」天正二十年十月二十四日条（『兼見卿記第四』二三九頁）に、

殿下（羽柴秀次）御親父三位法印五十九才、乱心違例也、

とあり、天正二十年（文禄元年・一五九二）に五九歳と記されていて、その逆算による生年は、同じく天文三年になる。これらによって常閑の生年は、天文三年に確定される。妻の瑞竜院殿は天文元年生まれであったので、それより二歳年少であったとみなされる。

常閑についての確実な史料での初見は、天正十八年九月十一日付承賀老宛判物（第三部四「常閑文書集」六四号）と

みなされ、「武入常閑」と署名している。常閑は、長男秀次が尾張一国を領国としたことにともない、尾張犬山城に入部し、領域支配を開始したが、同文書はそれにともなって出されたものになる。ちなみにそれにともなって、瑞竜院殿は「犬山殿」と称されるようになっている（「常閑文書集」六七号）。署名のうち「武入」は、「武蔵入道」の略称で、これにより常閑は武蔵守を称していたことが確認される。また出家にともなって、法名常閑を称したことも確認される。その後、文禄元年十月には「三位法印」でみえている（秀吉四二七二）。その間に三位の位階と法印号を与えられたことが知られるが、それは前年十二月二十八日における長男秀次の関白任官・豊氏長者就任をうけてのこととみなされる。またそれにともなって、瑞竜院殿は「大かみ様」と称されるようになっている（「駒井日記」文禄二年閏九月六日条〈『増補駒井日記』二頁〉）。その後、文禄三年十一月まで「三位法印」を称しているが（「常閑文書集」七二号）、同四年四月二日から「建松（性）院」を称している（「駒井日記」同日条〈前掲刊本一九六頁〉）。その間に、「建性院」の院号を与えられたことが知られる。

常閑の出自について明確な史料はないが、「祖父物語」に、「海東郡のうちオトノカウと申す所に弥介と云うツナサシあり、是は藤吉郎姉ムコなり」（刊本三二四頁）「馬カシタル姉ムコ弥助」「後に三位法印と申せしかば弥助が事なり」（刊本三二五頁）とあり、海東郡乙之子村（あま市乙之子）の住人で、鷹匠の配下で働く綱差、もしくは馬貸し業を営んでいたこと、通称を「弥助」と称していたことが記されている。弥助の生業が、綱差であったのか馬貸しであったのか判断できないが、それらの所伝は、常閑の素生を伝える最も良質の情報とみなされるので、基本的には信用してよいと考えられる。これにより常閑は、通称を弥助と称していたとみなされる。

常閑の苗字については、当時の史料では確認できない。江戸時代成立の史料では、「三好」「長尾」「三輪」などが伝えられている。このうち三好苗字については、「川角太閤記」巻一に「三吉武蔵殿」（刊本二三九頁）「三吉武蔵守殿」（同二五六頁）と記されていることから、実際に称した可能性は高いと考えられる。ただしその三好苗字は、長男秀次が阿波三好康長の養子になり、秀次が三好苗字を称したことにともなうものととらえられるので、天正十年以降のことになる。そのためそれ以前は、別の苗字を称していたと考えられるが、判明しない。また秀次は、同十二年に三好苗字を廃して、羽柴苗字に改称しており、それにともなって常閑も三好苗字を廃した可能性が想定されるが、その場合にどの苗字を称したのかはわからない。前掲の瑞龍寺所蔵「木下家系図」の記載など、羽柴苗字を称したように記すものもみられているが、当時の史料で常閑が羽柴苗字を称した明証はない。これは秀次ら子供が羽柴苗字を称したことをもとに、常閑について遡らせて適用したものととらえられる。秀吉父の「弥右衛門」の木下苗字、寧々の兄木下家定についての羽柴苗字の伝承と、同じ性格と考えられる。

なお、瑞龍寺所蔵「木下家系図」の記載に「羽柴武蔵守一路」とあり、また江戸時代中期の寛文十三年（延宝元年・一六七三）成立の山鹿素行「武家事紀」巻一四（山鹿素行先生全集刊行会刊本・上巻五五二頁）にも「武蔵守三位法印一路」とあり、法名一路を称したと記されていて、これをもとに常閑の法名として同名が取り上げられることが多いが、同名については、それ以上の良質史料では確認できない。また、江戸時代後期の文政七年（一八二四）頃成立と推定されている犬山地域の地誌「犬山里語記」巻三（『犬山市史史料編四』七四頁）には、「長尾武蔵入道常閑」で立項し、「知多郡大高の人也、初めは海東郡乙子村に住す、姓は三好、名は吉房」「三位法印・一露・三輪法印等の称号有り」などと記されている。

ここでは苗字もしくは称号として「長尾」「三輪」があったことがみえている。しかし常閑がそれらを称したことを示す当時の史料は確認されていない。そのうち「長尾」に関して、「駒井日記」文禄二年閏九月二十三日条（前掲刊本三三頁）にみえる「長尾殿」を、常閑に比定する場合がみられるが、同人は常閑には該当しないので、それはあたらない。また居住地として、初めは海東郡乙之子村で、のちに知多郡大高に移住したように記されているが、常閑と大高との関係を示す史料も確認されないので、それについて検証のしようがない。そして実名について、「吉房」としている。これについても、常閑は史料で確認される当初から、法名でしかみえていないので、やはり確認のしようがない。ただし秀吉家臣として存在していたのであるから、秀吉から「吉」字の偏諱を与えられた実名を名乗っていたことは十分に推定できる。そのため実名が「吉房」であったことは、可能性としては十分に存在すると考えられる。

常閑は、文禄四年七月の秀次事件以降、史料所見がみられなくなるので、失脚したと推定されるが、それに関して「犬山里語記」には、「秀次公生害に至りて当君讃州に配す、慶長五年に帰洛、八月廿五日京六条本国寺において病死す、歳七拾九」と記されている。秀次事件後の動向としては、唯一の所伝といえ、そのためこれまでも常閑についての記述に利用されている。しかし讃岐に配流されたこと、慶長五年（おそらく関ヶ原合戦後のこと）に帰京したことについては、他の史料によって確認することはできない。とはいえ死去の忌日や死去年齢については、事実に合致していることから、何らか正確な情報をもとにした記述と考えられなくもない。そのためそれらについては、有力な伝承情報と認識してよいと考える。

瑞竜院殿と常閑との間には、長男秀次、次男小吉秀勝、三男秀保（秀長養嗣子）の三男があったことが伝えられている。これについてはほぼ事実とみることができる。もっとも彼らに関する基礎的事実関係については、その著名さのわりには意外にも十分に解明されているわけではない。秀次についてでは、生年すら確定されていないのである。以下では、順に取り上げて、基礎的事実関係の確定ないし推定をすすめていくことにしたい。

2、羽柴秀次

秀次に関する研究は、秀次が関白・豊氏長者になり、羽柴家当主となっていることから、秀吉の一門衆のなかでは、最も研究が多いといえる。研究書としても、藤田恒春氏[24]・矢部健太郎氏[25]によるものが刊行されていて、良質の評伝書が藤田氏[26]によって刊行されている。その他の関係論文による成果も多く[27]、それらにより秀次の事蹟については多くのことが解明されているといってよい。しかしその一方で、秀次は羽柴家当主の地位にあったことから、その事蹟は膨大であり、いまだ追究が不十分な領域も多く存在している。例えば、発給文書の集成はいまだおこなわれていないし、家臣団についての解明もほとんどすすんでいないなどのことがあげられる。基礎的事実関係においても、十分に解明あるいは確定されているわけではない。しかしここで秀次の全体像について取り上げることは不可能なので、ここでは羽柴家家督になるまでの、秀吉一門衆として存在していた時期を中心に、一門衆としての政治的地位に関わる基礎的問題について取り上げることにしたい。

そもそも秀次の生年についてすら、諸説がある。藤田氏・矢部氏の整理によると、永禄七年（一五六四）説、永禄八年説、永禄十年説、永禄十一年説の四説があげられている。その典拠はいずれも当時の史料ではなく、そのために生年を容易に確定できない状況にある。そのなかで藤田氏は、これまでの通説であった永禄十一年説を採り、対して矢部氏は、永禄七年説をとっている。それらの典拠史料には、一長一短があり、それらの比較検討だけでは妥当性を判断できない。そこでその後の秀次の動向をもとに、検討することが必要になる。

秀次に関する史料上の初見とみなされるのは、堀越祐一氏によって指摘された事実で、天正九年（一五八一）五月二十一日に村山与介という人物に知行七〇石を与えた「折紙」の署判部分が残されていて、そこに「宮部次兵衛尉吉継（花押）」の署判が記されている。この史料については、藤田氏・矢部氏ともに取り上げていない。堀越氏はこの宮部吉継を、秀次の前身に比定している。花押型はのちに秀次が使用したものとは異なっているので、そこから同一人物と導き出すことはできないが、そもそも秀次が秀吉家臣であった宮部継潤の養子になったという所伝があったこと、通称の次兵衛尉に注目して、その通称は天正十三年から秀次が使用しているものになること、近江八幡山領時代に秀次の家老に付けられた田中吉政は、もとは宮部家家臣であったこと、などをもとにその推定を導き出している。

養父となる宮部継潤は、もとは近江浅井家の家臣と伝えられ、織田信長の家臣になり、天正五年に秀吉に与力として付属され、但馬二方郡を与えられて豊岡城主になり、天正八年に秀吉から因幡統治を委ねられ、鳥取城主とされており、いわば秀吉の統制下で一国支配を担った存在になる。(28) その時点で一国の統治を担った者としては、秀吉弟の秀長(当時の実名は長秀)がいたにすぎないから、宮部の政治的地位は極めて高かったことがうかがわれる。すでに秀次が、宮部継潤の養子になっていたという所伝があったなか、天正九年に宮部吉継の存在が確認され、通称次兵衛尉はのちに秀次が称するものであること、実名の「吉」は秀吉からの偏諱であり、「継」は養父宮部継潤の一字を継承したものとみなされること、秀次がのちに阿波三好康長の養子になるにともなって、宮部継潤由来の「継」字を、同訓の「次」に変えたとみなされることからも、この宮部吉継が、秀次の前身にあたることは確実ととらえられる。

これにより秀次は、天正九年の時点で、宮部継潤の養嗣子になっていて、通称次兵衛尉、実名吉継を名乗り、家臣に所領を与えていることから、自身の所領を有し、かつ自身の家臣団を編成していたことがわかる。所領の所在地は判明しないが、宮部家の養嗣子という立場にあったことからすると、因幡で与えられていたことが考えられる。秀次はこの時点で元服を済ませていたことがわかるが、これを生年についての諸説に照らし合わせると、永禄七年生まれの場合は一八歳、同十一年生まれの場合は一四歳にあたる。一般の元服年齢は一五歳であること、秀次があえて元服年齢を早めて独自の家臣団を編成しなければならない理由は見当たらないことからすると、一五歳未満にあたる永禄十一年説は排除されることになる。その他の永禄七年説、同八年説、同十年説はどれも天正九年時に一五歳に到達しているので、可能性は残される。

永禄七年説の典拠は「所三男氏持参文書」所収「豊臣秀次切腹覚書写」、同八年説の典拠は秀次の菩提寺の京都瑞泉寺伝来の秀次画像、同十年説の典拠は「東西歴覧記」引用の瑞龍寺過去帳、となる。矢部氏はそのなかで、最も当時の史料に近いのが「豊臣秀次切腹覚書写」であるととらえ、また内容の正確性の検討から、その記載を重視して永禄七年説を採っている。ここでそれ以上の考証をおこなう余地はないが、永禄七年説と同八年説は、一年の違いなので、どちらかがどちらかの情報を誤記したものと思われるし、そのことは永禄十年説と同十一年説についても同様であったと思われる。したがって生年についての所伝は四説あるものの、実態としては、大きくは永禄七年か同八年説と、同十年か同十一年説の二説に区分することができるだろう。そうすると永禄十一年説は成立しないとすれば、それと同種の同十年説も成立しないとみなすことができ、生年は永禄七年か同八年のいずれかの可能性が高いとみることができよう。しかしこれ以上の追究は不可能であり、いずれに確定できるのかは引き続いて今後における検討課題として残さざるをえない。

永禄七年生まれの場合、母の瑞竜院殿は三三歳、父の常閑は三一歳にあたり、同八年生まれの場合は、それぞれ三四歳、三二歳にあたる。出産年齢としてはかなり遅いといえ、その場合、秀次以前にも出産があったが産まれた子はいずれも早世したか、結婚そのものが遅かったか、のいずれかと考えられる。瑞竜院殿の結婚が可能になったのは、秀吉が織田家家臣として所領を有する領主になり、その扶養をうけてのことと考えられる。秀吉の織田家家臣としての動向は、永禄八年が初見であり、美濃の武士に信長からの所領充行を仲介しているので（秀吉一）、その時には相応の所領を有する存在になっていたとみなされる。

それ以前の秀吉の動向は、「太閤記」「明智軍記」（二木謙一校注『明智軍記』）に記されていることをもとに考えざるをえない状況である。前者は、信長家臣化を永禄元年九月一日、ある時に清須城塀修理の奉行を務め、同六年に川狩り合戦で一方の大将、盗人捕縛、薪奉行を務め、その後、同九年までの間に「万の奉行」を務めた、と記していて（刊本一四～二一）、後者は、信長家臣化を同じく永禄元年九月一日で「小人」（奉公人）になり、同四年八月二十日に清須城塀修理の奉行を務めた功で「足軽」になり、同五年五月に盗人捕縛の功で所領三〇貫文を与えられ、その後（同六年のことか）に犬山での戦功で所領一〇〇貫文を与えられた、と記している（刊本六七頁）。「明智軍記」の成立は元禄六年（一六九三）であり、時期は遅いものの、その部分に関しては、「太閤記」と共通する内容を記している。同書を参照しての記述とも思われかねないが、独自の貴重な情報もみられているので、共通の情報源をもとにしている可能性も想定される。それについては別に検討することにし、ともかくも永禄五年頃には、所領を有する信長の直臣になっていたことがうかがわれる。

瑞竜院殿の結婚は、秀吉がそのような立場になってからととらえられるので、常閑との結婚は、永禄五年、同六年頃のことと推測できる。そうすると同七年ないし同八年に生まれた秀次は、その第一子にあたったとみるのが妥当と思われる。

秀次が永禄七年ないし同八年生まれであったとしたら、元服は天正六年（一五七八）ないし同七年のことと推測される。仮名は次兵衛尉を称した。実名として確認できる「吉継」は、養父となる宮部継潤の一字を継承しているので、その実名は、宮部継潤の養嗣子になったことにともなって名乗ったものととらえられる。その場合、養嗣子化は元服後のことであったか、元服と同時のことであったのかが問題になり、前者の場合では、元服後に別の実名を名乗っていたが、養嗣子化にともなって「吉継」に改名したと考えられ、後者の場合では、元服当初から「吉継」を名乗ったと考えられることになる。いずれの場合も想定でき、現時点ではどちらかに決めがたい。これについても今後、引き続いて検討していく必要がある。

秀次のその後の動向として確認できるのは、天正十年十月二十二日のことで、秀吉から「三好孫七郎」と記されている（秀吉五二四）。これは阿波三好康長の養嗣子になったことにともなうもので、それにより三好苗字、仮名は三好家に因む孫七郎に改称したことがわかる。また実名も、それにともなって「信吉」に改名した。「信」字は織田家の通字であるから、その偏諱をうけ、旧名の「吉継」に同字を冠して改名したととらえられる。三好康長の養子としては、それ以前には織田信長三男の信孝があったが、本能寺の変後、信孝は織田家家督候補者の立場を優先して、三好家とは離縁したととらえられる。それに代わって秀次が三好康長の養嗣子になったとみなされる。養子入りの時期は判明しないが、それ以前の六月二十七日に、織田家の新体制を取り決めた清須会議がおこなわれていることを踏まえれば、同会議によって取り決められたものと推測される。秀次が、「信」字を与えられたのは、名目的には織田家当主の三法師（のち秀信）から、実態としては織田家の四宿老から与えられたものと推定される。このことから秀次の三好家養子入りは、織田家新体制の一環としておこなわれたものととらえられる。この時に秀次は、一九歳か一八歳になる。なお三好家への養子入りの時期について、天正九年秋から冬頃とみる見解があるが、明確な根拠をともなうものではない。織田信孝の存在を踏まえれば、清須会議後とみるのが妥当である。

秀吉は同十一年四月の賤ヶ岳合戦の勝利により、織田家での主導権を確立するが、それをうけてみられたのが、秀次と織田家家老池田恒興の娘との結婚ととらえられる。これに関しては、「池田家履歴略記」巻二（『池田家履歴略記上巻』三九頁）に、

第二之御女〈御名不詳〉天正十年関白秀次〈此時は三好孫七郎と申而太閤之養子也〉に嫁し給ふへき約あつて、同

十一年彼方にまゐり給ひ、正二位に叙し給ふ〈叙位之日くはしく知らす〉、秀次生害の後は何方におはせしにや其詳なる事知かたし、慶長六年八月七日薨し給ふ、御法名致祥院殿と申、洛東善正寺に葬れり、高野山に御位牌御安置、備前には御位牌もなし、

とある。これが秀次正妻についての概略を伝える、ほとんど唯一ともいえる情報ととらえられる。ちなみに「駒井日記」に秀次正妻として「政所様」「若政所様」が数ヶ所に所見されている（刊本二五・二六・四四・五八・七〇頁）。これについて、「一の台」菊亭晴季娘にあてられることが多いが、「太閤さま軍記のうち」に、「関白秀次卿のわかまんどころ殿、羽柴三左衛門（池田照政）兄弟に候あひだ、三州（吉田城）へ送りつかはされ」（『太閤史料集』一六〇頁）とあることから、「政所」「若政所」と称されたのは、池田恒興娘致祥院殿であったことを確認できる。そしてその呼称から、彼女が始終、秀次の正妻であったことがわかる。なお彼女については、「東西歴覧記」引用の瑞龍寺過去帳にも記載されていて、

致祥院殿栄岳利盛、秀次政所、慶長十六年丑八月二十日

とある。これによって法名を知ることができる。ただし死去年と忌日は「池田家履歴略記」と相違しているが、死去年については、丑年は慶長六年にあたるから、同年が正しいととらえられる。忌日については、「七日」と「二十日」のどちらが正しいのかは、これらだけでは判断できない。

先の「池田家履歴略記」によれば、秀次と致祥院殿は、天正十年に婚約を成立させ、同十一年に結婚したことがうかがわれる。天正十年の婚約は、同年十月からの織田家における抗争において、秀吉は織田家家老のうち惟住（丹羽）長秀・池田恒興を味方に付けているので、おそらくそれにともなって、池田恒興との政治関係を深めるためにおこなわれたと推定される。そして同十一年での結婚は、四月の賤ヶ岳合戦での勝利により、秀吉が織田家での主導権

を確立したのにともなって、戦争状態の解消をうけておこなわれたと推定される。この時期の秀次の動向について検討した中村博司氏は（註（27）論文）、秀次は天正十年十一月に、秀吉の命によって摂津兵庫城・三田城を請け取っていることを指摘し（秀吉一八二四）、それは摂津国主の立場にあった池田恒興から秀吉方への割譲により、それと秀次と致祥院殿の婚姻が連動していたという推定を示している。それに続いて中村氏は、秀次は、賤ヶ岳合戦後に、池田家が摂津から美濃に転封になったことをうけて、兵庫城から尼崎城に本拠を移したこと、同十三年閏八月に近江八幡山領に転封するまで、尼崎城を本拠としていたことを指摘している。これらによって近江八幡山領転封までの秀次の動向は、かなりはっきりしてきている。

秀次は、天正十二年に苗字を三好から羽柴に改称し、実名を信吉から秀次に改名した。その詳細については、藤田氏（註（27）論文）で示されており、また私も典拠史料を明示しながら述べている（註（1）拙著五〇頁）。すなわち、秀次の三好苗字についての終見は、同年三月十三日で（秀吉九六八）、六月二十一日が羽柴苗字を称した初見であり（『大日本史料一一編七冊』五三〇頁）、それまでに三好苗字を廃していて、同年十月十五日が実名秀次の初見で（『賜芦文庫文書』）、それまでに実名を改名したことが確認されている。羽柴苗字を称するようになったのは、秀次の政治的位置を、秀吉一門衆として明確化するためであったと考えられる。これに関わって明確にする必要があるのは、それによって秀次は三好家と離縁したのかどうか、ということであるが、そのことを判断できる材料はみられていない。しかしこの時期、秀次と三好康長の関係を示す史料はすでにみられていないので、三好家とは離縁し、秀吉一門衆の立場に特化したと考えてよいと思われる。

また秀次は、三好家養子化にともなって、仮名孫七郎を称していたが、それについてはその後も称していて、天正十三年九月十二日が終見になっている（秀吉一六二五）。そしてその後に通称として称したのは、元服後に、宮部家養子の時期に称していた「次兵衛尉」であった。これについてはすでに諏訪勝則氏によって指摘されていて（註(27)論文）、同年十月六日に左近衛権少将に任官についての記載で、「二兵衛〈少将〉殿下之甥」（「兼見卿記」同日条〈『兼見卿記第三』一〇〇頁〉）とあり、通称を次兵衛尉を称していたことが確認される。この通称はその後も使用していたとみなされ、例えば「多聞院日記」天正十六年正月八日条（『多聞院日記四』一〇七頁）に、「大納言殿（羽柴秀長）へ次兵衛殿ノ弟（秀保）為養子被越」とあることによって知られる。これらによって秀次が、天正十三年十月以降、仮名を孫七郎から次兵衛尉に改称したことは、確実とみなされる。

そもそも仮名孫七郎は、三好家入嗣にともなって称したものであることからすると、あるいはその廃止が、三好家との離縁にともなうととらえることも可能になる。その場合は、近江八幡山領への転封、少将任官にともなって、秀吉一門衆としての立場に特化することになり、それによって三好家と離縁した、という経緯も想定できることになる。また仮名次兵衛尉は、宮部家時代に称していたものであるが、その仮名が宮部家と一体のものであったとしたら、三好家と離縁ののちにそれに復すというのは、ただちに納得いくことではない。あるいは秀次は、元服後に宮部家に養子入りしたもので、当初からその仮名を称していて、宮部家養子入り後に、当初の実名から、養父宮部継潤の一字を採って「吉継」に改名した、ということも十分に想定できることになる。これらの問題も、すぐに解決できることではないので、今後も引き続いて検討していく必要がある。

秀次は、天正十三年閏八月二十二日に、近江八幡山領四三万石を与えられた（秀吉一五八二）。この領知高は、秀吉一門衆のなかでは、秀吉弟秀長に次ぐものになり、秀次は明確に、秀長に次ぐ地位を与えられたとみなされる。そして同年十月六日に、左近衛権少将に任官した（前掲「兼見卿記」）。この官位も、秀吉一門衆では、秀長の参議・近衛中将に次ぐものである。これにより以後は「羽柴近江少将」を称した。次いで同十四年に比定される五月三日付け文書で「中将秀次」と署名していることから（『芦浦観音寺』三五六号・註（26）藤田著書四九頁）、それまでに近衛中将に昇進したことが知られる。同年に比定される七月二十一日付け秀吉朱印書状（秀吉一九〇九）でも、「羽柴中将」宛になっている。これにともなって「羽柴近江中将」を称したととらえられる。

そして同年十一月五日に「少将〈殿下姪・孫七郎〉」とあり、秀吉に従って参内して、「各官位昇進」され、同月七日には「新宰相〈殿下姪〉」とみえていて、その五日に参議に任官したことが知られる（「兼見卿記」同日条〈前掲刊本一九七頁〉）。なお「兼見卿記」の記述をみると、秀次は少将から参議に昇進したように理解されるが、実際にはそれまでに中将に任官していて、それから参議に昇進したととらえられる。もっとも秀長の事例などにみられるように、秀吉の一門衆・親類衆においては、参議と中将は同時の任官である場合が多い。しかし秀次の場合は、中将に昇進し、そのうえで参議に昇進したとみなされることになる。同様の事例には、前田利家にみられている。それらの官位昇進の在り方とその意味については、今後において検討を続ける必要があろう。

秀次は参議昇進ののちは、「羽柴近江宰相」を称した。さらに同十五年九月十七日から同年十一月十五日までの間に、権中納言に昇進している（「兼見卿記」同日条〈前掲刊本二八四・二九三頁〉・註（26）藤田著書四九頁）。これにより以後は、「羽柴近江中納言」を称した。そして同十八年七月の関東仕置にともなって、改易された織田信雄の跡をうけて、尾張一国五七万石余に加増転封され、同国清須城を本拠にした。さらに駿河・遠江・三河三か国六九万石余が家老に与えられており、それらを合わせれば一二〇万石余を管轄することになった。そして以後においては「羽柴尾張中納言」を称した。

同十九年正月に秀長が死去し、同年八月に秀吉嫡男鶴松が死去し、秀吉の後継者が不在になった。秀吉には他に、養子として秀俊（のち小早川秀秋）がいたが、秀俊はまだ九歳にすぎない年少のためであろう、一門衆のうち最年長の秀次が、ただちに新たな後継者に立てられ、八月九日には「御家督・聚楽、中納言様へ被成御渡、上様大坂へ可被成御隠居旨候」と取り決められている（『愛知県史資料編13』二一〇号）。それをうけて秀次は、同年十一月二十八日に権大納言に任官して、諸大名中では筆頭の徳川家康（羽柴武蔵大納言）に並んで諸大名筆頭に位置し、次いで十二月四日に内大臣に任官して、諸大名を超越して、秀吉後継者の地位を確立し、十二月二十八日に関白に任官、豊氏長者に就任して、羽柴家当主になった（註(25)藤田著書九四～六頁）。

こうして秀次は、羽柴家当主になったが、そこでの秀吉との関係については、実は明確ではない。これまで秀次は、秀吉の養子になって、その家督を継承したとみなされてきた。私も同様に秀吉の養子になったと考えてきた。また藤田氏も、「家督を譲るというからには、当然のこととして養子縁組を前提として考えねばならない」と述べている（前掲書九三頁）。しかし現在のところ、秀吉が秀次と養子縁組したことを示す明証は確認されていない。養子縁組した場合、秀次は秀吉正妻の寧々とも養子縁組したと考えられるが、その形跡もみられていない。むしろ秀次の関白任官後、実父三好常閑と実母瑞竜院殿は、「三位法印様・大かみ様」として、秀次の父母として処遇されており（「駒井日記」文禄二年閏九月六日条〈前掲刊本二頁〉など）、対して秀吉の家族については、「太閤様」「北政所様」「御ひろひ様」「同御袋様」などと記していて（「駒井日記」前掲刊本九〇頁）、同一家の扱いにはないととらえられる。このことからすると、秀次は秀吉・寧々と養子縁組して、羽柴家当主になったのではなく、あくまでも甥の立場で、家督を譲られた、とみることも可能であろう。この問題については、今後において検討すべきものとなろう。

ちなみに「東西歴覧記」引用の瑞龍寺過去帳には、秀次について、

善正寺前殿下高巌道意、秀次公、文禄四年乙未七月十五日、二十九歳

と記されている。ちなみにこの記載が、秀次の永禄十年生まれ説の典拠になっている。

3、羽柴小吉秀勝

小吉秀勝の生年については、「多聞院日記」天正十八年（一五九〇）十一月十四日条（『多聞院日記四』二六八頁）に、「小吉殿、当年廿二才歟」とあり、その逆算によって永禄十二年（一五六九）生まれとみなされる。それに続けて、「中納言殿（羽柴秀次）の弟也」「一腹也云々」とあり、秀次の同母の弟であることが確認される。ちなみにこの「一腹」の部分について、かつて渡辺世祐氏（註（4）渡辺著書六七頁）や桑田氏(29)は、それを「一眼」とみて、隻眼であったと紹介しているが、それはすでに福田千鶴氏が指摘しているように(30)、誤読によるにすぎず、秀次と同腹であることを記したものになる。

小吉秀勝については、「東西歴覧記」引用の瑞龍寺過去帳に、

光徳院前参議清巌、秀次公弟丹波少将秀勝、天正二十年壬辰九月九日

とあるように、天正二十年（文禄元年・一五九二）九月九日に死去したことが確認され、その時の年齢は二四歳になる。ちなみに江戸時代成立史料のなかで、死去年齢について唯一記しているとみなされるのが、嘉永四年（一八五一）成立の飯田忠彦「大日本野史」（『訳本大日本野史三』一三三頁・「大日本史料稿本」文禄元年〈一五九二〉九月九日条）で、「系図」を典拠に「歳二十七」と記している。その逆算による生年は、永禄九年になる。通説よりも三年早いものとなっている。しかしその典拠の「系図」が何にあたるのかは確定されていない。

またルイス・フロイス「日本史」の記述に、天正十五年（一五八七）のこととして、「関白の甥に当り、丹波国の領主で丹波少将殿と称せられる十九歳の若者」（『完訳フロイス日本史4〈中公文庫〉』一九九頁）とあり、天正十五年に数え年一九歳で逆算すると、生年は永禄十二年になる。これは「多聞院日記」の記載内容に一致することから、小吉

秀勝の生年は、永禄十二年に確定できる。ただしここでフロイスが記す年齢が、日本式の数え年なのか、西洋式の満年齢なのかという疑問も残る。満年齢とすれば、逆算による生年は一年さかのぼり、永禄十一年になる。フロイスの認識がいずれであったのかは確定できないが、「多聞院日記」の記載内容に一致することから、数え年による表記と考えてよいだろう。

母瑞竜院殿が三八歳の時の生まれになる。兄秀次からは四、五歳の年少にあたる。瑞竜院殿の年齢は高いと思われるが、三〇歳代後半での出産は、当時でもみられたことであった。何よりも「多聞院日記」に秀次と「一腹」と記されていることから、瑞竜院殿の実子であったことは確実である。なお秀次との間に、四、五年の生まれの差があることからすると、瑞竜院殿はその間に、一人ほど出産していた可能性が想定される。しかし成長しないまま死去したとみなされる。

小吉秀勝についての当時の史料での初見は、天正十三年九月四日に、秀吉が家臣一柳直末に与えた朱印書状で、「小吉」に近江勢田城を与えたことを述べられているものになる（秀吉一六一五）。この時、一七歳であったから、すでに元服していたとみなされる。したがって「小吉」は、元服後の通称であったとみなされる。またこれによって勢田城周辺で所領を与えられたことがうかがわれる。もっとも当時、小吉秀勝は摂津で所領を与えられていたことがうかがわれ、同年九月十八日に、摂津安岡寺に寺領を保障する証文を出している（第三部二「小吉秀勝文書集」二三号）。続いて同年九月吉日に摂津富田宿久に掟書を出していて（同前二四号）、この時期、所領が摂津を中心にしたものであったことがわかる。同国は兄秀次の領国であったから、その関係から同国で所領を与えられていたと考えられる。また両文書では、「羽柴小吉秀勝」と署名していて、この時期から実名秀勝を名乗っていたことが確認される。

かつては、秀吉養嗣子の次秀勝の死去後に、その遺領を継承したことをもとに、同じく秀吉の養子になって、実名秀勝を襲名したととらえられてきた（註（4）渡辺著書六七頁・註（10）桑田論文など）。しかし小吉秀勝は、次秀勝の死去以前から実名秀勝を名乗っていたことになるので、その見解は成立しない。たまたま小吉は、元服にともなって（天正十一年のことと推定される）、次秀勝と同じ実名を名乗ったものととらえられる。また小吉秀勝が、秀吉の養子になったことについては、当時の史料では確認されない。例えば「多聞院日記」天正十七年七月二十七日条には「小吉殿〈関白殿のヲイ歟〉」（前掲刊本四・一九一頁）、同年十月八日条に「羽柴小吉殿とてヲヰ也」（同前一九九頁）とあり、あくまでも「甥」としか記されていない。このことから小吉秀勝は、秀吉の養子にはなっていなかったとみるのが適切である。このことについてはすでに註（1）拙著でも記しているが、あらためて提示しておきたい。

同十三年十月十三日に、山城淀城で浅井江（崇源院殿）と結婚した（「兼見卿記」同日条〈前掲刊本一〇八頁〉）。これについては早くに、岡田正人氏によって指摘されている。(31)なお史料には、「関白殿の姪〈ヲイ〉小吉御祝言」とあるにすぎないが、秀吉がわざわざ参加しての「祝言」であるから、江との結婚とみなされる。またこれによれば、淀城で婚儀がおこなわれているので、小吉秀勝もしくは江は、この時に同城に居住していた可能性が考えられる。これに関して近時、福田氏は、淀城はのちに浅井茶々の居城になることから、茶々・江姉妹はこの時には同城に在城していたととらえる見解を示している（註（3）福田著書六〇頁）。これより以前の九月に、小吉秀勝が近江勢田城を与えられていたとすれば、淀城に茶々・江姉妹が在城していたとみることは可能だろう。その際に、淀城の性格が問題になるが、同城はそれまで秀吉の山城における拠点であった山崎城に代わるものであったこと、この江の結婚をうけて、茶々は秀吉と結婚することからすると、(32)すでにこの時点で秀吉と茶々の結婚を前提に、茶々・江姉妹が淀城に居住していたとみることができるかもしれない。

江との間には、その後に娘の完子（?～一六五八、天真院）が生まれるが、その生年は判明していない。完子の概略については、福田氏によって詳しく記されている（註（30）福田著書八八～九〇頁）。父小吉秀勝の死去後、母の江は秀吉のもとに引き取られ、文禄四年九月に徳川秀忠と再婚するが、その後は、伯母の茶々に養育され、その「猶子」とされた。そして慶長九年（一六〇四）六月三日に摂関家九条忠栄（のち幸家、一五八六～一六六五）と結婚した。なお彼女の生年について、小吉秀勝が死去した文禄元年と推測しているものがあるが[33]、それは小吉秀勝と江の結婚を同年とみる推定を前提にしたものでしかない。小吉秀勝と江の結婚は、天正十三年のこととみなされるから、その推定はそもそも成立しない。

完子は九条忠栄との間に、慶長十二年から寛永二年（一六二五）にかけて四男三女を産んだとされている。長男二条康道を産んだ時に二〇歳とみると、その生年は天正十六年と推定される。ただし「柳営婦女伝系」のうち「崇源院殿之伝系」（前掲『徳川諸家系譜第一』一七八頁）では、所伝に錯誤がみられるものの、完子に相当する記載に、「御息女二人を産し給う」「後に台徳院殿（徳川秀忠）御養女として、二人共に本願寺東西両門跡に嫁せしめ給う」とあることからすると、完子の実子は、長女で慶長十三年生まれの東本願寺宣如妻と、次女で同十八年生まれの西本願寺良如妻の二人だけであった可能性が高い。そうすると、慶長十三年に二〇歳とみると、生年は天正十七年と推定される。事実の解明は今後の課題であるが、おおよその推定にはなるだろう。

また完子については、例えば「武家事記」に、「息女岐阜中納言秀信室、再嫁九条家」などと記されていることから（前掲刊本五五五頁）、小吉秀勝の死後、その遺領を継承した織田秀信（一五八〇～一六〇五）の妻となり、その後に九条忠栄と再婚したと理解されることがある。そのことについてこれまで十分に検証されていない。そうしたなか「駒井日記」文禄三年二月三日条（前掲刊本九四頁）に、「岐阜宰相様御内様（江）」に並んで「岐阜中納言様（織田秀信）御内様」が記されている。すでに小吉秀勝は死去していたが、小吉秀勝家の枠組みは存続していて、江も小吉秀勝後室として存在していたことがわかる。そのうえでそれに並んで織田秀信妻が記されているのであり、この記載の在り方からすると、織田秀信妻は、小吉秀勝・江の娘であったと考えられることになる。織田秀信妻については、同年二月四日条にもみえている（同前九八頁）。なおこのことから、文禄三年二月までは、小吉秀勝家は存続していたととらえられ、後室の江は、翌四年九月に同家と離縁し、秀吉のもとに引き取られ、その養女とされたうえで、徳川秀忠と再婚した、という経緯にあったととらえられる。

これにより小吉秀勝・江の娘が、織田秀信妻であったことは確実ととらえられるが、それが完子と同一人物かどうかは確定できない。小吉秀勝・江の娘としては、早くても天正十五年の生まれになり、小吉秀勝死去時には六歳にすぎない。「駒井日記」での登場は、ちょうど社会的認知をえられる八歳にあたっているので、所見状況とは矛盾はない。そして完子の生年が、同十七年だったとすれば、両者は別人物になろう。あるいは完子を同十五年の生まれとみれば、両者は同一人物の可能性は残る。その場合は、慶長五年（一六〇〇）の関ヶ原合戦によって織田秀信が没落したことによって、離婚し、伯母の茶々に引き取られた、という想定になろう。事実関係の解明のためにはさらなる追究が必要であるが、少なくとも小吉秀勝・江の娘が、織田秀信妻になったことは確実とみなすことができよう。

小吉秀勝は、天正十三年十二月十日に丹波亀山領を領知していた次秀勝が死去したことをうけて、同十四年に亀山領を与えられて領国大名となり、亀山城を本拠にした。亀山領統治のための発給文書は、同年十月からみられている（「小吉秀勝文書集」二五号）。その間の三月二十九日に、秀吉は亀山城に赴いていて（「兼見卿記」同日条〈前掲刊本一五三頁〉）、それは同領の接収のためと考えられる。そうするとその後に、亀山領を与えられたと考えられる。

同十五年正月一日には、「羽柴丹波少将」とみえていて（秀吉二〇七二）、それまでに右近衛権少将に任官していたことが確認される。小吉秀勝の官職としては、これが確認される最初になる。秀吉による武家官位において、公家成は侍従任官によっておこなわれているが、小吉秀勝について、侍従任官に関する徴証はみられていない。しかし兄秀次も初官は少将であったことからすると、小吉秀勝の場合も初官が少将であったとしても不思議ではない。少将任官によって、この時点での小吉秀勝の秀吉一門衆での地位は、秀長・秀次に次ぐ第三位にあった。そして以後は「羽柴丹波少将」を称した。なお同年九月十七日に、秀長・秀次に続いてみえる「舎弟侍従」は（「兼見卿記」同日条〈前掲刊本二八四頁〉）、小吉秀勝のことになる。すでに少将に任官していたが、同じく少将になっていた宇喜多秀家も、それに続いて「浮田侍従」と記されているので、これは記者の錯誤とみなされる。

同十七年七月二十七日に、秀吉に亀山領では領知高が少ないと訴えたことで、秀吉から勘当をうけて亀山領の除封が決められ、秀長が請取のため亀山領に赴いている（「多聞院日記」同日条〈前掲刊本一九一頁〉）。そして十月八日に秀吉から、九月二十五日に死去した蜂屋頼隆（羽柴敦賀少将）の遺領越前敦賀領五万石への転封を命じられている（同前一九九頁）。しかし敦賀領への転封は実際にはおこなわれなかった。十一月五日に秀吉から勘当を解かれて、「美濃国にてハチヤ（蜂屋頼隆）アト五万石被下了」（同前二〇四頁）とあり、勘当を解かれたことと領知を与えられたことが知られる。ここでは領知は蜂屋頼隆遺領と書かれているが、「美濃国」とあって齟齬している。正しくは美濃大柿領であり、同年十一月下旬に「大柿の少将」とみえていて（秀吉二九〇六）、勘当を解かれるにともなって大柿領を与えられたことが知られる。領知高は判明しないが、翌年の小田原攻めにあたって二八〇〇人の軍役を課されていることをもとに逆算すると、領知高は五万六〇〇〇石と推定される。これによって「羽柴大柿少将」を称した。

しかし同十八年七月の関東仕置にともなって、甲斐一国二二万石余を与えられ、領国大名とされて、躑躅が崎城を本拠にした。これにともなって「羽柴甲斐少将」を称した。直後の八月三日から、甲斐統治のための発給文書がみられている（「小吉秀勝文書集」三〇号）。甲斐支配については、同十九年二月二日まで、家臣による支配が確認されているが（『山梨県史資料編8』二九号）、同月十五日から、小吉秀勝に代わって甲斐を領知した加藤光泰による支配が開始されているので（同前三二号）、その間に甲斐から転封になったことが知られる。新たな領知は、美濃岐阜領一三万三〇〇〇石で、池田照政が三河吉田領に転封された跡をうけたものになる。岐阜領に南接する尾張国は、兄秀次の領国にされていたから、それにあわせて転封されたと考えられる。岐阜領については、同年四月から統治のための発給文書がみられるようになっている（「小吉秀勝文書集」三七号）。これによって「羽柴岐阜少将」を称した。

同年八月九日には、兄秀次が秀吉の家督継承者に定められたことをうけて、「岐阜少将」に秀次領国の尾張国を与えることが検討されている（『愛知県史資料編13』二一〇号）。しかしそれは実現されることはなく、岐阜領から変更はなかった。そして同二十年（文禄元年）正月二十九日に参議に昇進し（「小吉秀勝文書集」三八号）、以後は「羽柴岐阜宰相」を称した。この時点で、秀吉一門衆の最高位には、この時に権中納言に昇進した羽柴秀保・同秀俊があり、小吉秀勝はそれより下位に位置していた。そしてすでに参議に任官していた秀吉親類衆の宇喜多秀家（秀吉養女「ごう」婿）・前田利家（秀吉妻摩阿・養女「ごう」父）・徳川秀忠（秀吉養女小姫婚約）に、ようやく並んでいる。小吉秀勝の政治的地位は、おそらく天正十七年における秀吉からの勘当の影響で、官職昇進が遅れることになり、その分低下していたと思われる。それでもここで参議に昇進したことで、ようやく親類衆の宇喜多秀家らに追いついたととらえられる。

その後、三月十三日に八〇〇〇人の軍役をもって朝鮮渡海のため、壱岐での在陣を命じられ（秀吉三九八四〜九）、四月二十四日には壱岐での秀吉御座所普請を命じられたとみられ（秀吉四〇二二）、五月三日には秀吉から、本田利朝率いる軍勢一万人の到着をうけて壱岐から朝鮮に渡海するよう命じられ（秀吉四〇六九）、同月十六日には朝鮮での秀吉御座所の普請を割り当てられている（秀吉四〇九四〜五）。また同日に、秀吉の朝鮮攻略後の統治案において、朝鮮には小吉秀勝もしくは宇喜多秀家を置くとされている（秀吉四〇九六〜七）。小吉秀勝が、秀吉一門衆として重視されていたことが知られる。七月九日には、対馬から朝鮮に渡海を命じられているので（秀吉四一九七）、それまでに壱岐から対馬に進軍していたことが知られる。同月十四日には、巨済島への進軍を命じられていて（秀吉四二〇五）、同月十六日には同地での城郭普請の統括者を命じられている（秀吉四二一一〜一二）。ところが九月五日には、病態になっていたことがうかがわれる。藤堂高虎が秀吉に送った「去月五日書状」にそのことが記されていた（秀吉四二六二）。ただし該当文書は写本で、秀吉はそれに九月二十二日に返書しているので、「去月五日」は「去五日」の誤写ととらえられる。これにより小吉秀勝は、九月五日には病態になっていたことが知られる。そしてその直後の九日に死去したのであった。

小吉秀勝には後継者が不在であったため、その領知は、織田秀信に継承され、同年十二月十日には領国支配を開始しているから（『岐阜県史史料編古代中世四』一〇三二頁）、領国の継承はすぐにおこなわれたことがうかがわれる。そしてその際、先に述べたように、小吉秀勝の娘が秀信の妻となったとみなしてよく、秀信は小吉秀勝の娘婿として、その遺領と家格を継承したととらえられる。

4、羽柴秀保

秀保の事蹟については、北堀光信氏による検討がある(34)。そのため以下では、基礎的事実関係について取り上げるものとする。

秀保の生年に関する史料は、当時におけるものはなく、「東西歴覧記」引用の瑞龍寺過去帳に、

瑞光院贈亜相花巌妙喜、秀次公末弟、文禄四年乙未四月十六日、十七歳、

とあり、また「諸寺過去帳中」所収「高野山過去帳」に、
　瑞光院増亜相花岳好春〈大和中納言、文禄四年卯月十六日卒、十七歳〉
とあり、文禄四年（一五九五）に一七歳で死去したと伝えられており、その逆算による生年は天正七年（一五七九）になる。父三好常閑が四六歳の時の生まれになる。その妻瑞竜院殿は、四八歳になっているので、秀保は彼女の実子ではなかったと考えられる。秀保の実母については不明であるが、瑞竜院殿が出産できない年齢になって以降に、常閑は妾をもち、その妾から産まれたととらえられる。そのうえで秀保は、瑞竜院殿と養子縁組したととらえられ、瑞竜院殿が母として存在していたことが確認される（「常閑文書集」六四号など）。

なお「太閤素生記」には、「三男辰千代丸と号すは、秀利大納言養子、十三歳にて南都猿沢の池にて水をあひ水に溺れ死さる」と記されていて（前掲刊本三〇七頁）、あたかも幼名は「辰千代丸」といったようにも思われるが、秀長の実名を「秀利」とし、これは「秀俊」との混同とみられ、そのため「辰千代丸」も、秀俊の幼名と伝えられる「辰之助」との混同とみなされ、信用し難いだろう。また死去年齢を一三歳としているが、瑞龍寺過去帳・「高野山過去帳」がともに一七歳としているので、それを採用すべきである。さらに死去の経緯について、溺死としているが、これも当時の史料に合致しない。「駒井日記」文禄四年四月十日条（前掲刊本二一七頁）に「大和中納言様（秀保）とつ川にて御煩出被成」、「多聞院日記」同月十二日条（『多聞院日記五』一一頁）に「中納言（秀保）トツ川へ入、煩とて方々祈禱在之」とあり、大和十津川で病気になったことが知られる。同所は、秀長家の湯治場であったとみなされ、そこで療養したものの、快復することなく死去したとみなされる。そのため溺死というのは全くの誤伝である。

秀保に関する史料での初見は、天正十六年正月八日に、叔父秀長の養嗣子に迎えられていることである。「多聞院日記」同日条（『多聞院日記四』一〇七頁）に、「大納言殿（秀長）へ次兵衛殿（秀次）ノ弟、為養子被越」とある。「多聞院日記」同日条（『多聞院日記四』一〇七頁）に、「大納言殿（秀長）へ次兵衛殿（秀次）ノ弟、為養子被越」とある。秀

長には後継者が不在であったため、最年少の甥にあたる秀保を養嗣子に迎えたとみなされるが、この時には秀長に長女が生まれていたとみなされ、当初からその婿にすることを予定していたと考えられる。また養嗣子となるにともなって、秀長正妻の慈雲院殿（生没年・出自未詳、慈雲院殿芳室紹慶大禅定尼）と養子縁組したととらえられる。秀長死去後、秀保が当主になってからの時期に、慈雲院殿は「大かた様」「大和大かた様」とみえていて（「駒井日記」前掲刊本一二三～四・一二六頁）、秀長家の「家」妻として存在していたことが確認されることによる。

秀保は、秀長の養嗣子になって三ヶ月後の同年四月十四日の聚楽第行幸において、その行列に供奉して、「御虎侍従」とみえている（秀吉二四五〇）。すでに北堀光信氏が明らかにしているように（註（34）北堀著書一六五頁）、これは別の史料で、「大和大納言養子」に該当することから（「当代記」巻二〈『史籍雑纂第二』五五頁〉）、秀保にあたるととらえられる。これにより、聚楽第行幸にあわせて、侍従に任官され、公家成大名にされていたことがわかる。秀保はこの時、一〇歳でしかなかったが、元服したとみなされる。また「御虎」が幼名であったことが知られる。ちなみに同時に侍従に任官したものに、九歳の織田秀信（織田三郎侍従）、七歳の羽柴秀俊（金吾侍従）があった。秀保はそれらと同等の処遇をうけたととらえられる。その直後にあたる九月には、「大和侍従」でみえていて（註（34）北堀著書一六七頁）、「羽柴大和侍従」を称したことが知られる。

同十八年四月七日の、秀吉による紀伊熊野山如意輪寄進鰐口についての志趣書に、秀長に続いて、秀長正妻（「大納言内方」）・慈雲院殿）・秀長娘（「大納言息女」）に続いて、秀保（「侍従公〈大納言養子也〉」）がみえている（「多聞院日記」同日条〈前掲刊本二四〇頁〉）。秀保妻となることが予定されていた秀長娘のほうが、地位が上にあったことがわかる。同年十月二十日に、秀長の重態をうけて、秀吉はその領国のうち、大和・紀伊は秀保に継承させるが、和泉・伊賀は別人に与えることを決めている（「多聞院日記」同日条〈前掲刊本二六二頁〉）。この時は秀長は快復したものの、その後に再び重態になり、それをうけて、同十九年正月に「大納言ムスメ四、五才歟、コレト養子侍従殿ト祝言」（同前二七七頁）と、四、五歳にすぎなかった秀長娘と結婚した。秀長娘は、天正十五年、十六年の生まれとみなされる。同十六年生まれの妹（おきく・大善院殿・毛利秀元妻、一五八八～一六〇九）の存在からみて、おそらく同十五年の生まれと推定される。

そして同月二十二日に秀長は死去した。領国のうち大和・紀伊を継承し、大和郡山城を本拠にした。閏正月五日には、兄秀次が郡山城に赴いてきて、秀長遺領について処置している（同前二八一頁）。そして秀保は、同年八月二十二日に領国統治を開始している（第三部三「秀保文書集」四二号）。そして同年四月九日に正四位下に、続いて同年九月二十一日に参議に昇進し（『新潟県史資料編3』一〇二〇号）、以後は「羽柴大和宰相」を称した。この昇進は、近衛少将・同中将を飛び越えたものになるが、それは秀長家が「清華衆」の家格にあったことによる。この時点で、秀吉一門衆の筆頭には、実兄秀次があったが、直後には羽柴家当主になっていて、それをうけて秀保が筆頭に位置するようになっている。秀長家当主の立場にあったため、次兄小吉秀勝よりも上位に位置した。同二十年（文禄元年）正月二十九日に従三位・権中納言に昇進し（「秀保文書集」四七号）、以後は「羽柴大和中納言」「羽柴郡山中納言」を称した。一門衆筆頭に位置するとともに、諸大名中でも権大納言の徳川家康に次ぐ地位に位置した。

文禄三年三月二日に、秀長娘と婚儀をおこなっている（「多聞院日記」同日条〈前掲刊本四四二頁〉）。この時、秀長娘は七歳か八歳になっているので、それにともなって正式に婚儀がおこなわれたととらえられる。またここからすると、天正十五年生まれであれば、ちょうど社会的に認知される八歳にあたることになるので、彼女の生年は天正十五年の可能性が高いとみなされるだろう。ちなみに秀長娘は「ソハムスメ」、すなわち庶出で、母は「秋篠ノ沙弥（秋篠伝左衛門尉）ノ子」（摂取院藤誉光秀大比丘尼〈一五五二～一六二二〉にあたる）であったことが知られる。「駒井日記」翌日条（前掲刊本一二二頁）には、秀保（「中納言様」）に続いて「御うへさま」「大和御うへさま」とみえている。しかし彼女についての史料所見は、これが最後になっていて、その後の動向は判明していない。

しかし文禄四年四月十六日に、秀保は病気により一七歳で死去した。後継者は不在であったため、領国は接収された。またこれによって、秀吉一門衆筆頭に位置していた秀長家は断絶した。なお秀保に関わって、養父秀長の家族についても取り上げたいところだが、それらは秀長について検討する際におこなうのが適切であるので、ここでは省略する。ちなみに秀長の家族としては、正妻慈雲院殿、早世した嫡男与一郎、養子千丸（惟住長秀三男、のち藤堂高吉）別妻の摂取院、娘の秀保妻・おきく（毛利秀元妻）、慈雲院殿が秀長と同時に菩提を弔っている賢松院殿（慈雲院殿父にあたるか）、逆修供養した養春院殿（養春院殿古仙慶寿大禅定尼、慈雲院殿母にあたるか）[35]、与一郎妻で森忠政に再嫁した智勝院殿（一五七五～一六〇七、那古屋敦順・養雲院殿娘）があげられる。ここではそれらを列挙するにとどめて、別の機会に検討することにしたい。

註

（1）角川選書578、KADOKAWA、二〇一六年。
（2）谷徹也「（書評）黒田基樹著『羽柴を名乗った人々』」（『ヒストリア』二六三号、二〇一七年）。
（3）福田千鶴『高台院〈人物叢書323〉』（吉川弘文館、二〇二四年）一六頁参照。
（4）講談社学術文庫482、講談社、一九八〇年。
（5）桑田忠親『豊臣秀吉研究』（角川書店、一九七五年）一七頁。
（6）なお秀吉の出自に関して、現在のところ研究の到達点を示しているのは、北川央「秀吉の青年時代」（同『豊臣家の人びと』三弥井書店、二〇二三年、所収）・跡部信「天下人秀吉の出自」（播磨学研究所編『姫路城主「名家のルーツ」を探る』神戸新聞総合出版センター、二〇一二年、所収）とみなされる。私見は本文で記したものになるが、それについての具体的な検討は、紙幅の都合により、別の機会に譲らざるをえない。なおその他、横地清「尾張中村雑考」（『郷土文化』三五巻三号、一九八一年）は、中村に残る地域史料・伝承を豊富に紹介していて参考になるところが多い。

（7）河内将芳『大政所と北政所』（戎光祥選書ソレイユ００８〉』（戎光祥出版、二〇二二年）。

（8）桜井成広「現存する豊臣氏の血統」（同著『戦国名将の居城』新人物往来社、一九八一年、所収）一六八〜九頁。

（9）永島福太郎・亥口勝彦「豊臣秀長の都状（病気祈祷文）と病状」（『医譚』八六号、二〇〇七年）。

（10）中村孝也『家康の族葉』（講談社、一九六五年）第五章第二項「南明院豊臣氏朝日姫」。

（11）桑田忠親「長浜で早死した太閤の嫡子」（『国学院雑誌』六〇巻四号、一九五九年）・「秀吉の長男をめぐる謎」（同『豊臣秀吉〈桑田忠親著作集第五巻〉』秋田書店、一九七九年、所収）。なお、石松丸の出自について、和田裕弘「豊臣秀吉の実子といわれる「石松丸」について」（『天下布武』二八号、二〇一六年）は、越前朝倉景鏡の子で、秀吉の養子になったとする所伝を紹介している。極めて興味深いと思われるが、現在その当否を検証する余裕はないため、紹介するにとどめておく。今後、朝倉家研究のなかで検証されることを期待したい。

（12）山本順也「朝覚秀勝の再検討」（長浜市長浜城歴史博物館・長浜市曳山博物館編『長浜城主・秀吉と歴代城主の変遷』二〇二三年）所収。

（13）拙著『家康の正妻　築山殿〈平凡社新書１０１４〉』（平凡社、二〇二二年）四〇頁。

（14）最新の見解については、大西泰正「樹正院の基礎的考察」（同『宇喜多秀家研究序説』私家版、二〇二一年、所収）二一七〜二〇頁を参照。なお註（３）福田『高台院』は、「五もじ」を、樹正院が秀吉の養子になった時期を天正十一年賤ヶ岳合戦後とする所伝を採用して、これを排除し、もう一人秀吉の養女となったことが伝えられている前田利家六女菊（一五七八〜八四）にあてる見解を示している。しかし樹正院の養子化時期についての所伝は、他者との混同の可能性を排除できず、そのまま信用しうるものではなく、他による補強が必要であろう。もう一人の養女となったという菊の存在は、当時の史料ではいまだ確認されていないので、これについても同様と考えられる。

(15) なお「ごう」の名について、一般には「豪」の漢字が当てられているが、大西氏は当時の史料で確認できないことから保留している。
(16) 谷口克広「信長の兄弟と子息の出生順」(柴裕之編『織田氏一門〈論集戦国大名と国衆20〉』岩田書院、二〇一六年、所収)。
(17) 森岡栄一「羽柴於次秀勝について」(前註柴編書所収)・尾下成敏「信長在世期の御次秀勝をめぐって」(『愛知県史研究』一九号、二〇一五年)。
(18) 片山正彦「豊臣政権樹立過程における於次秀勝の位置付け」(同『豊臣政権の東国政策と徳川氏』思文閣出版、二〇一七年、所収)。
(19) 岡田正人『織田信長総合事典』(雄山閣、一九九九年)一六三～五頁。
(20) 渡辺江美子「織田信長の息女について」(註(16)柴編書所収)。
(21) 柴裕之「総論　織田信長の御一門衆と政治動向」(註(16)柴編書所収)。
(22) 西尾和美「豊臣政権と毛利輝元養女の婚姻」(川岡勉・古賀信幸編『西国の権力と争乱〈日本中世の西国社会1〉』清文堂、二〇一〇年、所収)。
(23) 山田彦郎「三好吉房」(『美和町史人物二』愛知県海部郡美和町、一九九五年)。
(24) 藤田恒春『豊臣秀次の研究』(文献出版、二〇〇三年)。
(25) 矢部健太郎『関白秀次の切腹』(ＫＡＤＯＫＡＷＡ、二〇一六年)。
(26) 藤田恒春『豊臣秀次〈人物叢書２８０〉』(吉川弘文館、二〇一五年)。
(27) 代表的なものとしては、本書収録の諏訪勝則「織豊政権と三好康長―信孝・秀次の養子入りをめぐって―」(米原正義先生古稀記念論文集刊行会編『戦国織豊期の政治と文化』続群書類従完成会、一九九三年)・同「関白秀次の文芸政策」(『栃木史学』九号、一九九五年)・遠藤珠紀「豊臣秀次事件と金銭問題」(『日本歴史』八六七号、二〇二〇年)のほか、藤田恒春「羽柴秀吉の阿波攻めにおける秀次」(『史窓』四三号、二〇一三年)・同「奥州仕置における豊臣秀次―新出徳川家康書状の紹介―」(『織豊期研究』一六号、二〇一四年)・堀越祐一「文禄期における豊臣蔵入地」「太閤・関白間における情報伝達の構造」「秀次事件をめぐる諸問題」

（同『豊臣政権の権力構造』吉川弘文館、二〇一六年、所収）・跡部信「豊臣政権の代替わり」（同『豊臣政権の権力構造と天皇〈戎光祥研究叢書7〉』戎光祥出版、二〇一六年、所収）・中村博司「天正十～十三年における三好信吉（豊臣秀次）の動向について」（同『豊臣政権の形成過程と大坂城〈日本史研究叢刊34〉』和泉書院、二〇一九年、所収）などがあげられる。

(28) 谷口克広『織田信長家臣人名辞典第二版』（吉川弘文館、二〇一〇年）「宮部継潤」項。

(29) 桑田忠親『太閤家臣団』（新人物往来社、一九七一年）「御次秀勝と小吉秀勝」三七頁など。

(30) 福田千鶴『江の生涯〈中公新書2080〉』（中央公論新社、二〇一〇年）七四頁。

(31) 岡田正人「将軍秀忠夫人となったお江」（小和田哲男編『浅井三姉妹の真実〈新人物文庫113〉』新人物往来社、二〇一〇年、所収）。

(32) 拙著『お市の方の生涯〈朝日新書895〉』（朝日新聞出版、二〇二三年）二〇四頁など。

(33) 小和田哲男『戦国三姉妹〈角川選書482〉』（角川学芸出版、二〇一〇年）・宮本義己『誰も知らなかった江〈マイコミ新書〉』（毎日コミュニケーションズ、二〇一〇年）など。

(34) 北堀光信「羽柴秀保と聚楽亭行幸」「羽柴秀保と一庵法印」「羽柴秀保と豊臣政権」（同『豊臣政権の行幸と朝廷の動向』清文堂出版、二〇一四年、所収）。

(35) 『誓願寺文書の研究』（岩田書院、二〇一七年）二〇一・七一〇頁。

第1部

秀吉の出自と石松丸秀勝・次秀勝

Ⅰ　天下人秀吉の出自と生い立ち

跡部　信

秀吉のルーツをさぐれ、というのが与えられた課題です。

しかしこの問題については先行研究の蓄積もあり、史料も出つくしている状況です。しかも、定説は得られていない。ここで私なりの見解を新たに打ち出すことは困難ですが、代表的な先学の所説を紹介し、史料にもあたって、考察をすすめていきたいと思います。

秀吉の父の名

ルーツをさぐる、といえば祖先の系譜を源流めざしてさかのぼるイメージですが、秀吉の場合は父親のことすらよくわかりません。

秀吉の体系的な伝記として成立がもっとも早く、しかも後世への影響も大きかったのが小瀬甫庵の『太閤記』です。甫庵は豊臣秀次や堀尾吉晴、前田利常などに仕えた儒医です。『太閤記』を書きあげたのは秀吉が没して三十年近く経過した寛永二年（一六二五）のことでした。この甫庵『太閤記』には、秀吉の「父は尾張国愛智郡中村之住人、筑阿弥とぞ申しける」と書いてあります。ところが現在、世間にあまた流通している秀吉関連の書籍のなかに、秀吉の実父を「筑阿弥」と説明しているようなものはほとんどありません。たいてい「弥右衛門」となっている。これは

『太閤素生記』（以下では『素生記』と略）という史料にもとづいているのです。

『素生記』の作者とされるのは土屋知貞。知貞は徳川秀忠・家光に仕えた幕臣ですが、その父円都は家康に近侍し、目の不自由な人たちの全国的な職能集団をたばねる総検校に任ぜられた人物です。知貞の養母は秀吉の出身地尾張国愛知郡中村の代官の娘で秀吉とは同年輩だったらしく、『素生記』は秀吉の父母きょうだいについて、その女性の語った内容を書きとめたという体裁をとっています。それによれば秀吉の「父ハ木下弥右衛門ト云中々村ノ人」で、「秀吉八歳ノ時、父弥右衛門死去」。秀吉の母はその後、織田信長の父信秀に仕えていた中々村（中村の一部）出身の人物と再婚する。その二人目の夫は名を「竹阿弥」といい、病気になって郷里に戻ってきたところだったそうです。つまり『太閤記』の「筑阿弥」（＝竹阿弥）は、秀吉の継父だったということになる。

『太閤記』と『素生記』では、どちらが信用できる史料でしょうか。

東京帝国大学の史料編纂官だった渡辺世祐氏は昭和十四年に発行された『豊太閤の私的生活』のなかで、「素生記は太閤の尾張に於ける幼時のことをその儘書いたものであるから、太閤の素生に関しては最も確実なるものといはなければならぬ」と評価しています。ところが翌年、やはり東京帝大の史料編纂官補だった桑田忠親氏が『豊太閤伝記物語の研究』で『素生記』にくだした評価は、かなり厳しい。「豊太閤の素生のことと云へば一概に本書を信用してかかるのは寧ろ危険も甚しい」。なぜなら「甫庵太閤記以後の記録であり、直接若しくは間接の伝聞を、然も記憶を辿って書いたもの」だからというのです。それでは桑田氏の甫庵『太閤記』に対する評価はどうなのかといえば、じつはこれも辛口で、「史料としての太閤記の価値は左程高いものとは云へない」。つまり五十歩百歩なのですが、秀吉の生い立ちにかぎると、『太閤記』のほうが「素生記の記事と比較すれば、誤伝潤色と思はれる節が多い」との判定でした。

桑田氏は、氏の秀吉研究の集大成ともいえる昭和五十年刊行の『豊臣秀吉研究』においても『素生記』の誤りをさまざま指摘して、「『太閤素生記』の所記は、玉石混淆しているから、注意せねばなるまい」としつつも、いっぽうでこれを「かなり信頼性のある聞書」と評価して、秀吉実父の名に関しては弥右衛門説を採用しています。その大きな理由は、秀吉少年時代の天文十二年（一五四三）ころに実父を亡くした旨の記述が、秀吉の姉瑞龍院の菩提寺である京都瑞龍寺に伝来した『木下家系図』の記載と合致するため、ということで、この点は渡辺氏の論証を踏襲しているのです。

しかし、それでよいのでしょうか。

『素生記』は、秀吉と姉瑞龍院は弥右衛門の子、弟秀長と妹の旭姫は竹阿弥の子、と説明しています。けれど、ほかならぬ桑田氏が指摘したことですが、秀長も旭姫も弥右衛門の没年とされる天文十二年以前の誕生なので、二人を弥右衛門死後の種変わりのきょうだいとする『素生記』の説はあやしいのです。となると、二人の実父としてこそ史料に登場する意味のあった竹阿弥の役割が、完全に消滅してしまいます。これだけ重大な欠陥があるとなれば、実父弥右衛門・継父竹阿弥という二人の父親説そのものが疑わしく思われてきます。桑田氏はきょうだい四人とも弥右衛門の実子だと結論したのですが、四人の実父の名が筑（竹）阿弥だったという可能性はないのだろうか。『素生記』は秀吉が筑阿弥の子だから「小筑」と呼ばれたという『太閤記』の記事を否定して、弟秀長こそが竹阿弥の子だから「小竹」と名づけられたのだと説明していましたが、二人の実父が同じだとすると、いったいその理屈はどうなるのでしょう。四人きょうだい同種説を採るのなら、いったん『素生記』の記述を脇によけたほうがよいのではないか。

とはいえ、秀吉と秀長を種変わりとする話は『素生記』ばかりでなく、同じころの別の史料にも書かれています。加藤清正に仕えたこともあり、寛文四年（一六六四）に百歳で没した京都の儒医、江村専斎が口述した『老人雑話』

によれば、賤ヶ岳合戦で秀長の緩慢な行動に激怒した秀吉は、「身（自分）と種ちがったり」と諸将の面前で弟を罵倒したそうです。また、著名なイエズス会宣教師ルイス・フロイスが秀吉在世中に執筆した著書『日本史』によると、秀吉の母は彼と面識のない男とのあいだに、彼の知らないうちに子をつくっていたらしい。彼のきょうだいと自称し、周囲の者もそのように確言する若者が関白となった彼を訪問してきたが、母がいつわって認知しなかったため処刑されてしまった事件をフロイスは記録しています。秀吉の母に複数の夫がいたという話にも、それなりの信憑性があるのです。

秀吉自身が小田原北条氏にあてた宣戦布告の朱印状において「秀吉若輩之時、孤と成て」と述べているので、早くに父を亡くしたことはまちがいない。ただ、その名については筑阿弥とも弥右衛門とも伝えられる、という以上に踏みこみにくい。『太閤記』に遅れること六年、信長部将時代の秀吉に属して活躍した竹中半兵衛重治の子重門が寛永八年（一六三一）に書いた秀吉の伝記『豊鑑』には、「あやしの民の子なれば父母の名もたれかはしらん」とあります。結局のところ、これがもっとも適切な表現なのかもしれません。

父親の身分をめぐる諸説

秀吉の父親は、どのような身分に属していたのでしょうか。この点に関する代表的な見解をみておきましょう。

『素生記』では、弥右衛門は織田信長の父信秀に鉄砲足軽として仕え、そこかしこで働いたが負傷して戦場に出ることができなくなり、郷里の中々村で「百姓」をしていた人物、竹阿弥は織田信秀の同朋衆だったが病気で中々村に隠退した人物、と説明されていました。同朋衆とは、大名に近侍して身辺の雑務や芸能などに従事した僧体の人々のことです。しかし弥右衛門を「鉄砲足軽」とする点については、すでに中世史家の鈴木良一氏が昭和二十九年の著書

『豊臣秀吉』で矛盾点を明らかにしています。弥右衛門の没年とされる天文十二年（一五四三）に鉄砲が日本に伝来したのだから鉄砲足軽はおかしい、という至極もっともな指摘です。

ただし、そのように留保しつつも鈴木氏は『素生記』に依拠して、「実父は鉄砲足軽、養父は同朋衆というぐらいだから、そんなにひどい貧農だったとは思えない。（中略）木下家は百姓としても相当の百姓で、かたわら織田に仕えるなかば武士の家ではなかったか」と秀吉の実家の経済状況を見積もります。総じて尾張地方の名主層は肥沃な土地を基盤とする豊かな生産力に恵まれ、商業にも手を出し、広い視野をそなえていた。「木下家もそういう名主の家ではなかったか」と推論したのです。名主というのは、村落において中核的な地位を占める百姓のことで、独立した家をもち経営をおこなう平民百姓のなかでも上層に位置する存在です。

『素生記』の問題点をあぶりだし、同書に寄りかかる危険を強く警告していた桑田忠親氏も『豊臣秀吉研究』においては、鈴木氏同様の見解を開陳しています。鉄砲足軽はありえないとしても「弓足軽か何かの誤伝であろう」と読みかえて、「弥右衛門は織田信秀に仕えて足軽になっているし、また、弥右衛門の死後、大政所が信秀の同朋をつとめた竹阿弥に再嫁しているところから、推測すると、百姓といっても、それほど下位の農奴などではなく、中流の名主層の農民だったのではあるまいか」と推量するのです。とくに継父の竹阿弥は「小金も持っていたであろう」。秀吉の母は「貧乏生活から足を洗うために、小金を持っている竹阿弥と再婚したのではあるまいか。だから、幼少時における秀吉の家出は、生家が貧乏だったからだけではなくて、義父の竹阿弥と仲違いしたためではあるまいか」と、竹阿弥と秀吉の関係にまで想像を広げているところがおもしろい。竹阿弥・秀吉不仲説はいろいろな人に採用されているけれど、たしかな根拠があるわけではありません。

戦国史の研究者として有名な小和田哲男氏の昭和六十年の著書『豊臣秀吉』では桑田説の再検討もふくめて秀吉の

出自が考証されていますが、小和田氏も基本的には『素生記』の枠組みを尊重している。ただし「足軽は名主百姓よりさらに低い人々によって構成されていたはず」なので、「弥右衛門百姓下層説を唱えたい。自作もするが、自作だけでは食べていけず、名主百姓の小作もする。つまり、戦国期に広範にみられた『自小作農』だったのではなかったか」というのが小和田氏の主張です。

三氏とも実父弥右衛門が織田家の足軽から百姓になった、という事実認識のレベルで『素生記』を信用する点では共通していて、鈴木・桑田氏と小和田氏のあいだには、その解釈をめぐって相違がありました。対して中近世移行期の政治史研究に精力的にとりくむ藤田達生氏は、平成十九年の『秀吉神話をくつがえす』のなかで、弥右衛門が百姓だったという点を否定する見解を主張しています。

藤田説は、秀吉が「百姓の倅ではなく、差別を受け遍歴を繰り返す非農業民に出自をもつ」というもので、東海地方の地域社会の歴史に深い学識をもつ小島廣次氏や、中世史研究の大家だった石井進氏の所説から大きな影響をうけています。

平成九年発表の「秀吉の才覚を育てた尾張国・津島」（『逆転の日本史〔つくられた「秀吉神話」〕』所収）で展開された小島説の前提にあるのは、木曽川などの氾濫に悩まされた戦国期までの尾張が穀倉地帯などではなく、農業の安定的生産が期待できないゆえに商業が発達していた地域だった、という認識です。だから、もし弥右衛門が「百姓」だったとしても農民ではなく、商業や流通にたずさわる人と考えたほうがよい。じっさい秀吉の周囲には非農業民が多く、たとえば『祖父物語』という史料によれば、秀吉の姉ムコは鷹匠の配下で働く綱差で、伯父はホウロク（土鍋）商。そして秀吉の「伯母ムコ」とされ、彼の妻おね（高台院）の伯父にあたる杉原家次は「連雀商」と称された行商人と伝えられる。ちなみに『祖父物語』（別名『朝日物語』）は寛永十九年（一六四二）の成立かと推定され、尾張朝日村（おねの祖父杉原家利が住したと伝える地）の住人柿屋喜左衛門の祖父が語った内容の聞き書きと伝えるものです。また、秀吉自身は甫庵『太閤記』によれば一定の土地にとどまらない放浪生活を送っており、『素生記』によれば木綿針を売りながら東海地方を渡り歩いたこともあった。『太閤記』は若き日の秀吉が、尾張第二の都市津島の富商堀田孫右衛門と「久しき知人」であったとも伝えている。このように秀吉をとりまく環境も、彼の発想や行動も明らかに商人的である、と小島氏は論じたのです。石井氏も平成十四年の『中世のかたち』において、秀吉の近しい縁者たちに着目しました。依拠する史料は小島氏もとりあげた『祖父物語』なのですが、石井氏はそこに登場する連雀商やホウロク商が、中世では卑賤視される職業であった点を強調します。また『素生記』に出てくる針売りが、中世京都では被差別民と関係が深かった事実を盟友網野善彦氏の所説を引いて紹介しました。

こうした見解をうけて藤田氏は「百姓の倅」説をしりぞけ、「秀吉の大出世は、その卓抜な情報収集能力と経済感覚に負うところが大きかった。そして、その源泉を彼の出自に求めたとき、尋常ならざる能力の理由も説明がつく」と論じたのです。考えてみれば『素生記』は全面的に信用できる史料ではないのですから、弥右衛門が足軽から百姓になったという部分にあえてこだわらなければならない理由はない。秀吉のルーツを考えるうえでは、近年の、注目すべき見解といえるでしょう。

生い立ちを物語る史料

秀吉が非農業民的な環境で成長したことは、小島廣次氏や石井進氏が最初に指摘したわけではありません。弥右衛門百姓下層説を唱えた小和田哲男氏も、「秀吉が〝わたり〟という漂泊性をもった非農業民的要素をもっていたことは確かであったと思われる」と認め、さらには「父弥右衛門はともかくとして、その先祖なり周囲の人々は非農業民だったのではないか」とも推測していました。たしかに親が百姓であっても、子が漂浪生活を送ることは十分にありうる。出自（生まれ）の問題とその後の生活の問題は、区別して考えることもできます。とはいえ、もちろん二つがまったく無関係ということもありえない。じっさい秀吉は、どのような青少年時代を送っていたのでしょうか。いくつかの史料にかいまみえる暮らしぶりをなぞり、あらためて彼の出自を考えなおすためのよすがとしたいと思います。

ではまず、甫庵『太閤記』です。八歳のころ光明寺という寺院に入れられたものの、なじめず、実家に送り帰されたという記事に続く一節です。

父より家貧しければ、十歳の比より人之奴婢たらむ事を要とし、方々流牢之身となり、遠三尾濃四箇国之間を経廻すと云共、始終、春秋を一所にくらす事もなかりしは、偏に、気象人に越、度量世に勝れたる人なれば、寔に奴隷之手に恥しめられざるも理なり。

父（筑阿弥）が貧しかったので十歳のころから「奴婢」として働かねばならず、東海地方の四ヶ国（遠江・三河・尾張・美濃）を流浪した。仕事が一年続くこともなかったのは秀吉の器量が傑出していて「奴隷」すなわち身分の低い庶民から恥辱をうけるべき人物でなかったのだから当然である、と書いてあります。

なお、『太閤記』にも父親および祖先の身分について記した箇所があります。織田信長に仕官を直訴する場面で、秀吉がみずからの出自を語るのです。

某父は織田大和守殿に事へ、筑阿弥入道と申候て、愛智郡中村之住人にて御座候。代々武家之姓氏をけがすと云共、父が代に至て家貧しければ、某微小にして、方々使令之身と成て、不能達君門。

「自分の父は織田信秀殿に仕えた、筑阿弥という名の中村の住人です。代々の先祖は武家の端くれでしたが、父の代で困窮したので自分はあちらこちらで召し使われる身となって、今まで御館に参上することができませんでした」

と先祖以来の経歴を説明して、仕官を志願しています。筑阿弥が織田家に仕えていたとする点が『素生記』と一致するのが気になりますが、信長の気に入られようとする秀吉の自己宣伝のセリフですから事実を語っているとはかぎりませんし、そもそもじっさい、このような直訴があったとも考えにくい。ですからこの部分は秀吉の出自を考察する素材としては使わないほうが無難でしょう。

つぎに『素生記』は、さきほどふれた針売りの話。

太閤十六歳天文二十年辛亥春、中々村ヲ出ラレ、父死去ノ節猿ニ永楽一貫遺物トシテ置ク、此銭ヲ少シ分ケ持テ清洲ヱ行。下々ノ木綿ヌノコヲヌフ大キ成ル針ヲ調ヘ懐ニ入、先鳴海迄来テ、此針ヲ与テ食ニ代ル。又針ヲ以テ草鞋ニ代ル。如此針ヲ路次ノ便トナシテ遠州浜松へ来ラル。

秀吉十六歳のころ実父弥右衛門の遺産の一部をたずさえ清洲へ行き、木綿針を購入、これを売り歩きながら遠江の浜松へ到着した、といいます。

つぎは、慶長の役で捕虜となり日本に連行されてきた朝鮮の儒者、姜沆の記録。姜沆は関ヶ原合戦の直前に帰国しますが、日本滞在中には儒学の素養のあった何人かの日本人と厚い親交をむすんでいた。彼が書き残した『看羊録』には、そうした友人たちから得た情報にもとづく日本事情が詳細に綴られています。

秀吉は、尾張州中村郷の人である。嘉靖丙申〔年〕に生まれた。容貌が醜く、身体も短小で、様子が猿のようだったので〔「猿」というのを〕結局幼名とした。（中略）父の家は、元来貧賤で、農家に傭われてどうにかたつきをたてていた。壮年になって自分から奮発し、前関白〔織田〕信長の奴隷となったが、これといってとくにぬきんでるところもないまま、関東に逃走して数年を過ごし、またもどって〔信長のもとに〕自首した。信長はその罪を許し、もとどおりに使った。秀吉は一心に奉公し、風雨、昼夜もいとわなかった。

生家が貧賤なため、秀吉は農家に雇われて働いていた、というのです。『看羊録』には誤りもすくなくありませんが、引用部分が書きあげられたのは秀吉の死からわずか二年たらずの慶長五年（一六〇〇）。甫庵『太閤記』などよりずっと早く、秀吉の生きていた当時に彼の素性が人々からどのように認識されていたのか伝えてくれるので貴重です。そしてやはり外国人の記録ですが、イエズス会士ルイス・フロイスの『日本史』も同様の意味でたいへん価値の高い史料といえる。

彼は美濃の国に出で、貧しい百姓の倅として生まれた。若い頃には山で薪を刈り、それを売って生計を立てていた。彼は今なお、その当時のことを秘密にしておくことができないで、極貧の際には古い蓆以外に身をおおうものとてはなかったと述懐しているほどである。だが勇敢で策略に長けていた。

ついでそうした賤しい仕事を止めて、戦士として奉公し始め、徐々に出世して美濃国主から注目され、戦争の際に挙用されるに至った。信長は、同国を征服し終えると、秀吉が優れた兵士であり騎士であることを認め、その封禄を増し、いっぽう、彼の政庁における評判も高まった。しかし彼は、がんらい下賤の生まれであったから、重立った武将たちと騎行する際には、馬から降り、他の貴族たちは馬上に留まるを常とした。

秀吉の生国を美濃とする点は誤伝です。しかし、薪刈りをしていた時代の極貧生活や、出自の低さゆえに信長部将時代にうけた差別的視線に関する記述は、きわめて興味ぶかい内容です。『日本史』のこの部分は文禄二年（一五九三）には完成していましたが、同じイエズス会宣教師の記録でも、すこし時間がたつと情報が修正あるいは補足され、秀吉伝としての完成度が高くなってきます。秀吉が慶長三年（一五九八）に亡くなったのをうけて、日本からの報告にもとづきポルトガルで秀吉の小伝がつくられ、一六〇〇、〇一年度の日本年報の冒頭に収録されて刊行される。一六〇三年にリスボンで発行されたそのフェルナン・ゲレイロ編『イエズス会日本年報』の秀吉伝は、東西交渉史の研究者だった岡本良知氏（『豊臣秀吉』昭和三十八年）と岡田章雄氏（『南蛮史談』昭和四十二年）の手でわが国に紹介されました。岡田氏の訳文によると、秀吉の出自と若年のころの暮らしは、つぎのように描かれています。

天帝は世の権勢と専横とが生まれ出る、まれにみる例を彼によって示そうと望まれたのであった。というのは、彼はその出自がたいそう賤しく、また生まれた土地はきわめて貧しく衰えていたため、暮らしてゆくことができず、その生国である尾張の国に住んでいたある金持ちの農夫のもとに雇われて働いたからである。

このころ彼は藤吉郎とよばれていた。その主人の仕事をたいそう熱心に、忠実に勤めた。主人は少しも彼を重んじなかったので、いつも森から薪を背負ってくることを彼にいいつけることしか考えなかった。

生国は尾張に訂正されており、フロイスが薪売りとしていたのは、農家の下人としての薪刈りということになっている。農夫に雇われ働いていたという点が、同じ時期に書かれた『看羊録』の内容と一致する点に注目しましょう。続きを読んでいくと、裕福な農夫はやがて秀吉の勤勉さやその他の長所を知って大きな愛情を抱くようになり、秀吉を優遇して武士になることをすすめる。そのための金を与えて、送り出します。

藤吉郎はやがてミヤコの町に出たが、その名が知られていなかったため、ある金持ちの商人のもとに仕えることとなった。この商人はその勤勉と忠実を知ってたいそう彼を重んじ優遇した。

「ミヤコの町」とは尾張最大の都市、清洲のことでしょうか。商家でもかわいがられた秀吉ですが、「もっと大きな精神に動かされ、商人に仕えていてはたいして出世ができないと考えたので」そこを去り、信長の重臣に仕えはじめた、と話は展開していきます。

この『イエズス会日本年報』の秀吉小伝と似かよう内容のものとして、アビラ・ヒロン著『日本王国記』に収録された秀吉の生い立ちに関する一節があります。ヒロンはスペインの貿易商人で、秀吉晩年の文禄三年（一五九四）に来日。『日本王国記』は彼自身の見聞や知人たちからの情報のほか、宣教師たちの報告書なども利用して書かれた日本の地誌です。秀吉没年の慶長三年（一五九八）に原型がつくられ、豊臣家が滅亡する同二十年に改訂増補版ができました。この本で若き日の秀吉は、美濃国の辺境の裕福な百姓に雇われ、下男として薪刈りをしている。やがて主人の信用を得て、その家における酒造りの責任者的な役割を果たしたと伝えます。富裕な百姓が農業だけでなく、そのような経営にも手を出していたというわけなのです。

のちに天下のあるじとなった秀吉は、武人になることをすすめてくれた「かつて己が主人の百姓のことを思い出すと、これを呼びよせた。そうして主人がやって来ると、その昔の恩誼を謝して、彼やその子息らに、多大の知行を与えて、立派な殿にとり立てた」。

『日本王国記』にイエズス会士のペドロ・モレホンが詳細な注を加えたものが残されています。モレホンはヒロンより四年早く来日し、二十四年間、主として畿内で布教につとめた人です。秀吉が昔の主人に「多大の知行を与え」たという箇所にモレホンは、「極めて僅少なものを与えたに過ぎなかった」と注記している。その多寡の評価に異議はあれど、モレホンも秀吉がかつての主人たる百姓の恩に報いた点は否定しなかったのです。

それでは、これら外国人による記録の信憑性はどのように評価できるでしょうか。

これらに大小の誤りがふくまれているからといって、それらが外国人ゆえのものとはかぎらない点に注意が必要です。語学や日本事情の理解不足による誤りもないとはいえないでしょうが、フロイスも姜沆も、基本的には日本人から得た情報を記録している。たとえばフロイスが秀吉の生国を美濃とまちがえたのは彼が外国人だからではなく、そのように認識していた日本人がいたからとみるべきでしょう。成立が早く、作成の経緯も明確であるという点で、秀吉の生い立ちに関して、ここに紹介した外国人たちの記録より良質な国内史料はないのです。当時の日本人も誤解をおかしていた可能性に留意しつつも、これらを積極的に活用すべきだと思います。

出自と暮らし再考

さて、ではこれらの史料をふまえて、もう一度秀吉の出自と青少年時代の暮らしを検討するとどうなるか。

第一に、彼の生家の経済状態と階層の問題です。

家が貧しかったことについては甫庵『太閤記』のみならず、姜沆『看羊録』やフロイス『日本史』、ゲレイロ『イエズス会日本年報』の秀吉小伝でも述べられていました。そしてその階層について、姜沆は「貧賤」、フロイスは「下賤」、ゲレイロは「たいそう賤しく」と表現していました。そのような言及がない『素生記』は、秀吉の出自を語る史料としてかなり特異な存在といえるでしょう。

ただし、武将クラスからみれば中流の百姓でも下賤でしょうから、こうした表現の評価はむずかしいのです。ここは、秀吉の暮らしぶりから類推するほかありません。すなわち『イエズス会日本年報』やヒロン『日本王国記』、『看羊録』などはいずれも秀吉が農家の下人として働いていたと伝えており、これは『太閤記』のいう「人之奴婢」・「使令之身」とも矛盾しない。これらを事実とみなせるなら、そのような境涯に息子を送りださねばならなかった秀吉の生家は、すくなくとも彼の青少年時代においては、鈴木氏や桑田氏が推測した「名主」よりも低い階層にあったと考えられるのではなかろうか。名主にふさわしい生活レベルを維持できていないのです。

鈴木良一氏は、「とかく何々太閤記というものは、秀吉の生い立ちをみじめにみじめにと書かねば承知しないものだ」と、秀吉の伝記類が立身出世をきわだたせるために、生い立ちの悲惨さを実態以上に強調している可能性を示唆していました。けれど生家の貧賤ぶりはその種の伝記ばかりでなく、秀吉の同時代史料からも確認できるのです。

桑田忠親氏も同じく、甫庵『太閤記』や『イエズス会日本年報』の記述は「秀吉の異例な立身出世を強調するあまりに、聊か事実よりも誇張した書き方をしたように考えられなくもない」とみていましたが、しかしキリシタン禁令に苦しめられたイエズス会宣教師が秀吉の出世をあえて強調することがあったでしょうか。下剋上の世とはいえ、フロイスの記述にあったような身分意識の根強く残る社会に生きる秀吉にとって、下賤の生まれはけっして積極的に誇るべき過去ではありませんでした。彼は関白になるにあたって、自分が天皇の落とし胤であるという説さえ流布させようとしたのです。しかし、彼の思いとは別に世間には生い立ちのみじめさが知られてしまっており、ときに彼自身もそれを認める発言をせざるをえなかった。生家の「貧賤」は、実態をあらわすものだったとみてよいと考えます。

さて第二に、漂泊性や非農業民的要素の問題です。

秀吉の放浪生活を伝える史料は甫庵『太閤記』と『素生記』でした。針売りの話は有名かつ印象的で、小島廣次氏や石井進氏にもとりあげられていました。ただ、これを載せる『素生記』によれば、秀吉が針売りをはじめたのは十六歳のころで、それ以前にどこかへ放浪に出た旨の記述はない。すなおに読めば、それまでは郷里の中村を拠点に暮らしていたのです。針売りをしていた期間も長くはなく、浜松の近くで今川氏の家臣松下加兵衛に拾われ、武家奉公することになる。二、三年ほどつとめて尾張へ戻り、同郷で旧知の一若という信長の小人頭に会いに行くと、一若はおどろき、「此三年、何国ニ有ツルヤ。母、歎悲シム。急行テ逢へ」というので会いに帰ったところ、母はたいへん喜んだ、というのです。周囲の人々は秀吉の出奔放浪をよくあることでなく、非日常的な事件と感じていた。このような『素生記』の記事からは漂泊性よりも、むしろ定住性を読みとることができるのです。

いっぽう甫庵『太閤記』では八歳で寺に入れられ、十歳のころから「流牢」の生活です。二十歳のころから遠江で松下加兵衛に仕え、やがて尾張へ帰り信長に仕官を直訴するということですから、放浪生活は十年におよぶ。期間はずいぶん長いのですが、やはり八歳までは定住で、光明寺で大暴れしても、帰っていく実家がある。しばしば働き口を変えたのも、秀吉自身の気質に原因があったように書かれている。「人之奴婢」となり使役されたのは家の貧困が理由でも、「流牢」は出自ではなく、秀吉自身の個性の問題だったと読めるのです。フーテンの寅さんが気ままに葛飾柴又の団子屋に帰れたように、秀吉にも定住生活をいとなむ実家が尾張中村に存在したのではなかろうか。

では、非農業民的要素という点はどうでしょう。

針売りの真偽は確認しようがなく、甫庵『太閤記』は「流牢」時代の労働内容をなにも語らない。『看羊録』や『イエズス会日本年報』、『日本王国記』に記されていた職業は農家の下人で、フロイス『日本史』は「百姓の伜」ですから、むしろ農業民的要素です。国内史料でも、やや後年、正保二年（一六四五）ころの成立ですが、秀吉の右筆（書記官）もつとめた歌人松永貞徳の回想録『戴恩記』では「我、尾州の民間より出たれば、草かるすべは知たれども、筆とる事はえしらず」との秀吉の発言が紹介されていますし、元和九年（一六二三）の完成と推測される『川角太閤記』にも秀吉が鎌倉で源頼朝の木像に「草刈わらんべ」と自己の生い立ちを説明するセリフが収録されています。

小島氏は「秀吉の伝記を読んでみても、当時の尾張の国情を反映してか、彼とその周辺に登場する人びとの姿には農民的なイメージがほとんどない」とみていましたが、けっこう出てくる。『素生記』の「百姓」を非農業民と理解しなければならぬ根拠はとぼしい。青少年時代の秀吉が農業にたずさわっていたことは、事実と認定できるのではないでしょうか。そして前述の定住性を考えあわせると、彼の実家が農業をいとなんでいた可能性も高いのではないか。

ただし、彼が非農業的な手段で世を渡っていたことを否定するわけではありません。

『イエズス会日本年報』には秀吉が富裕な商家でも働いた旨が、はっきり書かれていました。小島氏が指摘した秀吉の商人的イメージには、そこそこ信用に足る裏づけがとれるのです。

しかも、それだけではありません。つぎに引くのは本能寺の変の一年半後、領土問題をめぐる秀吉と毛利家との折衝において、毛利の外交僧として交渉の最前線に立っていた安国寺恵瓊が当主輝元の側近に送った書状の一部です(『毛利家文書』)。

大なる事ハ、近年信長之下ニても、羽柴〳〵と申候て、世上操をも、又弓矢をも手ニ取候て、鑓をもつき、城をも責候て、被存候。又少事之儀ハ、小者一ヶニても、又乞食をも仕候て、被存候仁か、申成なとにてハ成間敷候。日本を手之内ニまわし候、今日までハ名人ニて候。

恵瓊は秀吉が油断ならない人物であることを説いて、毛利側の妥協を勧告しています。秀吉は信長のもとでも評判が高く、四方の調略もすれば、みずから弓矢を手にとり、槍をも突き、また城をも攻めて、これらのことに通じているし、「小者」(草履取りなど雑役に従事した武家奉公人)や「乞食」なども体験して、そうしたこともよく知っている人物なので、口先でごまかそうとしても通用しない、と力説するのです。「乞食」を一般的な物乞いとみてよいのか、托鉢僧とみるべきなのか、いずれにせよ秀吉は当時そのような経歴をもつ人物としてとらえられ、それゆえにあなどりがたいとみられていた。まさに差別をうける非農業民的要素です。要するに秀吉は働き口を変え流浪するなかで、農業にもたずさわったし、それ以外の仕事も経験した、ということではなかろうか。

小島説や石井説の重要な論拠とされたのは『祖父物語』ですが、そこからうかがえた親族の職業の多様な非農業民的性格についても、過大に評価すべきではないでしょう。より信頼度の高いフロイス『日本史』のなかには関白となった秀吉の親族について説明した箇所があり、「関白は高貴の血筋をひくどころか、下賤の家柄であり、彼もその親族も、あるいは農業、あるいは漁業、もしくはそれに類したことを生業としていた」と記されています。さらに続けてフロイスは、秀吉が尾張で「貧しい農民」として暮らしていた自分の姉妹を京都に呼び寄せ、「己れの血統が賤しいことを打ち消そうとし」て斬首してしまったという記事も載せる。その真偽はともあれ、貧困で悲惨な境遇にあった彼やその親族がさまざまな生業に就いていて、それらのうちに農業もふくまれていたことが秀吉生前の史料にみえるのは無視できません。『祖父物語』の内容が実態と重なっていたとしても、これをもって、秀吉非農業民出身説の決定的証拠とすることはできないのです。

以上の長々しい検討からいえるのは、以下のようなわずかなことです。

秀吉の生家は貧困であり、彼の青少年時代には尾張中村に定住していたとおぼしく、零細な農業をいとなんでいた可能性が高い。彼自身は青少年時代のある時期から転々と働き口を変えながら流浪の生活を送り、農家の下人や商家の奉公人、乞食など、被差別的なものもふくむ、さまざまな職業を経験したらしい。

「木下」の名字

『素生記』には、秀吉の父の名は「木下弥右衛門」と明記されていました。しかし桑田忠親氏は、弥右衛門は「土百姓だから、元来、姓氏などなかった」として、木下姓は「秀吉が正室おね（北政所）の実家の本家の氏を借りて木下を称した」もの、と推定しています。小和田哲男氏も藤田達生氏もこれを採用して、近年は通説化しているのです。では、杉原と称していたはずの「おねの実家の本家の氏」が「木下」であったとは、どのようなことでしょうか。

桑田氏によると、「『木下家譜』には、杉原氏の先祖は、平維盛（清盛の孫）の子秀平の次男杉原伯耆守光平であると伝える。光平の十代目の子孫を木下七郎兵衛家利といい、初め播州龍野に住んでいたが、のちに尾州愛智郡朝日村に移り、一男二女を儲けた。その二女の中の長女の聟に杉原助左衛門定利という人物を迎えたが、この定利の次女をおねという」のだそうです。渡辺世祐氏は秀吉の名字がおねの実家に由来すると断定するのをためらっていましたが、彼女のルーツの説明には同じ『木下家譜』を用いていました。

三点ほど疑問を記しておきます。

まず、おねの実父杉原助左衛門の諱（実名）「定利」です。幕府が各家からの書き上げにもとづき編纂した『寛永諸家系図伝』でも『寛政重修諸家譜』でも、木下家と杉原家、いずれの系図にも「定利」とはみえない。たとえば『寛永諸家系図伝』の木下家譜では諱は「某」、そして「杉原助左衛門尉、入道して道松と号す」と補足しています。おねの甥、木下延俊の子孫である木下家で明治期に編纂されたとおぼしき『木下家系図附言纂』には助左衛門尉道松の「実諱動蹟不詳」とわざわざ記してありますし、かの『素生記』にも太閤本妻の「父タシカナラズ」と特記されているくらいですから、おねの父親の素性は秀吉の父に負けず劣らず謎に包まれている。想像するに、「定利」は義父の杉原（木下）家利と子の木下家定（おねの兄）の名から一字ずつ借りて、後世の人がでっちあげた名ではないのか。

第二に、播磨龍野から尾張に移り住んだとされる、おねの祖父の家利についてです。

- 家利　七郎兵衛　生国尾張。祖父より尾州に住す。
  - 家次　七郎左衛門　生国同前。元亀元年、秀吉につかへて家老となり、播州三木の城を領す。（以下略）
  - 女子　七曲と号す。浅野又右衛門が妻。高台院の養ひ母。
  - 女子　あさひと号す。杉原道松が妻。
    - 家定　木下肥後守
    - 女子　従一位　政所　秀吉の室。高台院と号す。

杉原家譜　『寛永諸家系図伝』より

やはり『寛永諸家系図伝』の杉原家譜で確認すると、家利は「生国尾張。祖父より尾州に住す」となっている。「木下」を称していたとも記されていません。『寛政重修諸家譜』でも同様です。おねの実家が木下姓だったとする根拠はあいまいなのです。

第三に、そもそも当の木下家が、秀吉から木下姓をもらったと公言している点です。『寛永諸家系図伝』の木下家譜では、おねの兄家定が「若輩より秀吉につかへ、豊臣の姓、木下氏をたまハり、従五位下に叙し、肥後守に任ず」とされています。これも、『寛政重修諸家譜』でも同様です。木下家があえて虚偽を申告する理由も、編纂者の幕府がことさら書きかえる理由も思いうかびません。杉原家定が秀吉から木下姓をもらい、以後代々、木下を称したということでよいのではないか。ちなみにゲレイロ編『イエズス会日本年報』は、秀吉と信長の出会いの場所が木の下であったため木下姓を与えられた、というおもしろい逸話を載せています。

金持ちの商家を出て、信長の重臣に仕えはじめた秀吉。屋敷近辺の道路を掃除する役目を仰せつけられ励んでいたが、ある日、鷹狩りに行く途中に通りかかった信長が、そこで鷹を逃がしてしまった。秀吉は猿のごとき敏捷な動きで高い木に登り、みごと鷹をつかまえた。おまけに人相もすこぶる猿に似ていたので「サル」と呼ばれるようになり、仕官のきっかけとなったその場所にちなんで「木下」を名字とされた、というのです。側室「なべ」（鍋）とのあいだにできた息子に「鍋には酌子（杓子）が添うもの」といって「酌」と命名したように、自分の子にも冗談半分で名前をつけた信長にふさわしいエピソードです。

Ⅱ

尾張中村雑考

横地　清

はじめに

尾張中村は、秀吉公の出生地としてあまりにも有名であります。しかしながら、時代は徳川にかわり、記録としてはこの中村に何も残りませんでした。秀吉が中村のどこで誕生したかについても同じことであります。

現在では、豊国神社の東側を誕生地として、豊国神社に豊清二公《ほうせいにこう》を合祀し、中村公園として整備されております。このような立派なものにされました方々に心から感謝いたします。記録として、中村に何も残らなかったのでありますが、伝承としては細々ではありますが語りつがれてきております。今までの研究に、この伝承を注入したいと思います。

一、中村について

中村は、往昔「一楊の荘」といわれておりました。上中村、下中村、岩塚、横井、打出、中須、大蟷螂、下之一色、法華、中郷、中島新田、荒子、八ツ屋、烏森、高畑、東起、野田、万町、八田、本郷などが荘内の村々であると考えられております。『尾張志』に次の如くあります。「一楊荘……此内の本郷村は此庄の本処にて一楊は其旧名なるへく中郷村は其古の中郷なるへし。さて横井中郷荒子のあたりは、旧は伊勢神宮の御領にて一楊御厨といへり玉蘂に建暦元年六月云々尾張国一楊御厨一上分三十石田六十二丁畠二十四丁五反……」

これは、一楊荘が伊勢神宮領であり、中川区の中郷にあてられたものです。しかし、中郷村は「寛文村々覚書」によると、「田方十八町四反三畝《せ》二十一歩《ぶ》畑方二十五町八反六畝二十七歩」とあり、時代は違っておりますが、すくなすぎます。「下中村、田方六十六町二反六畝五歩畑方二十四町七反二畝二歩」と記しております。よく面積があっております。正賢命日帳に「中郷中村」とあり、私は、下中村にあてたほうがよいと考えます。下中村の東南には「柳街道」があり、西南には「柳瀬川」があります。これは皆伊勢神宮領の名残りと考えられます。

また、『尾張志』に「和名抄に愛知郡中村とありて上下の分ちはなかりしが、文和三年四月廿三日熱田神宮領目録には愛知郡上中村畠二十二町八反と見えてその頃は既に上下二村に分れたり。」とあります。いずれの頃、上中村と下中村に分かれたか不明でありますが、文和の頃には分かれていたということです。この上中村のほぼ中央部を東西に鎌倉街道がとおり、油江天神の南側をとおって、字一里山から東南方向へはしっております。その途中の中井筋（別名惣兵衛川）に今も小栗橋があり名残りをとどめております。中井筋は、尾張徇行記に「安永五申年中井筋深浚ニテ用水カカリ兼立切杁出来ヌ」とあり江戸時代安永の頃にはあったことになります。

また、『寛文村々覚書』にも「稲生定井修覆、杁伏起、并中島新田杁伏起之時、人足出ス」とあり、これが、中井筋のことか不明ですが、ほぼ中井筋と考えてよいと思います。下中村に「字流」という地名がありました。これが、往昔の川の跡であったと主張される古老もありました。この土地は、米もできず、下中村南郷中の共有であったとのことであります。のちほど述べますが、これが高須賀川のことであるかと考えられます。

そして、下中村の西側に、砂田、石川という地名があります。これが往昔、草津川（今の庄内川）が流れていた所と伝えております。よって、川の真中の川原の村ということで、中村という地名ができたとのことであります。私は、さきほどの「中郷」から「中村」となったと考える説もあると考えますが、いずれが正しいのでしょうか。

戦前まで、上中村は「上の切」と「下の切」にわかれ、下中村は「北郷中」と「南郷中」とにわかれておりました。『尾張徇行記』には次のとおりあります。「上中村、此村落ハ二区ニ分ル、上ノ切下ノ切ト云、下ノ切ハ元堀之内ト云、二郷ニ分レリ」「下中村、此村ハ即上中村ノ南ニアリテ、下中村中中村ト二組ニ分リ、中中村ヲ一ニ中ノ郷トモ称セリ……」

中中村の存在がはっきりしないと主張する人もいます。『郷土偉人研究』は「中中村とは一説に中の郷という説もあるがどうも明らかでないのであります。」と述べております。私はこの説に賛成できません。『佐屋海道図会』も中中村を記しております。下中村の南郷中、北郷中、各々に郷倉があり、年貢等は、下中村では「五《ご》・四《し》対四《し》・六《ろく》」の割に分けており、これを大割といっておりました。下中村の八幡社の棟札も庄屋を二名連記しております。いずれにしても、中村は、上中村、中中村、下中村に三分されていたことがあると考えます。それは、行政区としては残らなかったのでありますが、生活区としては最近まで残っておりました。中中村は、北郷中と堀之内を合せた範囲であったとの伝承もあります。これは、薬師寺の「おとりもち」の範囲でもあり注目されます。

最近、中村中町一丁目三十六番地で、「徳川地境」と記した石杭が発見されました。往昔からその地にあったかどうか不明でありますが、伊勢神宮や熱田神宮の影響を受け、さらに政治の力によって、色々と分れていたと推察されます。中中村が中村の中心に存在したことは、範囲について疑問は残りますが真実と考えます。薬師寺は往昔薬師堂と称し、聞名寺の薬師堂と伝承され、江戸初期、下中村の村支配であったのにかかわらず、上中村の堀之内の人々の

「おとりもち」を受けて最近できたのは、往昔の中中村の範囲の名残りであるといいます。

　のちほど述べますが、薬師寺は一柳庄司と深く関係があり、それは伊勢神宮領であった頃のことと考えられます。地名の起りとして、「御厨」から「中郷」となり、中村という地名が生れたのか、川原の村として「中村」が生れたのかはっきりしません。あるいは、両者の合作かとも考えられます。下中村は、さきほども述べた如く「南郷中」と「北郷中」とに分れ、北郷中を「なかのう」とよんでおりました。下中村という一村のなかで、「北の切、北郷中」とよんで、「中中村、中のう」とかよぶのはおかしいことであります。これは、中村が往昔、上、中、下にわかれていた頃の名残りと考えます。

　下中村に「石仏」があります。標柱には「石神社」とあるのでありますが、最近まで「石仏」といっておりました。今も中井筋の橋の名は「石仏橋」とあります。栞に次の如くあります。「倉稲魂、昔より子供の熱病神、通称石仏で村内の崇拝高き神社で創祀は三百年位前と言われて、当時より子供の熱病（オコリ）の折、祈願するとその平癒は速であることで有名」とあります。石仏は、薬師寺におかれた「銀杏学校」が、加藤寿雄氏宅（下中村町一メ二十三）の西側に移転するまでは、その地にあり、その後、現在地に移転したと伝承しております。同地は、北郷中の土地ですが、字境であります。中町一丁目十一番地にあった神社と石仏は、ともに北郷中が管理してきました。日の宮は南郷中が管理してきました。

　石仏には次の伝承があります。昔、百姓が大八車で名古屋より中村に帰る途中、バランスをとるために路傍の石仏を載せて帰ったところ、このあたりで泣いてうごけなくなり、すてていったのを村民がおまつりしたといっております。ご神体は、「自然石と三体の仏」のようでありますので、やや疑問はのこります。今一つ、地割の中心として「オジャクシ」との説もあります。このあたりでは、十年に一度、耕作者をかえる地割がなされていたようですので、この説も有力です。私は一応、両説の合体ではないかと考えております。大八車は名古屋の御鎚屋小右衛門が発明し、諸種の事情から禁止されており、大八車説でありますと、享保以後のこととなります。下中八幡社の祭礼（旧は十月七・八日）には、北郷中の人々は、最初に、中町一丁目にあった神社（白山社か）とこの石仏におまいりしてからはじめるのが通例でした。下中八幡社は村支配のため、地主総代が禰宜となり、家から大門《だいもん》まで走る「ネギドンバシリ」が行なわれていたとのことであります。

また、話は変わりますが、鎌倉街道から北を「木下村」、南を「銀杏村」「杏子村」ともよんでいました。銀杏学校もそこからつけられたものです。「ぎんなん」は「一楊荘」からの名前と推察され、「木下村」は社家《しゃけ》に多くある名であり、社家の名からと考えられます。

二、中村公園・豊国神社

豊国神社は、明治十六年（一八八三）三月二十五日、県令国貞廉平が上中村をおとずれ、木村喜代二、山森茂寿、木村伊兵衛、鈴木弥平（愛称を弥喜伊茂《やきいも》という）の案内で、この地が秀吉公の誕生地であるとして神社の建設を許可したことにはじまりました。明治四十三年五月二十五日に加藤清正公を合祀して、上中村、下中村、稲葉地、日比津、栄生、則武の名古屋市併合記念として、日本一の大鳥居（高さ八十尺）の完成により現在にいたっております。

中村公園付近が秀吉の出生地とする文献をあげてみましょう。

一、『寛文村々覚書』「大閤屋敷八畝歩前々除是ハ今程常泉寺屋敷ニ成」

二、『張州府志』「豊臣太閤宅上中村、豊臣太閤所生也、今為寺見観下」

三、『張州志略』「上中村常泉寺境内八畝之地是也、称築阿弥宅墟」
四、『尾張志』「豊臣太閤屋敷は上中村にあり今は太閤山常泉寺の境地となれり」
五、『尾張地名考』「里老曰豊臣秀吉云々、此村の産也、秀吉屋敷は常泉寺成りと」
六、『東海道名所図会』「豊臣秀吉公誕古蹟、尾州海東郡上中村なり、佐屋廻り岩塚より廿町許北なり、村中に太閤山常泉寺といふ日蓮宗の寺あり、毎年八月十八日豊太閤薨御《こうぎょ》の日、法筵《ほうえん》ありて群参すとなん」
七、『尾張名所図会』「太閤屋敷は常泉寺の辺りなり」

これらの説により、中村公園内が秀吉の誕生地として間違いないと考えられ、神社建設となり、中村公園建設となったのであります。私は、神仏判然の沙汰とそれにつづく排仏毀釈の影響を感じます。

その経緯について『郷土偉人研究』は次のように述べております。「豊公誕生の地は中村町であること、然《しか》も常泉寺境内付近であることが確められたのでありますが、現状は中村公園内の竹藪を以《もっ》て誕生地とし、其《そ》の南方に豊公誕生地という石の標柱が建設せられているのであります。

此の藪は俗に狐藪といって所有者というものもなく、円い形をして周囲は籬を以て囲み繞らすに小溝を以てし、常泉寺の西南約一町余の処に在るのであります。昔から里民は此の藪に入ると罰があたると言っていたが、明治十六年、旧上中村里民木村喜代二氏以下四名が発起人となって、偉人豊公のために祠を建設しようと、時の県令国貞廉平氏を動かし、同年三月廿五日、県令自ら地を検して、豊公誕生之地という標柱を建てたのであります。

それと同時に建祠の議を定め、同十八年八月に至って祠を其の西傍に建て、豊国神社としたのであります。今、常泉寺を訪うに境内に太閤十一歳の時御手植の柊一株、産湯の古井及び近頃建設した豊公胴像が現存しているのであります」。中村公園が誕生地とする資料は、わずかに、『尾張名所図会』だけであります。それも、狐藪を図示しておず、やや位置が違っております。『尾張名所図会』はむしろ妙行寺の西方に図示しております。したがって、現在誕生地とされている所は、資料が一つもありません。

また、狐藪は、もと小出鉱二氏（中村町四〆六十四）の屋敷跡であり、神聖な狐藪の存在も疑われます。あの藪も、公園の池を掘ってかさ上げして、数度にわたり植えかえしたと古老はいっております。『郷土偉人研究』は、現誕生地と常泉寺を一つの屋敷と考えているのか、あるいは別々に考えているのか不明であります。一つの屋敷とすると広すぎます。常泉寺の西には、木下勝俊の屋敷跡との標柱が大正四年（一九一五）に建てられております。これは本当は競輪場の中心あたりであるとの伝承があります。

また、『概観大名古屋』は、「中村公園の誕生地と常泉寺の産湯井とは、百米の距離があり太閤屋敷八畝歩と称するに対して、広きにすぎる」と述べております。

『尾張地名考』は、「里老曰」として、常泉寺を誕生地として伝承していると記しております（正確には秀吉屋敷）。このことから、秀吉誕生伝承があったとして、狐藪に秀吉の出生地をあてることはどうかと思います。しかも、資料のほとんどが、常泉寺を太閤屋敷あるいは秀吉屋敷としています。わずかに『張州府志』のみが「豊臣太閤所生也」と記しております。そして、『張州志略』は、「称築阿弥宅墟」と記しております。

私は、常泉寺は、筑阿弥宅があった所と推察しております。常泉寺は、『寛文村々覚書』をはじめ、太閤屋敷としての資料が豊富であります。簡単に消去することはできません。このことについては後で述べます。筑阿弥宅が常泉寺にあったことから『寛文村々覚書』が「太閤屋敷八畝歩前々除是ハ今程常泉寺屋敷ニ成」と記したものと推察します。

また、『郷土偉人研究』は次の如く述べております。「常泉寺殊に豊公の井戸と竹藪は一町余も距っていて其の間を宅址とすると、張州志略に、「太閤弟宅墟は常泉寺境内八畝歩之地是也。」とあるに比して余りに宏大に過ぎる感があり、現中村公園設置前は此の辺一帯は水田であって、一宅地であった形勢を見ず、或は古其の様に広く、近世に至って水田にしたものかと愛知郡誌に疑っているのであります。けれども、昔は必ず一戸に一つの井戸があったという訳でもなく、数戸共同の井戸であったかも知れないし、且つは当時一寒村である中村の貧家であった豊公生家の位置を四百年後の今日明瞭に知る由もなく、まして、徳川の天下になりてから豊臣家に関する遺物遺跡を湮滅せしめようとしていたので其の不明や寧ろ怪しむに足らないのであります。されば吾等は豊公の出生地を現地とし、すくなくとも、現中村公園及び常泉寺付近を其の誕生地と信じ、其の偉大なる人物に私淑し日夜修養を積みたいものだと思うものであります。

さて、産湯井といえば、下中村の日の宮にも、私の子供の頃まで「日吉丸産湯井」がありました。以上のように『郷土偉人研究』は、秀吉誕生の地が不明なのは当然としているのでありますが、その上で中村公園を秀吉の誕生地としようとしているのであります。これに対して、下中村北郷中（中中村）に「弥助屋敷」とする秀吉誕生伝承地がありますす。この土地は、何百年も秀吉公誕生の地として変わることなく伝承してきております。中村公園付近と違い、一点に固定しております。

しかも、常泉寺は「筑阿弥」宅としておるのに対して、中中村は「弥助屋敷」と伝承しております、中村中町一丁目と二丁目の境の東西道に、戦前まで「ドブ川」がありましたが、これが、往昔「オオボリ」とよばれ、秀吉が小田原帰陣の折、中村にたちより、ここで「大盤振舞」をした場所と伝承しております。その時、秀吉が清正とともに立寄った薬師寺もあります。この弥助屋敷を中心として、秀吉の伝承が多くあります。上中村の社寺と違って、秀吉や清正に関係する宝物もなく、今では、全く関係がないように存在しております。弥助屋敷を中心として、後で述べる光明寺、福生院もあり、この寺は今はなく（秀吉の時代が終ると中村を離れている）なっておりますことから、そのことを余計に感じます。

中村公園を秀吉公の誕生地として、上中村の有志が運動をはじめられます一年ほど前、上中村の秋田泰一郎氏と郡長加藤勝治氏が、下中村の「弥助屋敷」を秀吉公の誕生地として、標柱を建設されることになっていたのでありますが、急遽、上中村の有志が県令国貞廉平氏を動かされ、中村公園に標柱をたてられましたので中止された事実があります。下中村は土地を提供する人がなく、おくれてしまったとのことであります。

三、秀吉中中村出生地

さきほども述べましたが、旧中中村（現中村中町二ノ二十八と道をはさんで南側の土地、約八畝歩）に「弥助屋敷」と伝承する土地があります。これが、秀吉公が生れた所と伝承しております。これは、中村公園や常泉寺付近と違い、一点に固定して何百年も伝承されてきました。筑阿弥宅といわずに、弥助屋敷といっているのにも意味があります。これについては、のちほど述べます。

そして、中村中町一丁目と中村中町二丁目の境の東西道に「ドブ川」がありました。区画整理まで広い所は三間ほどあったとのことであります。これを「オオボリ」とよび、この土堤で、秀吉が小田原帰陣の折、中村に立ち寄り「大盤振舞」をした所と伝えております。記録にもありますが、その折に立ち寄った薬師寺も近くにあります。これは『豊太閤素生記』中中村とも一致するものであります。『豊太閤素生記』は延宝四年（一六七六）以前の成立と考えられる古い資料であります。

特に私は、地理的には素生記はくわしく、また、中中村に住んだ人のいったことを書いたものであり、信用してよいと考えます。素生記の第五条の註に「中中村ノ代官稲熊助右衛門ト云者、信長公ノ弓ヲ預ル、彼娘、秀吉前後ノ年ナリ、其娘、予ガ養母ナリ、常ニ是ヲ物語ル、」とあります。大げさなところもあり、研究者は、信用しない人もあります。

が、この中村に住んだ人の、しかも同世代の人が語ったことであり、地理的なことについて、大げさにいう必要もなく、かくすこともないと考えられ、信用してよいと思います。その素生記の第五条の註にいう「中中村」は「弥助屋敷」のあるところであります。普通は、秀吉公の生れたところは、「中村」で充分なのであります。素生記は、中中村に住んだ人の物語ったことを記録したものであり、はっきりと、「中中村」と記録したかったのでありましょう。

さらに、素生記は第五条に次のように記しております。「父ハ木下弥右衛門ト云フ、中中村ノ人、信長公ノ親父信秀鉄砲足軽也。愛カシコニテ働アリ、就夫、手ヲ負、五体不吐、中中村へ引込、百姓ト成ル、太閤ト瑞龍院ヲ子ニ持チ、其後、秀吉八歳ノ時、父弥右衛門死ス、秀吉母公モ同国ゴキソ村ト云所に生レテ、木下弥右衛門所へ嫁シ、秀吉ト瑞龍院トヲ持、木下弥右衛門死去之ノチ、後家ト成テ、二人ノ子ヲハグクミ、中中村ニ居ル、信秀織田備後守家竹阿弥ト云フ同朋アリ、中中村ノ生レノ者ナリ、病気故、中中村へ引込ム、所ノ者、是ヲ幸ニ木下弥右衛門後家、秀吉ノ母ノ方へ入ル」。また『近古史談』も、「尾州愛知郡有中郎里、里分上中下為三村、日吉者、其中中郎之人也」と述べております。これらは、ただ中村とせずに、地理的にくわしく記しております。

さて、さきほども述べたのでありますが、中中村の「弥助屋敷」を中心として、秀吉に縁のある寺社が多くあります。上中村の赤鳥居（八幡社、春日社合祀）、福生院、薬師寺、光明寺、日の宮等があります。上中村の妙行寺、常泉寺は萱津妙勝寺末として同時に今の村に、そして、すくなくとも秀吉死後に、この地へでてこられたのであります。

この常泉寺、妙行寺を中心として、秀吉の伝承はあまりありません。森末町三丁目と四丁目あたりに秀吉は、小田原帰陣の折、本陣をおいたと伝承しております。これは、上中村の土地でなく、日比津村であります。旧日比津村に「本陣前」「本陣東」の字名が見られます。古老は、「東本陣」「西本陣」と称していたといっております。常泉寺、妙行寺のあるあたりの字名を「木下屋敷」と称しますが、これは熱田神宮と関係する地名と考えられます。

私は、中中村に引込んだ筑阿弥は、この「字木下屋敷」にその後、屋敷を持ったと推考します。なお、『豊国大神君略譜』は、「尾州中邨郷木下邑竟為小家之婢（小家者筑阿弥入道也）」と記しております。『名古屋の史跡と文化財』に、弥助屋敷を異説として紹介しておりますが、旧北郷中一一五番地ではなく、九十番地に訂正していただきたいと存じます。

四、常泉寺

一、『寛文村々覚書』「太閤屋敷八畝歩前々除、是ハ今程右常泉寺屋敷ニ成、太閤東帯ノ御影有」「日蓮宗妙勝寺末太閤山常泉寺、寺内弐畝弐拾歩備前検除」

二、『尾張徇行記』「常泉寺界内二畝廿歩、府志云、号太閤山、日蓮宗、属萱津妙勝寺、豊太閤生于此地、故寺中蔵其伝真、秀吉手自所栽狗骨樹至今尚存」「妙行寺、常泉寺（元和九年十月十二日建立ス）界内倶ニ備前検除地也」「常泉寺書上帳ニ当寺界内一反三畝十九歩半御除地、此地ハ秀吉公誕生ノ地ニシテ慶長中再建アリ、宝物信長公東帯ノ画像一巾、秀吉公東帯ノ画像一巾」

三、『尾張国愛知郡誌』「太閤山常泉寺、上中村字木下屋敷ニ在境内四百六拾三坪日蓮宗海東郡萱津村妙勝寺末、慶

長十一年丙午妙勝寺ノ日誦之ヲ開基ス、元禄中再建ス、此ハ豊臣秀吉誕生地内タリ、故ニ堂傍誕生水ト称スル井、堂前秀吉自栽ノ狗骨樹等今尚存スル」

この常泉寺の西北方の字待屋に「紺屋屋敷」の跡がありましたが、今は不明です。「紺屋」とは、吉岡次右衛門のことであります。吉岡染を始めた人で、秀吉に召されて大坂の天満橋辺に出て成功した人であります。秀吉の朱印状にある「五石こうや」はこの人のことであります。当寺の栞、『太閤山縁起』には次のようにあります。「当寺は豊国大明神の廟堂にして慶長年間加藤清正公が一族の円住院日誦上人と喋って創建、御神躰は豊国大明神の肖像木食興山上人の彫刻である……」。常泉寺あたりは継父筑阿弥屋敷か、秀吉が織田信長につかえてからの屋敷ではないかと推察します。

五、妙行寺と高畑八幡社

妙行寺資料

一、『寛文村々覚書』「日蓮宗海東郡萱津村妙勝寺末正悦山妙行寺内壱畝廿六歩備前検除」

二、『尾張徇行記』「妙行寺界内一畝廿六歩、府志伝妙行寺在上中村号正悦山、日蓮宗属萱津妙勝寺」「妙行寺書上帳ニ当寺境内一反九畝十一歩御除地ナリ外ニ畠一反御除地田三畝村除、此寺草創ハ不知古ハ真言宗ニテ正起山本行寺ト云、四百五十年以前ニ日蓮ノ孫弟日像身延山通行ノ時、本行寺ヘヨキリ、日蓮宗ニ改宗シ其後此寺焼失セリ、然ルニ天文年中日勢再建シテ正悦山妙行寺ト改号シ於是日勢ヲ開山トス、宝物唐絵一巾……当寺控天神社内三畝十七歩外ニ田八畝御除地、八幡社二畝三歩外ニ田六畝御除地」

三、『尾張国愛知郡誌』「正悦山妙行寺、上中村字木下屋敷ニ在リ境内六百九拾七坪日蓮宗京都下京本国寺末創建詳ナラス始メ字作ノ城ニ在リテ正起山本行寺ト称シ真言宗タリ永仁二年僧日像今ノ宗ニ改ム後堂宇焼失シ兵乱ゝ至リテ殆ト廃絶ス天文中僧日勢ナル者再建シテ今ノ寺号トス慶長十五年名古屋城成ル加藤清正其余材ヲ以テ今地（清正誕生地トミフ）ニ移シテ修造ス旧海東郡上萱津村妙勝寺末タリ明治十年十二月本国寺ニ属セリ……」

四、『中村区史』「妙行寺境内に加藤肥後守旧里の碑あり、文化七年十月本村高畑八幡社境内に建てたりしを明治三年今の地に移せるものなりと云ふ」

水谷盛光著、『名古屋の地名』の中で次のように述べられています。「妙行寺の名古屋城余材による建築説は、否定されるべきでなかろうか。従来、名古屋城天守閣の建設は清正の手によるというのが定説であったが、城戸久工学博士によって、清正による建築説が否定され、清正は、天守の石垣だけを築造したことが立証された。（名古屋城雑記）であれば、妙行寺に名古屋城の余材を利用したとは考えられない」。

加藤清正は、名古屋城天守台の工事を了えて、慶長十五年（一六一〇）八月二十八日には帰国しています。そして、翌慶長十六年六月二十四日、熊本城内において瞑没しております。このような時、私は加藤清正に余裕は全くなかったと考えます。字作の城（中村小学校から北あたり）から現在地に移築されたのは、常泉寺が現在地に創建されたと同じ、元和九年（一六二三）とする説もあります。そうしますと、全く否定されなければなりません。清正旧里の碑も、元は高畑八幡社にあったものであります。

のちほど説明しますが、加藤清正には、中村に三つの八幡社を勧請したとの伝承がありますが、これくらいの余裕しかなかったのではないでしょうか。三つの八幡社の郷土への勧請は、藩祖義直の実母が石清水八幡社の娘、「お亀の方」であったからとも推察されます。清正の三つの八幡社の勧請は秀吉時代のことかもしれません。秀吉自身、鶴松を「八幡太郎」ともいっており、可能性があります。鶴松は天正十七年（一五八九）五月に生まれ天正十九年八月に没しています。

のちほど述べますが、角堂の八幡社に天正十八年十二月、加藤清正造営の記録がみえます。この考えは、特に有力であります。『人見雑記抄』には「清正の宅は秀吉宅の西隣に在り、今百姓清七居る」とあります。このことから、清正宅を妙行寺や高畑八幡社にあてることすらできなくなります。ただ、常泉寺を太閤屋敷と記す文献は多くあり、これを否定はできません。それが、常泉寺とは明瞭でなくても、字木下屋敷のどこかに太閤屋敷があったのでありましょう。

そうしますと、百姓清七居るの説明ができません。無論、中村公園の誕生地からは全く方角が違います。中中村の寺社が、秀吉とともに中村を離れているのに、常泉寺（はじめ妙行寺の妙行殿とよんでいたようであります）と妙行寺の二ヶ寺は逆に、この地にでてこられたのであります。私は、徳川政権のもとで、秀吉は消去されていったと考えます。村民も、秀吉との関係をかくそうとしたでありましょう。それでありますのに……私は不自然さを感じます。

次に高畑八幡社の資料を記します。

一、『中村区史』「旧村社祭神応神天皇、例祭三月十七日、十月十日、天正年間の建立、加藤清正朝鮮出兵にあたり誕生の地に奉斎せる御社なり」「妙行寺境内に加藤肥後守旧里の碑あり、文化七年十月本村高畑八幡社境内に建てたりしを明治三年今の地に移せるものなりと云ふ」

さきほど述べました三つの八幡社、加藤清正による天正十八年十二月勧請説は、天正年間の建立とあることからも有力であります。天正十八年は、秀吉が小田原城を攻めて、帰路、清正と中村に立ち寄っています。二年後に文禄元年となり、朝鮮に出兵しますが、鶴松との関係と小田原帰陣の関係を私は重視します。

この八幡社の氏子は、妙行寺より西側の、中村公園に住んでいた人々（西分）です。それより東側は「東分」といい、油江天神の氏子とのことであります。今は、この「西分」の人は移転して、「東分」の人よりも東に住んでおられるわけであります。この西分の人々が住んでいた中村公園内の遊園地（妙行寺の西あたり）に「小出氏宅址」があります。中村公園が出来るとき、鈴木弥平氏が住んでおられた。その鈴木家が住む以前に、小出平蔵なる人が住んでおられ、彼は小出秀政の支族とのことであります。江戸末に熱田の千年村に移転されたとのことであります。妙行寺に小出平蔵の墓とおもわれるものがありましたが、今年になって無縁仏とされております。彼の家は代々、中村全体の「大庄屋」ともいわれております。

六、油江天神

油江天神の資料を記します。

一、『尾張徇行記』「油江天神祠在同村東二町許俗猶知其名本国帳従三位油江天神是也」

二、『尾張国愛知郡誌』「油江神社、上中村字油江ニ在リ境内百弐拾九坪少彦名ヲ祭ル俗油天神ト称フ、創建詳カナラス明治五年七月村社ニ列セラル祭日陰暦正月廿五日氏子弐拾五戸アリ、按スルニ本国帳愛知郡従一位油江天神（元亀本正四位明応本従三位上貞治一古本従三位ニ作ル）を載スルモノ当社ナリ、当社所在ノ地名古ヨリ油江ト称ス（尾張志ニ今ハスタレテ社名ニノミ残レリト云フ）社号是ヨリ起ルカ里俗今歯痛アレバ此社ニ油ヲ供シテ祈願ス必ス霊験アリト云フ油壺社前ニ推積ス盖シ油江天神ヲ油天神ト訛称シ来リシニ依ルナルベシ」

このあたり、すなわち上中村、下中村、日比津、広井あたり全体を「泥江」とよんでいたことがあったのではと推察しております。あとで述べます。「日の宮」も、泥江県天神であった可能性もあります。現在では、泥江県天神は、広井八幡社にあてられております。泥江から、広井、日比津、油江の地名が発祥した可能性があるのではないでしょうか。後考を待ちます。

また、河原天神をこの油江天神にあてる考えもあります。東宿と中村の境を流れていたと考えられる「草津川（庄内川）」から西に離れすぎており、旧上中村の部落と高須賀川の位置を考えて、河原天神を油江天神にあてることはできません。また油江天神は、ほそぼそではありますが江戸時代をとおして存在したと考えられますので、なおさらのことであります。

七、長円寺と角堂八幡社

長円寺について、『尾張徇行記』は次のように記しております。「長円寺書上帳ニ当寺境内八畝御除地外ニ田畠二反年貢地也、草創ハ知レズ、先年ハ真言宗ナリシカ寛永十六己卯年天台宗ニ改メ高須賀村願正寺末寺ニナリ、享保十乙巳年野田密蔵院直末トナレリ、初福生院ト云、八幡社界内（東西四十間南北十一間）備前検ノミキリ除地、其外ニ燈明料田畠一反五畝村除地也、当時控神明社……今社ナシ」。

この長円寺は、前身が福生院ではありません。全く別の寺院であります。これは、『尾張名陽図会』の発見により明らかになりました。『尾張名陽図会』に次の如くあります。

「如意山福生院、本尊薬師如来は行基菩薩の真作なり、開山は蜂須賀蓮花寺の五世順誉上人至徳年中愛知郡中村に建立ありしとなり。大聖歓喜天の霊像本尊の南に同座まします。此寺お聖天の名高うして、此寺お聖天様の寺と呼びて、福生院といふ名知る人稀なり」

「鎮守出世天満宮、中村にありし頃は豊臣太閤産土の神にして大社なりしとぞ。元来此寺は其社の別当なる由、元和三年加藤某此地を寄付して、中村より爰にうつる。然るに、万治年中の火災にかかりて霊宝古記録ことごとく焼失す。漸く昔より本尊の脇士なる二天の像と大釜一口遺れるのみ」

『尾張名陽図会』により、福生院が中村にあり、蜂須賀蓮華寺の末寺であることがわかりました。私は位置も、長円寺のあるところに福生院があったと考えております。下中村字砂田にあったとする聞名寺が福生院である可能性もあります。しかし、福生院がこの中村から移転する以前に、聞名寺はなくなっているようであります。両寺とも行基の真作をつたえております。無論、聞名寺は全くわかりませんが、その薬師堂であった薬師寺のことであります。

ある郷土史家が、秀吉は蜂須賀蓮華寺の第十二世珪秀の子であるとされました。彼の説によると、祖父は持萩中納言、祖母は里人《りじん》与太夫、その間に母おなかとお伊都が生まれ、おなかと珪秀の間に日秀と秀吉が生れたとされました。この説で、里人与太夫を祖母とされましたことには今一つ不明瞭な点があります。それは、里人を遊女とされましたことであります。里人を「りじん」と読むのは遊女のことであり、間違いないとされました。

しかし、あのあたり、美和町乙子村に有力者の里人与太夫がいたことがわかっており、この点からも研究してみる必要があります。今までにも、蜂須賀蓮華寺の僧密通説はありました。

『張州史略』「蜂須賀郷蓮華寺有僧密通干女即有身故嫁于中村郷筑阿弥者天文五年春生中村」

『睡余操筆』「豊臣秀吉公は日輪の化現なりといふ、母の夢に日が我が胎内にやどると見てよりはらみしなん尾張の辺土のいやしき女なり父は知る人なしある人は八須賀の蓮華寺の僧彼女と密通して妊娠の間に他夫に嫁するにより土民の子ともいふなり」

私はかねがね、蓮華寺の僧を実父と考えております。弥右衛門は養父であり、筑阿弥は継父ということになります。秀吉は父を隠していたと考えられ、弥右衛門の法要を公には一度もしていないわけであります。実父であるならこのようなことは考えられません。

桑田忠親先生は、日秀、秀吉、秀長、旭姫の四人とも、弥右衛門が実父とされ、その後、筑阿弥家へ母とこの四人は入ったので、秀吉は弥右衛門家の人でなくなったわけであり、法要をしていないのであるとされております。秀長と旭姫が筑阿弥の子であるという資料が多くあることから、私は、単に弥右衛門が、「天文十二年一月二日」に死去したことが、瑞龍寺の記録からわかったことだけから、考えるのはおかしいと考えます。それは、生きわかれとも考えられるからです。

よって私は、上二人、とも（日秀）と秀吉は珪秀とおなかの子、下二人、秀長と旭姫は筑阿弥とおなかの子と考えます。豊清二公顕彰館蔵の『豊国大神君畧譜』に次の如くあります。

「後奈良帝御宇天文六年丁酉十二月中旬降誕子尾張国愛知郡中邨郷初母君仕官中有事出禁裏零落至尾州中邨郷木下邑竟為小家之婢（小家者筑阿弥入道也後為妻）不日産男子主不審之雖然未敢明其父唯言往時夢懐日輪以来躰健聊無煩主為奇異之育而稱子名呼日吉丸……」

字木下屋敷あたり、筑阿弥宅の記録が多くあり、その筑阿弥宅へ、おなかは中中村の弥右衛門宅から下働きに出ていたと推察します。伝承もあります。これは、中中村の「弥助屋敷」の存在と、上中村字木下屋敷の筑阿弥宅の存在とがうまく説明できます。そのうちに、人のよい弥右衛門をすてて、おなかは筑阿弥のもとにはしったと考えます。弥右衛門はすてられたと推察します。このことは、秀吉の出世がめざましく、記録には書けなかったのでしょう。

私は、中村での伝承を中心として考えるとき、このようにみるのが自然であると考えました。蜂須賀蓮華寺の第十二世珪秀は、おなかにとも日秀を生ませ、また秀吉を孕ませた。しかし、自分は僧であり、密通は許されることではなく、ひとまず、当時このあたりの中心でもあった清須に隠していた。これが『祖父物語』の「ミスノゴウ戸」出生説となったと考えます。そして末寺である中村の福生院をとおして、人のよい弥右衛門をみつけ、これに、おなかをおしつけたのであります。

そこで、おなかは秀吉を生みますが、人のよい弥右衛門がいやになり、少々景気のよい筑阿弥のもとにはしって婚姻したと考えます。このように考えますと、秀吉の出世がよく説明できます。信長が秀吉を雇ったのも、蜂須賀の土豪の力をあてにしてのことであります。蜂須賀党は、蓮華寺を崇敬しております。

しかし、京都三宝院の力をはねのけて、実力を持っておりました。信長は計算高い人物であり、小説等にある話では説明できません。間もなく、墨股《すのまた》築塁で秀吉をつかっております。醍醐の花見もよく説明できます。蓮華寺の本山筋にあたり、実父珪秀がいたことのある寺であります。秀吉の秀は珪秀の秀であり、秀吉の吉は弥右衛門家の吉であります。秀吉系図を『尾参宝鑑』は「国吉、吉高（初名弥助）、秀吉」としております。

また『塩尻』は「国吉、吉高、昌吉、秀吉」としております。このようにして秀吉は「中中村」に出生することになったのでありますが、まだ出世する以前に、八幡社春日社（角堂）を造営している記録があります。これは、疑問はありますが、可能なことであります。ただ、伝承から、八幡社ではなく、合祠の春日社か神明社のことではないかと考えております。

八幡社（在角堂）の別名は「赤鳥居」です。

『尾張志』「八幡ノ社春日神相殿、上中村にあり、当社を村の氏神とす。弘治元年乙卯太閤秀吉公造営し給り、公はこの村人にし、当時ことさらに尊崇深かりとぞ、加藤肥後守清正公も又この郷生れの人なりしが、天正十八年庚寅十二月朔日本願の大檀那にて造営あり、つづきて、慶長三戊戌年清正公の母堂拝殿を建らる。寛文二年壬寅二月山下市正氏政修造せらる。境内の末社に神明ノ社、秋葉ノ社あり」

『尾張国愛知郡誌』「上中村字角堂ニ在リ、境内三百七坪、応神天皇、天児屋根命ヲ合祀ス、創建詳カナラス弘治元年乙卯豊臣秀吉之ヲ造営ス（水谷民彦云フ弘治元年ハ秀吉松下嘉兵衛ノ奴ナレバ社傳妄説ナリト、然レトモ諸書旧記等明ニ之ヲ記シタレハ暫ク之ニ據ル後考フ俟ツノミ）秀吉本村ニ生ル故ニ之ヲ尊崇スト云フ、天正十八年庚寅十二月、加藤清正ノ母堂拝殿ヲ建造ス、寛文二年壬寅山下市正氏政亦タ修造ヲ加フ（府志、尾張志）明治五年壬申七月村社ニ列セラル祭日一月十七日、今猶古例ニヨリ、射的神事アリ、境内末社三（神明社、秋葉社、御嶽社）氏子三拾九戸アリ」

『円空と名古屋』「……春日社、八幡社の末社、秋葉社の御神像も円空作らしいというが、まだ拝観を許されたものはない」

『尾張徇行記』に記載されている神明社は、ここにあるわけです。『豊臣太閤素生記』をみると、秀吉は、天文二十年（一五五一）の春、十五歳のとき尾張中村を出発します。『豊鑑』にも「太閤秀吉十六才の時天文二十年春中村を御出」とあります。さらに素生記によると、天文二十三年尾張中村に、永楽銭三十四（三百文）を持って帰っております。弘治元年（一五五五）はそれよりも後でありますから、秀吉の造営も可能であります。

この社は、福生院と隣り合せであり、秀吉とは関係深いわけであります。加藤清正の天正十八年（一五九〇）の造営も真実でありましょう。この年の夏、小田原帰陣の折、秀吉とともに、この中村に立ち寄っているからであります。ただこれも、伝承から、八幡社ではないとも考えられますが、加藤清正がこのときに、「三つの八幡社」を勧請したと考えてよいと思います。伝承のように、名古屋城築城のときと考える必要はないのであります。私はこの天正十八年としたいのでありますが他の二社に資料がありません。おそらく、「小寅洪水」で流されたものでしょう。

寛文二年（一六六二）、山下氏政修造でありますが、彼は熱田駅餐応物奉行を勤めたことがあり、熱田神宮と深いつながりを持つこの地の社を修造したものと思います。山下氏政は翌寛文三年に尾州を退去しております。

八、福生院と出世天満宮

先に資料を示しましたが、福生院は、蜂須賀の蓮華寺の末寺で、中村にあったわけであります。その縁から、秀吉は中村に住むことになったものと考えます。そして、この福生院が別当をしていた出世天満宮は袋町にあったのでありますが今はありません。では、中村のどこにあったのでありましょうか。

『尾張神名帳集説訂考』は次の如く記しております。「従三位河原神社、天神（近藤利昌曰）上中村天神はその俤なるべし、村落より東二町許に存、集説に川名村神明といふは誤なるべし、（里老曰）此村むかしは草津川と高須賀川との間に狭まれり故に中村と号く、草津川は後世東宿の西にかはる。高須賀川も今の川にあらず」。

河原天神は一般には、昭和区の川名にある川原神社にあてられて定説化しております。しかし私は伝承も考えて、中村公園内の高畑八幡社の西あたり「上中村字川原」にあったと推考しております。今一つ、中村中町一丁目（旧北郷中北の切）にあった可能性もあります。

しかし、資料は全くありませんので正確ではありませんが、こちらは白山社の可能性が一番強いと思います。河原天神に対して高畑八幡社、神明社、春日社に対して角堂八幡社、日の宮、白山社に対して下中八幡社ということであります。これが清正の三つの八幡社であります。油江天神は、祭神は少彦名であり、ほそぼそではありますが江戸時代に存在していたのであり、河原天神をこれにあてることはできません。

草津川は、上中村の西側をとおり、下中村の西、字石川を流れていたようであります。その上下に大きな池が残っていたとのことであります。高須賀川は、高須賀村の位置も考えて、中井筋とそんなにはなれていたと考えられません。ただ下中村の字流がその跡との伝承もあります。そして、中村は南に行くほど東西巾が広くなっておりますので、村境附近を流れていたとすると大きく蛇行していたことになります。以上、私はこの河原天神が出世天満宮となったと考えます。

九、光明寺

小瀬甫庵の『太閤記』に「出㆓於襁褓之中㆒より類ひ稀なる椎立にして、尋常之嬰児にはかはり、利根聡明なりしかば、出家させ、禅派之末流をも続せ、松林之五葉を昌んにせばやとて、八歳之比、同国光明寺之門弟となしけるに」とありますように、秀吉は八歳の頃、同国光明寺の門弟とされたのであります。桑田忠親先生は『豊臣秀吉研究』の中で、「これは、実父の弥右衛門が病死した翌年（天文十三年）のことで、母のなかが、筑阿弥と再婚したためであろうと推測する」とされています。

さきほども述べました如く、私は、秀長と旭姫は筑阿弥の子であるとする資料が多くあり、弥右衛門が天文十二年（一五四三）に逝去したとしても、中村での伝承、すなわち字木下屋敷は筑阿弥宅とし、中中村を弥助屋敷と伝承することもあわせて考えて納得できません。おなかは、「姉とも」と秀吉を生み、その後、木下屋敷の筑阿弥宅に入ったとみるべきでしょう。筑阿弥は中中村の生れで、中中村に帰って来ていましたので、しばらくは弥助屋敷の近くに居住していたのでしょう。よって、おなかも筑阿弥をよく知っていました。おなかは、二人の子供を弥右衛門においたまま筑阿弥宅に行ってしまったか、あるいは、つれていったかもしれません。

さて、光明寺でありますが、桑田忠親先生は、同国を、中村の光明寺とされております。しかし定説は、萱津の光明寺にあてられております。小説は、萱津の光明寺が時宗であることから、遊行僧との秀吉の関係をおもしろく書いております。今川へ秀吉が行ったのも同じく描写しております。商人としての秀吉の性質をこれによって説明しようとしております。

しかし、中村にもその当時、光明寺があったのであります。この光明寺は、下中村字押木田（中中村）にありました。この寺は移転して、旧日比津村にありました。秀吉の伝承もつたえております。よって私は、この中中村にあった光明寺で秀吉は手習いしたと考えます。わざわざ、庄内川のむこうまで行くはずがありません。秀吉の時代が終ると、この光明寺は中村を去り、秀吉との関係も全く忘れ去られてしまったのでありましょう。

『名古屋市史』「光明寺は悟真院と曰ひ終南山と号す。中区白川町三丁目西側に在り、境内は八百五十八坪（徳川時代千四百十坪あり除地なり）あり別格（徳川時代に上人也）十二等にして京都智恩院の末寺なり、もと愛知郡中村に在り応永二十五年渓蓮社湛興岌井故順（愛知郡中村の人、岡村岌蓮について出家す。増上寺掛錫の学匠なり、正長元年四月八日に寂す）建立す。後春日井郡平田村に移り、又清須に移る。慶長年中今の地を拝領して移建す……」

『尾張志』「石切町にありて終南山といひ悟真院と号す。智恩院の末寺也。応永二十五年僧岌井建立して、愛知郡中村にありしを、後春日井郡平田村又は清須に移し慶長年中今の處に移せり、太閤記に秀吉公幼稚の時光明寺にて手ならひせられしよしにみえたるは此寺か又は萱津の光明寺か定かならず、佳境遊覧には此寺なりよしに記せり」

また、あとで述べますが、秀吉朱印状の中にある「五石、阿波、明光寺住持署名ノ由」はこの寺のことであると考えます。粟生の光明寺が有名ですから、「阿波」ともよばれていたのではないでしょうか。

私は庄内川のむこうの萱津の光明寺で手習いしたとは考えられません。秀吉に関する宝物は、この中村にあった光明寺には全くなく、反対に、萱津の光明寺に多く集まったのであります。常泉寺、妙行寺に宝物が多く集まったのと同じではないでしょうか。さきほどの福生院も秀吉後に中村を去っているのは、中村の光明寺と同じでありまして、ほそぼそと秀吉の伝承を伝えております。これは、徳川に時代が変わり、中村を去ったために忘れられてしまったのでしょう。光明寺の開祖芨井の師芨蓮はどの寺の人か不明ですが、私は薬師寺と関係する「字砂田」にあったと伝承されている「聞名寺」の僧ではないかと想像しております。聞名寺は、江戸時代には全く記録がなく、それ以前に少くとも中村に存在しなくなったものと思われます。この光明寺は下中村字押木田（中中村）にあったのであります。

十、薬師寺と聞名寺

聞名寺は、さきほども述べましたが、薬師寺を薬師堂といっておった頃の寺であります。「下中村字砂田小字聞名寺」にあったのであります。薬師寺は、聞名寺の薬師堂であったと伝承しております。宗派はわかりません。ただ、光明寺の開祖笈井の師笈蓮の寺と考えられます。この聞名寺は、秀吉の頃にはなかったと思われます。記録が全くなく推察するより方法がありません。薬師堂のみ残り、秀吉と関係がありました。また、薬師寺から推察しますに、聞名寺は一楊庄司と深い関係があった寺と考えられます。

さて、この薬師寺は明治六年（一八七三）十月十四日に、中村小学校の前身である「第二番中学区第三十一番小学銀杏学校」が置かれた寺であります。上中村、下中村、高須賀、烏森が通学区でありました。今も、筆を洗った「手洗い鉢」が残っております。明治十五年九月に正賢寺の北方へ移転するまでありました。往昔、このあたり「銀杏村」または「杏子村」とよばれたことがあります。これは、「一楊荘」からきた言葉であると考えられます。そして先にも述べましたが、正賢寺命日帳に「中郷中村」とあります。この「中郷中村」が「中の郷」「中中村」となり、下中村北郷中にだけ残ったのかもしれません。

薬師寺は『尾張徇行記』に次のようにあります。「薬師堂界内八畝前々除、先年ハ村支配ナリシカ、宝暦六子年ヨリ愛知郡赤池村霊鷲院控ニナレリ」。これから、最初は聞名寺の薬師堂として建立され、聞名寺がなくなると村支配となり、宝暦六年（一七五六）から霊鷲院末となったことがわかります。霊鷲院と、常滑市西の口にある微笑寺と、この薬師寺は微笑尼の開基した寺であります。微笑尼は尾張藩の遠山氏の夫人であった方とのことであります。

『感興漫筆』は薬師堂について次のように記しております。「下中村薬師堂に詣、此堂、尼僧守るとみゆ、村民三人傍に居たり、仏の縁起を問ふに仏前に□□本あり入りて見よといふ故、其本を取て披見る。本尊薬師木像六寸許坐像、縁起略に曰、太閤秀吉公、小田原征伐の帰路此村に至り、古老を召して、旧を話し給ふの時、此の薬師仏を拝給ふと云、霊験尤著し、就中雨を祈るに忽ち感あり、この度、四十六年目に開扉す」「左の一間、土中出現、観音木像、長三尺計、腐朽す。面目分ちがたし。縁起略に曰、弘法大師一刀三礼の作、昔は当荘の長老一柳庄司多年信仰の念持仏なりしが、永正の頃、兵火に堂宇焼たりしに、此尊像のみ火中を飛出給ひし也。その後土中に埋れて知る人なかりしが、宝暦三年、諸人の夢に入りて告て曰、我は某の処の土中に在り、掘出して安置せば衆生を度せんとなり、村民霊告に随ひ、土を掘つてこれを得たり云々……」（加藤清正寄付半頬《はんぼう》）。

この宝暦三年（一七五三）の記事は、『尾張徇行記』の宝暦六年より霊鷲院末になったときの記事につながるものであり、このときから今の曹洞宗になったのであります。それ以前の江戸初期の『寛文村々覚書』には「薬師堂壱宇、地内年貢地、堂守如清」とあるように存在していましたが、その後、秀吉と関係が深いためすたれ、それを微笑尼が再建されたのでありましょう。

さて、この寺は一楊庄司が多年信仰したとあります。このことについては、正賢寺の命日帳にある「中郷中村」の記事とあわせて、このあたりは一楊荘の中心であったとの考えを述べました。よって、ここでは略します。またこの寺は、小田原帰陣の折、秀吉が立ち寄っております。そのときでありましょうか、加藤清正が「半頬」（武器の一種で顔にあてるもの）を寄付しております。先に述べた「大盤振舞」をした「おおぼり」もすぐ近くであり、また、弥助屋敷ともすぐ近くであります。今まで地元の研究家もこのことをとりあげませんでした。それほどまでにひっそりと伝承されてきたのであります。弥助屋敷を秀吉の誕生地として顕彰するため、標柱を建てるために努力された「秋田省刀翁碑」（秋田泰一郎氏）があります。

さて、『尾張志』によれば、「北条氏御誅伐あつて御帰陣の時、中村に一宿されて、中村一円無年貢、百姓どもの作り取になされしが、文禄のはじめ百姓怠りにより御引あけになりしとそ」と記して、「其よし」は『続選清正記』にあるとして、「永代千石の領地を下し給ふ」と記しております。

ちなみに、上中村は元高五百五拾石であります。下中村は元高千百四十三石であります。このことからも、秀吉公の出生地は下中村、すなわち『豊臣太閤素生記』のいう「中中村」でなければなりません。『尾張徇行記』は、下中村の条に次の豊臣秀吉の朱印状を載せています。

賤ノ小手巻ニ、中村小出播磨守秀政屋敷跡ハ庄屋平蔵宅也、小出平兵衛ト云播磨守一族ナリトソ、此家ニ太閤御朱印アリ、伝云、小田原陣ノ役太閤中村ニ立寄給ヒと、中村一郷ヲ作り取ニ被下ケル、文禄年中朝鮮征伐ノ時、太閤肥前ノ名護屋ニ居玉ヒケルヲ、見舞ニ下サリシ不雇トテ朱印ヲ取揚、格別ノ者ハカリニ賜リケル、証文于今平兵衛方ニアリ。

尾張国愛知郡上中村三辺百七拾弐石地下人ニ被下割符事

一、弐拾五石、小出弥左衛門

一、弐拾石、小出八兵衛

一、弐拾石、吉田与六郎

一、弐拾石、木村源右衛門

一、拾五石、小出弥三

一、拾七石、加藤助三

一、八石、大武

一、五石、こうや

一、五石、小出喜三郎

一、五石、同与太郎

一、弐石、同久蔵

一、五石、ばば

一、五石、弥七郎

一、五石、阿波、明光寺住持署署名ノ由

一、三石、仁王

一、弐石、与四郎

一、三石、とた、是モ署名ナリ
　一、弐石、又五郎
　残て五石は地下人為惣中可令支配也
　文禄弐年九月十四日、太閤御朱印」

この証文が上中村の庄屋宅にあったということであります。そして『屋張徇行記』は、その下中村の条に載せているのであります。すなわち上中村の庄屋に、上中村の石高の三分の一を、この証文に記してある人々に持参せよということであります。その多くは下中村の人であり、「残て五石」も下中村へ与えたのでありましょう。さきほども述べましたように、「一村無年貢の作取り」にされていたのは下中村であります。これを取りあげて、下中村を中心とした地下人に与えたのでありましょう。

よって上中村の「五石こうや」も入っているわけです。各別に与えた朱印状が残っておりませんので推察ではありますが間違いないと考えます。ほとんど、秀吉に関する事は、上中村の方へ書かれている中にあって『尾張徇行記』がこの朱印状を下中村の条に載せているのは、「残て五石」のあて先が、下中村であることがはっきりしていたからではないでしょうか。いずれにしましても、上中村に与えたために、上中村の庄屋宅にこの証文が残っていたのではありません。上中村の取れ高の三分の一を、記載してある地下人に持って行け、ということであります。

十一、正賢寺

正賢寺命日帳に、第三世教秀は秀吉の娘（あねとかなをつけている）の子と記しております。姉は「日秀とも」一人です。日秀にそんな子があったか不明であります。娘はないはずです。（長浜時代には？）教秀が帰っていったという久米村の盛泉寺には、この記録や伝承はないとのことであります。命日帳には浄仙寺とありますが、久米村にこの字と同じ寺はなく、盛泉寺に間違いないと考えます。正賢寺當寺代々住持明日帳には、「浄仙寺第十五世教秀五十九才了、承応元年二月十八日」とあります。また、さきほども述べましたが「中郷中村」とあります。

正賢寺の資料を記します。

『寛文村々覚書』「本願寺宗寺内年貢地東門跡直参正賢寺」

『尾張徇行記』「正賢寺年貢地府志日正賢寺在下中村一向宗東派直参正賢寺書上帳に当寺境内八畝外に田畠二反九畝十五歩共に前々除此寺古へ天台宗にて西専坊と云、十代前の住持乗念代浄土真宗に改め正賢寺と改号す」

『尾州八郡東本願寺派寄帳』「下中村直参正賢寺（平僧）寺領なし、寺内壱畝拾歩御年貢地」

『尾張志』「下中村にあり本山直参也創建の年月日詳ならず、もと天台宗也しを永正年中当宗とす。僧乗念を開祖とす」

この正賢寺は往昔天台宗であり、現在地から北西約百米のところ（下中村町一丁目六十三番地あたり）にありました。多分、第四世守賢の頃に現在地に移転されたのであります。開基乗念から第二世祐念までが百年近くあり、この点が謎であります。天台宗時代は高須賀の願成寺の一堂宇であり、観音堂といっていたと伝承しております。そのあと地を、小字名で「観音畑」とよんでいたとのことであります。この寺の檀家は下中村南郷中全部であり、西光寺とは違っております。そして江戸時代の初期に、宝物と過去帳は全部尾張藩により没収されたと伝承しております。

十二、西光寺

西光寺の資料を記します。

『寛文村々覚書』「本願寺宗名古屋円通寺末寿専坊寺内年貢地」

『尾州東本願寺派寄帳』「下中村西光寺（平僧）寺領なし、寺内弐畝歩御年貢地」

『尾張徇行記』「西光寺書上帳に当寺界内七畝外に二段共に前々除く此寺草創は不知再建は四代以前の寺持諦応代なり、名古屋小桜町珉光院末寺なり」

『尾張志』「下中村にあり、名古屋珉光院の末なり、創建年月日はしられず、明応年中僧寿山中興す」

この西光寺に「如雲墓」があります。これに、木下氏之末葉副田重蔵享年八十七才明和九年六月六日とあります。いずれの人物か明瞭ではありませんが、木下氏といえば、副田与左衛門吉成の一族かと考えられます。今も烏森に「隠斎屋敷」があり子孫がつづいております。以前に吉田宇多治氏が調査されておられます。それによると次のとおりです。「其證憑トスル佛檀ニ蔵ムル位牌ニ元和元年ニ身退レル始メ年代古キモノ多シ、是レ翁ハ元和前後ノ人ニシテコノ元和元年ノ位牌ニ貞応浄慶大徳禅定門トアルハ定メテ翁ノ謚ナラン」と調査されております。ただこの家は帰農されており、渡辺甚左衛門の息子、渡辺九右衛門秀綱が副田氏を継いでおります。『士林泝酒』に、「秀綱（九右衛門）同父仕古二田一、後為二浪人一、来二于尾州烏森一、継二副田隠斎姓一、致二副田一寛文十年戊三月十日卒」とあります。旭姫の夫は副田与左衛門吉成ではなく、佐治日向守だとの説もありますが、私は次の説のように考えております。

『戦国女百花譜』に次のように述べてあります。

「旭姫が最初に結婚した夫は、中村在の百姓源助（嘉助ともいわれる）といい、おとなしい男であった。その後、この夫婦は、秀吉により長浜によばれ、武士にされた。名も改めて佐治日向と呼ばれるようになった。間もなく、武士が身に合わなかったらしく、衰弱して死んでしまった。そして後、三十をこえて旭姫は副田甚兵衛と再婚した」。その後、旭姫を家康との講和につかうため、むりやり離婚させられることになったのであります。そのとき四十三歳であったといいます。十年以上副田甚兵衛と結婚していたので、子供があったと考えられます。その血筋が「隠斎屋敷」に続いていると考えて間違いないと考えます。西光寺に副田重蔵の墓があるのは、秀吉との関係からと考えられ、私は副田与左衛門吉成の一族ではないかと考えています。坪井氏は『名古屋の史跡と文化財』で、佐治日向守の伝説化したものであるとされていますが賛成できません。

また、この西光寺には笹島焼元祖の墓があります。『広小路物語』は次のように説明しております。

　文化年間に文七（文吉とも、朴斎と号す）という者が創始し、彼は藩公の寵愛をもうけて、御前製作をするほどの人物だったが、安政四年七十六歳（七十七歳とも）で死ぬ、二代文吉、三代某が業を伝えたがやがて廃絶。

また、『日本陶器の鑑定と鑑賞』は次のように記しております。

　笹島焼、文化年間に名古屋市笹島で朴斎こと文吉という者が焼いた楽焼の一種で、酒器が多い。安政四年七十四才で歿す。二代文吉は明治四年に歿し、三代におよび廃窯となる。笹島の印を押す。

また、『名古屋の史跡と文化財』は次のように述べております。「中村区名古屋駅構内（旧称、藤の棚）笹島焼は旧名古屋の西、笹島の地で焼かれたものである。同地に牧朴斎、通称文吉という人が初めて焼いたものである。朴斎は幼年時代から技工を好み、張月樵に従って画を学び各種の楽焼に似た陶器を造った。多くは酒器であって雅味に富んでいた。朴斎は自ら画き、また彫刻をもよくした。安政四年歿す。享年七十七。のち従兄弟共同して陶業を継続したが廃絶した」（岡本）。

笹島の地は、文化二年（一八〇五）、農家の願いによって広井の西方、字笹島に民家を営み、支村としたところであります。西光寺の檀家もこの地にあり、旧北郷中から移住した人々と考えられます。西光寺の周辺の人々は新川掘削の折、万場から移住してきた人々であり、万場の光円寺の檀家であります。また北郷中の北の方の人々は中郷村の宝珠院の檀家であります。このように西光寺の檀家は地元にはすくなく、稲葉地、日置といった古い土地にも、また熱田の二番町、三番町といった新開地にもあります。古老は江戸時代のはじめ、清須からこの地に移転してこられたと伝承しております。そして檀家がなかったので、下中村の全村が葬儀のときには西光寺、正賢寺の僧に読経をしてもらうことにきめたのだそうであります。

江戸の中頃になり薬師寺もこれに加わったので、下中村は三人の僧に読経をしてもらったとのことであり、今もこの風習はのこっております。北郷中の宝珠院や光円寺の人々も必ず西光寺と薬師寺にもお願いするわけであります。北郷中の西光寺の檀家の人々は正賢寺と薬師寺にも、南郷中の正賢寺の檀家の人々は西光寺と薬師寺にもお願いするのであります。貧しい百姓には相当な負担になったといいます。なお、この寺に清須から持参したとされる石燈籠があります。

十三、下中八幡社

下中八幡社の資料は以下のとおりです。

『寛文村々覚書』「八幡壱社、社内年貢地、村中支配」

『尾張徇行記』「岩塚村祠官吉田内記書上帳に八幡社内九畝十五歩、此内五畝十五歩前々除、四畝年貢地、外に田一段二畝前々除く再建は、寛永二十年末也」

『寺社名録』「八幡一社、地内年貢地、村支配、此社内の鳥居加藤肥後守建立の由朽ち有りて笠木も大きに朽、木は楠か栗かとみゆる」

『東海道名所図会』「……又加藤虎之助清政の出生所も、この南の隣村、下の中村なり、氏神八幡宮を今において裔孫より修補あるとなり」

『中村区史』「祭神応神天皇外一柱、延宝三年の創立、秀吉の母安産を祈願せしと伝う。大祭十月七、八日、宝物剣」


この下中八幡社の他に、下中村に、中村区史は白山社を載せております。白山社は現在ありません。下中八幡社の前身なのか、あるいは中村中町一丁目の社のことなのか不明であります。この資料を中村区役所に提出された木村徳寿氏は資料提出後に亡くなっており調査できません。とにかく、下中八幡社の社歴の中にとりいれられております。

『中村区史』「白山社（下中村）旧指定村社祭神応神天皇外一柱、鎮西八郎為朝が部落の創立、大祭十月八日」部将白山社の祭神を応神天皇としておりますが、応神天皇は八幡社で、白山社は菊里媛命のはずであります。

『下中八幡社栞』（八幡社社務所）「当八幡社ハ鎮西八郎為朝ノ創祀ニ係ル古社デアル……創立は保元元年……」「……明治の初期までは「お鍬祭り」として六十一年目毎に大祭が行はれ……」「昔尾陽城主が当地沖田の鴨狩りに来られた折は当八幡社に尾陽城の隆盛を祈願せられ御休息と共に楽しまれた（尾陽城とは現在御器所町にある尾陽神社である）」


ここにある「尾陽城」を、下中八幡社は御器所の尾陽神社にあてられております。江戸時代に尾陽神社に城はありません。藩祖義直は生前から位牌をつくり「二品前亜相尾陽侯源敬」としていたとのことであります。正賢寺の記録の中にも「尾陽愛智郡城西一柳之庄亀頭山正賢教寺」とあります。尾陽城は名古屋城のことではないでしょうか。

当社の一番古い棟札は次のとおりです。

「奉建立八幡宮御社頭一宇惣氏子衆中息災繁昌処敬白、延宝三年乙卯八月吉祥下中村禰宜岩塚村二村善太夫」

この棟札以前に、『寛文村々覚書』にありますので、八幡社はあったわけであります。加藤清正勧請の「三つの八幡社」の一つでありましょう。意図的に消去されたのか、この前年の延宝二年は「小寅の洪水」の年でもあり、社頭をはじめ棟札も流されてしまったのかしれません。

十四、日の宮と日吉公園

今は、日の宮の跡地は下中八幡社の社務所の南側に区画整理によりきております。数十坪のせまい土地であります。日の宮の資料を記します。

『尾張徇行記』「村の南に日吉社旧墟あり、今は田中に楠一株のこれり、是は太閤の母此神に祈願して太陽懐に入ると夢みて秀吉を生み因って小字を日吉とすると也」

『尾張地名考』「上中村に村民日の宮と呼地あり太閤秀吉公木下藤吉といひし頃御信仰ありし宮なりと云傳ふ近世浮屠氏の為に祠は廃れたれど今古木一株残れり疑らくは泥江天神の旧地か」

『尾張地名考』は、泥江天神の旧地ではないかといっております。『参考尾張本国帳』も『尾張神名帳』も、広井八幡社にあてております。今は広井八幡社は泥江県神社と称されており、貞観四年（八六二）に山城の男山八幡と同時に筑前国宇佐八幡を勧請されたとしています。そして、後鳥羽天皇文治二年（一一八六）三月従三位となり、これより「天神」と称されるようになったとのことであります。これが、『尾張本国帳』に記載されている泥江県天神であり当社であるとされております。

しかし、棟札でこの神社の一番古いものは、応永二十六年三月二十四日の棟札が一番古いとされておりますが、保存分の中にはありません。応永二十六年（一三九九）三月二十七日大檀那彌直衣源秋家、大工良兼であります。『尾張神名帳集説訂考』には、上宿泥町の武嶋天神、御園町の乳花薬師、堀切西の不動堂に、泥江県天神をあてる説があるとしています。私はいまだこれらについて調査しておりませんが、日の宮も泥江県天神の可能性があると思います。日比津を中心として広井、中村あたりまで泥江とよばれた可能性があるからであります。『尾張国愛知郡誌』は、「ヒデエト云フコトハ上古愛知海ノ入江ノ湿地ナリヨリ負ヘル名ナルコト明ク而シテ其地梢広カリシナルヘシ（今ノ広井ヨリ日比津辺マテ皆泥江ノ内ナレバカクイヘリ）其處ノ殊ニ高腴ノ地ヲ泥江県ト云ヘシナラン（県ハモト上田ノ意ナルカ転シテ公領官舎ノ所在ヲモイヘリ）」と記しております。日比津とは全くとなりあった所に中村があるわけであります。油江天神もそこからきた名であるとも考えられます。萱津のあたりは仁和の頃まで「阿波手浦」といっていたとのことであります。

そうしますと、相当に古いことではありますが、中村も泥江といわれていたことがあったと考えてよいと思います。津田正生は『尾張地名考』の中で、本国帳愛知郡従三位泥江県天神をあげ、天野信景曰として、「是外に広井の内に旧地の祠なし」としております。広井村の中だけで旧地をさがすことなく、泥江の中で旧地をさがさなければなりません。日の宮がその旧地かもしれません。日の宮は現在祭神を大山咋としておられます。これは、日吉権現から逆に考えられたことであるかもしれません。日の宮を、泥江県天神とする考えのほかに、『中村区史』にある白山社であったかもしれません。

加藤清正が名古屋城築城の折、この日の宮の大木を伐採して楝木につかったと伝えております。さきほど、妙行寺のところで述べました如く、楝木伐採は否定されるべきであります。

しかし、楠木の大木を切って石組の工事につかったと考えてよいと思います。その伐採の折、加藤清正は、豊臣秀吉が大坂城築城の折、日の宮の御神体を大坂城内に移し大坂城の御神体としてしまったので、今は中村に氏神がないからといって、三つの八幡社を勧請して、中村の村民にこれをまつるようにいったとのことであります。この三つの八幡社を清正の八幡社というとのことであります。また、加藤清正は大木伐採の礼として、下中村村民に土堤の草を刈る権利を与えたとのことであります。その後、下中村の村民は草を刈る権利をなくしたのでありますが、それからも明治になるまで、下中村の庄屋の許可を得て他村の者が草刈をしていたとのことであり、これが、下中村に長く伝承されてきたゆえんであるとのことであります。この土堤は名古屋城の土堤であるとのことであります。

今は、この日の宮は日吉公園となっております。面積千三百三坪余あります。名西土地整理組合が旧跡保存のため、昭和七年（一九三二）に拡張して公園をつくり、昭和十年七月二十四日開園し、翌十一年二月、名古屋市へ寄付したものであります。私の子供の頃、社頭の東南に秀吉の産湯井がありましたが今はありません。なお、この日の宮は江戸時代のはじめ、尾張藩により立派すぎるとして打壊され、御神体を「郡上八幡」へ移されたとする別の伝承もあります。郡上八幡の日吉神社の由緒沿革は次のとおりであります。

祭神大山咋、天正年中に遠藤左馬之介創祠、後、織田信長の比叡山焼打ちに参加、日吉社を返還、その後再び創祠し、いつの頃か安久田村の日吉社も合祠し現在に至る。（氏子総代の朝日氏に聞く）

私は、日吉社にまた日吉社を合祠することに不自然を感じます。安久田村は悪田からきた地名といわれ、社をまつるような所ではなかったようであります。あるいは、この中村の日の宮がこの安久田村にもって行かれ、その後に合祠されたとも考えられます。秀吉が、自分が生れたところの氏神の御神体をそっくり持って行くとも考えがたく、郡上八幡の方が真実かもしれません。秀吉が、徳川家を恐れて秀吉にしてしまい、それが伝承されたのかもしれません。正賢寺の宝物が、尾張徳川家により過去帳とともに没収されたとの伝承からも推察できるのであります。資料不足のため可能性についてのみ考えてみました。

十五、秀吉と中村

私は中村小学校の「神社に関する調査」という報告書の一部を愛知県図書館でみつけました。中村の神社は入っておりませんでしたが、稲葉地の城屋敷神明社と花木神明社の報告書がありました。それには次の如くありました。

「倉及紺屋ハ神ノ忌ム所トシテ同町ハ一般ニ倉ヲ建テズ紺屋業ヲモ昔ヨリナサズト」

この中村でも、これと全く同じ伝承がありました。倉は今はありますが、ほとんど、大正に入ってからのものであります。

これは、秀吉が一村無年貢としたことから村民がこぞって倉を建てたものと考えられます。それが、秀吉の時代が終ると、皆、没落してしまったのであります。吉岡次右衛門が秀吉にとりたてられ成功したのでありますが、これも秀吉とともにおちぶれたわけであります。織物のさかんな土地ですが、絶対に紺屋をしなかったわけであります。今一つ、中村は子供に教育をつけることを嫌ってきました。戦前までは、特に下中村ではこの風習が生きておりました。秀吉自身光明寺で手習いし、字が書けるのであります。秀吉の出世とともに字の書ける人々は、秀吉にとりたてられ出世するのでありますが、いつのまにか皆没落し、百姓をしていた人々だけが残ったのであります。これらのことを中村の村民は見て、風習として最近まで伝えてきたのであります。最後になりましたので、木下長嘯子が中村に帰ってよんだという和歌を彼の『挙白集』からここにしるして昔をしのびたいと思います。

フルサトハカククコソアラメカヘルカリ心ツクシニナニイソクラム
久カタノ月ハ都ノカタミカハ旅ニシアレハナカメラレッツ

Ⅲ 長浜で早死した太閤の嫡子

桑田忠親

一、実子に恵まれない秀吉

槍一筋で一国一城のあるじと成りあがった戦国武人のうちで、太閤秀吉は、最も身分が卑しい上に、実子に恵まれなかった。その秀吉が、日本全国を平定し、一代にして豊臣の天下を築きあげただけに、悩みも深刻だった。

信長の小者頭であった若い頃、彼に嫁ぎ、内助の功をかさね、糟糠の妻といわれた北の政所は、夫の秀吉よりも、ずっと健康で長生きしたけれども、女子一人産んでいない。仮りに、彼女が男子の二人も儲け、その二人が秀吉の晩年に、ひとかどの武将になっていたとしたならば、豊臣の天下は大磐石だ。狸老爺の徳川家康も、天下取りの野望をあきらめたかも知れない。そうすると、日本の近世史も、少々変ったものになってくる。

太閤は、北の政所のほかに、十六人の愛妾を閨房に侍らせていたわけだが、どういうものか、その実子を産んだのは、淀君一人だけだった、ということになっている。

淀君は、その義父柴田勝家が敗死し、越前北の荘が落城すると同時に、十五歳で敵将羽柴秀吉に引き取られ、その後いつしか側室とされ、二十一歳の時、山城の淀で男児鶴松を産んだ。これが秀吉の長男だ、ということになっている。その時、秀吉は既に五十三歳に達していた。五十三にもなって初めて儲けた、いとし児、しかも、それが、男児ときているから、鶴松に対する鍾愛ぶりはひとかたでなかった。

しかし、鶴松は、生来病弱だったせいもあって、僅かに三歳で早死している。秀吉の悲歎はやるかたない有様だったが、それからちょうど二年たって、淀君がまた、男児を出産した。秀吉は驚喜し、これをお拾と名づけたが、四歳になって名を秀頼と改めている。が、慶長三年（一五九八）の八月十八日、太閤秀吉が六十二歳でこの世を去った時、愛児秀頼は年わずかに六歳にすぎなかった。

これでは、太閤が、臨終の床の中で、わが子の将来を気づかい、反転懊悩したのも、無理ではなかろう。

六十二年の生涯を通じて、太閤ほどの精力家が、余りにも子に恵まれなさすぎるというので、そのことに関して、さまざまな俗説さえも横行している。

まず、秀吉に子だねがなかったという説だ。これは、彼が性病だったという俗説とも関連してくる。それから、あそこが大きすぎて、たとい、子だねはあっても、子が授からなかったという奇説も伝えられた。また、あそこが大きかったため、馬に乗れなくて、駕籠にのって指揮をとったともいわれている。しかし、確かな史料を見ると、彼は、大抵の場合、乗馬で出陣し、賤ヶ嶽の合戦には馬を二度もの乗り潰しているほどだから、この奇説の信用できないことは、いうまでもない。

秀吉に子だねかなかったという俗説は、自然と、実子鶴松と秀頼の存在をも怪しむこととなり、この二児とも、実は秀吉の子供ではなく、愛妾の淀君が何びとかと密通した結果できた不義の子だという説も流布された。不義の相手方に当てられた人物も、さまざまだ。石田三成、大野治長、名古屋山三郎などというところが、落ちである。これは、時代小説のネタとしては、持ってこいだ。現にこの種の小説も、古くから沢山に書かれてきた。

しかし、智謀と決断をもって乱世を統一したほどの太閤が、まさか町内で知らぬは亭主ばかりなり——の顔でいたとは思われぬ。不義密通が果たして事実だったら、御当人がこれに感づくと同時に、奸夫姦婦の首は直ちにすっ飛んだ筈である。もっとも、彼女が乳兄弟の大野治長と仲がよくて、密通のうわさがたち、治長が宇喜多秀家のもとに預けられたことは、毛利家関係の古文書に見えている。しかし、それは太閤の死後、一年半ほどたった慶長四年十二月のことだ。後家さんのよろめきにすぎぬ。太閤生前の話ではない。

いくら太閤が朝鮮出兵に熱をあげていたにせよ、鶴松や秀頼が、自分の胎ませた子供か、人の胎ませた子供か、判別のつかぬ筈もあるまい。三歳で早死した鶴松の画像は、京都の妙心寺に現存するが、どこか、秀吉に風貌が似たところもあるような気がする。私のひいき目だろうか。

こうなってくると、淀君に二人の子供を産ませた秀吉が、そのほかの愛妾に一人も子供を産ませたことがないというのも、変な話である。果たして、これは偶然の事実にすぎないだろうか。

私は、ここに疑問をもち、鶴松、秀頼以外の太閤の実子というものが、いたか、いないか、長年かかって物色してみたが、これまで、その結論が容易に得られなかった。

二、秀勝と名のる三人の養子

渡辺世祐博士著「豊大閤の私的生活」を見ると、太閤に秀勝と名のる三人の養子のあったことを挙げていられる。

これを年代順にいうと、天正四年（一五七六）十月十四日に近江の長浜で亡くなった羽柴秀勝、天正十三年十二月十日に丹波の亀山で歿した羽柴秀勝（御次丸）、文禄元年（一五九二）九月九日に朝鮮の唐島で戦病死した豊臣秀勝（小吉）、の三人である。

この秀勝という三名の人物のうち、二番目の羽柴御次丸秀勝は信長の四男であり、三番目の豊臣小吉秀勝は秀吉の姉とも（瑞竜院日秀）の次男であり、共に、秀吉の養子だったということが、はっきりわかっている。しかし、最初の羽柴秀勝については、童名も、通称もわからないが、長浜の妙法寺の石碑によって、「本光院朝覚居士」という法名であったことだけが知られる。

この天正四年に長浜で亡くなった羽柴秀勝については、さすがの渡辺博士も、養子とも実子とも断定しておられぬ。そうして、「秀勝は、太閤が長浜に於ける最初の子であつて、或は実子ではあるまいかとも疑われるのであるが、之は他に傍証とすべきものがないから、確かではない」と結論する一方に、「妙法寺は、太閤の姉日秀の開基である京都の瑞竜寺から、今日に至る迄、常に参詣もし、本末の関係を持続して居る様である点から考へれば、本光院朝覚居士は、或は日秀の子であつて、秀次などと兄弟であつて、早くから太閤の養子となつたものではあるまいかと考へられる」と、のべていられる。姉の息子、つまり、甥を秀吉が貰いうけて養子としたのが、この秀勝ではあるまいか、といっていられるのである。

要するに、渡辺博士の結論は、養子説六分、実子説四分というところにとどまっている観がある。つまり、この秀勝を養子と見ることの方がより有力である点を、京都の瑞竜寺と長浜の妙法寺の本末関係から臆測して、主張していられる。

秀吉がこの三人の秀勝を養子としたいきさつについて略述すると、ともかく、彼が近江の長浜の城主であった頃、天正四年の十月十四日に羽柴秀勝と称する子供を亡くした。すると、間もなく、主君信長の四男御次丸を養子に迎え、これをまた、羽柴秀勝と名のらせることにした。そうして、信長の死後、天下に号令をくだすようになってから、これを丹波亀山の城主として優遇している。しかし、この二代目の秀勝も天正十三年の十二月十日、十八歳で病死したため、こんどは、姉とも（瑞竜院日秀）の次男にあたる小吉というのを貰いうけて養子とし、これをまた、羽柴秀勝と名のらせた。渡辺博士は、これを特に豊臣秀勝と呼んでいられるが、羽柴でも豊臣でも、同じことだ。ところが、この三代目の秀勝（小吉）も二代目の秀勝（御次丸）と同様に、丹波亀山の城主としたが、朝鮮の役に従い、文禄元年の九月九日、唐島で戦歿してしまった。時に二十四歳だった。

このように、二代目、三代目にもわたって、その養子に秀勝という名前を襲がせたので、この三人を混同視した書物も多いというような始末である。ただ、疑問なのは、一代目の秀勝が、養子か、実子かという問題であろう。

一代目の秀勝を養子と見る説は、二代目の秀勝も、三代目の秀勝も養子だから、一代目の方も恐らく養子であろうという考え方である。しかし、私は、むしろ、一代目の秀勝が実子であったのでその死後に、秀勝という愛児の名前を永久に記念しようとして、二回にもわたって貰いうけた養子にもまた、根気よく、秀勝という名前を踏襲させたのではあるまいか、と考えてみた。

つまり、一代目の羽柴秀勝については、渡辺博士の養子六分、実子四分説を、せめて逆に、養子四分、実子六分説に変えてみたい、という見方になってきている。

三、長浜で早死した羽柴秀勝

そこで、一代目の秀勝の人物について、渡辺博士の説をも参考にして、再検討を加えてみたい。

長浜は、いうまでもなく、近江の琵琶湖の東岸に沿った古い町で、その起源は、今から三百八十五年前の天正二年に、江北三郡十二万石の領主となった羽柴筑前守秀吉が、この地に城を築き、城下町を経営したのにある。それ以前は、今浜といっていた。今は長浜市だ。この長浜市の大宮町に、妙法寺という日蓮宗の古寺がある。

この妙法寺に、羽柴秀勝の画像と称するものが、現存している。

それは、五、六歳くらいな稚児が、小袖を着て、袴をはき、右手に扇子を持ち、上段の間に安坐している姿を描いたものである。画像の上には、法華経の譬喩品と方便品とを書き、その向って左に、「本光院朝覚居士」と記し、右に、「天正四丙午暦十月十四日」と書き、日付の下には、「一」という字に似た花押らしいものが見える。

寺伝によると、これは太閤の実子羽柴秀勝の画像だという。この画像の服装から推察するとおそらく、袴着の儀式を行った際の、晴れ姿を写したものと思われる。

袴着は、三歳から七歳までのあいだの幼児に行われたもので、嬰児から幼年期に達したことを記念する式であった。その晴れ着の姿を描いた秀勝の画像に、秀勝が亡くなってから、画像の上部に法名と死歿の年月日を貼りこみ、表装を仕直し、妙法寺に納めたものと思われる。

それから、妙法寺の裏手には廟堂が存し、その内に一基の宝篋印塔がある。それにも、「本光院朝覚居士」と刻んでいるが、これは、羽柴秀勝の墓碑だと伝えている。

また、長浜市平方町の徳昌寺という曹洞宗の寺院に、同じ法名を記した位牌がある。そうして、天正四年の十月十五日付で江州伊香郡井之口の内で三十石の寺領を与えたという羽柴筑前守秀吉の寄進状さえ遺っている。これは、秀勝の亡くなった翌日に寄進したものらしい。

また、同市の元浜町にある天台律宗の知善院にも、天正四年十月十四日に秀吉の子羽柴秀勝が早世したので、同月二十二日に、仏供料として、やはり、井之口で三十石の寺領を与えられたという寺伝がある。

これらの寺院は、宗派こそ違え、羽柴秀吉が長浜に城下町を経営するにあたり、長浜から二里余り東北方にあたる旧領主浅井長政の居城小谷山の附近から移した古寺だという。このような由緒深い寺々の伝えであり、しかも、画像、墓碑、位牌まで現存しているのだから、羽柴秀勝という太閤の男児が、天正四年の十月十四日に病死したことだけは確かである。

それに、妙法寺に秘蔵する秀勝の画像から推測すると、六、七歳頃までは元気で暮らしていたことは事実と思われるから、亡くなった際には、少なくとも七歳か、それ以上の年齢に達していたに相違ない。

この羽柴秀勝こそ、問題の人物であり、妙法寺の寺伝によれば太閤秀吉の実子となっているが、一方に、養子説も有力であり、殊に、渡辺博士の「豊太閤の私的生活」によって、実子説がその影をひそめた傾向にある。しかし、仮りに、これが実子とすれば、太閤の嫡子だったということになろう。

四、竹生島奉加帳に見える石松丸

さて、秀吉の長浜在城時代というと、天正二年（一五七四）から同十一年頃までの期間だが、その当時の秀吉の家族の動静をしらべるのに、最も便利な史料に、「竹生島奉加帳」がある。

これは、現に竹生島の宝厳寺の秘蔵にかかり、天正三年から同六年に至るあいだに、秀吉及びその一族、家臣たちが、宝厳寺に米銭を奉納したその数額と、奉納した人々の名前とを連記したものである。

その最初に、米百石を寄進した羽柴筑前守秀吉の署名をして大書しているが、次に、天正三年の五月吉日に、御初尾として、米五石を御内方、米一俵を大方殿、銭百疋を石松丸御乳の人、十月吉日には、御初尾として米一俵を大方殿、銀二十疋を南殿、同四年の五月吉日には銭一貫文を御内方、同五年の十一月二十二日には、米二斗を御城の乳母、銭十疋を御城の南殿、同六年の二月十日には、米二石を御内が、それぞれ奉納している。

ここに出てくる人物を説明すると、御内方は秀吉の正妻、つまりのちの北の政所であり、大方殿は秀吉の生母、即ち、のちの大政所であるが、石松丸というのは、その記載された順位から推測しても、どうも若君であり、即ち城主羽柴秀吉の子供と思われてならない。

天正三年の五月のことだから、まだ童名を記しているが、この石松丸が程なく、羽柴秀勝と名のるに至るのではなかろうか。御乳の人というのは、もちろん石松丸の乳母であろう。

それから、南殿というのが二ヶ所出てくるが、これは石松丸の生母とも推測される。そうして、彼女は秀吉の愛妾であったように考えられる。

この南殿については、ほかに史料が見あたらないから、どうとも断定できないが、恐らく長浜城の南の方の一郭にその居宅があったために、このように呼ばれていたのではなかろうか。彼女が、石松丸と同一人と見なされる羽柴秀勝が病死してからも、なお健在であったことは、天正五年の十一月二十二日に銭十疋を宝厳寺に奉納している事実によっても明らかだが、その後の消息は、さっぱりわからない。

ところが、羽柴秀勝の生母については、これを、南殿などではなくて、松の丸殿だとする説がある。それは、秀勝の画像と墓碑とを秘蔵する長浜の妙法寺の伝えであって、秀勝は太閤の嫡子であり天正二年に愛妾松の丸殿が産んだが、同四年の十月十四日、三歳で早死したので、住職の目示に命じ、同寺に葬らせたという。

しかし、この寺伝は間違っている。近江の守護代京極高吉の娘たつ（松の丸殿）が太閤の妾とされたのは、少なくとも、彼女の夫武田元明（若狭の守護武田義統の子）が秀吉の手にかかって殺された天正十年七月十九日以後のことである。それが、天正二年の頃、秀吉の愛妾となっている筈は絶対にない。

妙法寺の伝えは、江戸後期になって一般に愛読された「絵本太閤記」の俗説を無条件に受けいれた結果であって、全く信用できない。

それに、羽柴秀勝が三歳で亡くなったというのも、誤伝だ。妙法寺所蔵の彼の画像を眺めても、三歳の童子とは到底思われない。どう見たって、五、六歳の若君である。したがって、病死した時は七歳ぐらいであったに相違ない。仮に、天正四年に七歳で亡くなったとすれば、生まれたのは元亀元年（一五七〇）ということになろう。元亀元年というと、秀吉が主君信長に従って、浅井朝倉の連合軍を江北の姉川に破った年だ。姉川作戦前後の忙中におのずから閑日月あってか、愛妾を一人せしめ、子供まで産ませたということになるが、これは、どこまでも、「竹生島奉加帳」に見える南殿を秀吉の愛妾と見なし、石松丸をその子と仮定し、さらに、石松丸を羽柴秀勝と同一人と推定した上の話である。

私の推定は、或いは性急であり、見当はずれであるかもわからない。しかし、淀君以前の秀吉の愛妾と、それに愛児の存在を必ずしも否定できない以上、この推定も全く成り立たぬとはいえまいと思っている。

五、天正二年に生まれた秀吉の娘

さて、長浜市に、長浜八幡宮という由緒の深い神社がある。これは、石清水八幡宮の末社であり、武神八幡太郎源義家を合祀しているので、歴代領主の信仰のあつい社だった。

そこで秀吉も、長浜に城を築くと同時に、わが身の武運長久と一族の息災延命を祈るために、一六〇石の寺領を寄進したが、天正九年（一五八一）の八月三日、弥陀三尊の懸仏一面を奉納している。

その懸仏は、現在、同所の舎那院の秘蔵に帰しているが、背面に、「江州北郡羽柴筑前守御れう人甲戌歳」とあり、また、「奉寄進御宝前息災延命如意御満足処八幡宮」と刻んである。

これによるとこの懸仏は、甲戌の歳、即ち天正二年に生まれた秀吉の娘のために、その息災延命を祈って、宝前に奉納されたものであることが知られる。

「御れう人」は、御料人、つまり大名の息女のことだ。

次に毎年、四月十三日から十六日の四日間にわたって催される長浜八幡宮の例祭に、曳山と称して十二の町組から曳き出した十二台の山車で、稚児狂言を興行し、神前にその演技を奉納するのを慣らいとしているが、その山車の起源についても、天正二年に城主羽柴秀吉の男児が生まれたので、喜びのあまりに、祝儀として砂金若干を町民に与えた。その砂金を基金として山車を造ったのが、その始まりだと伝えている。

しかし、これも、女子が生まれたのを、男児誕生と誤伝したのである。男児は石松丸で、既に四、五歳に達していた筈だ。

ともかく、この舎那院の懸仏の背銘によって、秀吉が長浜城主時代に娘を儲けた事実が明らかとなった。しかし、その生母が、石松丸の場合と同様に、南殿であったかどうかは、よくわからない。「竹生島奉加帳」を見てゆくと、南殿のほかに、梅田の御局という人物も出てくるが、これは、果たして、南殿と同様に、秀吉の愛妾であったか、又は、奥向きの老女であったか、判明しない。それから、天正二年に生まれた秀吉の娘が、その後、果たしてどうなったかもわからない。ただ、天正九年の八月三日に懸仏一面を宝前に奉納し、彼女の息災延命を祈願しているところを見ると、少なくとも、その頃まで生存していたことだけは確かである。そうとすれば、天正九年当時は、八歳になっていたことになる。しかし、その後の記録に、この娘のことが見えないところから臆測すると、これもまた、程なく病死したかも知れない。

なお、石松丸（羽柴秀勝）の生母と推測される南殿の素姓については、これまた、さっぱりわからないが、妙法寺に現存する画像に見られる秀勝の容姿から推量すると、かなりの美女であったように思う。秀勝は、なかなか可愛らしい顔つきをしている。鶴松や秀頼の画像も今に確かなものが遺っているが、それらと比べると、秀勝の方が、ずっと美貌である。この三人の中では、鶴松がいちばん太閤に似ているような気がする。秀勝は、少しも父親に似ていないようだ。だから、秀吉の実子ではあるまいという疑いも起こるが、男子はだいたい母親似というから、画像の容姿だけで、実子説を否定することもできまい。

要するに、秀吉が長浜城主時代の天正四年に羽柴秀勝という七歳ばかりの男子を喪ったことだけは事実であり、また、その前年の天正三年に石松丸という童子を持っていたということも事実に近い。

したがって、石松丸を羽柴秀勝と同一人とする推定も、あながち成り立たなくもない。しかし、これが果たして実子であったか、養子であったかということになると、まだ疑問の余地があるけれども、南殿という石松丸の生母らしい女性の存在も否定できないし、それがまた秀吉の愛妾でなかったという証明も成り立たないし、さらに、秀勝を秀吉の実子とする妙法寺の寺伝も有力と考えられるから、実子説六分、養子説四分というところで、この推論をとどめておきたいと思う。ただ、この石松丸や羽柴秀勝とは別に、天正二年に秀吉が女子を儲け、それが少なくとも天正九年、八歳まで生存していたということだけは確実であろう。

Ⅳ 朝覚秀勝の再検討

山本順也

はじめに

羽柴秀吉の後継者候補と考えられた三人の秀勝のうち、長浜では法名を朝覚という秀勝（以下、朝覚秀勝と記す）について調査・研究が進められ、その成果が出されてきた。これは長浜城主だった秀吉に、男子が誕生したことで長浜曳山祭が始められたという伝承に真正面から取り組もうという、きわめて学術的価値の高い試みであった。

これら成果の詳細は『伝羽柴秀勝墓　学術調査報告書』・『神になった秀吉』(1)に譲るが、一方で朝覚秀勝が夭逝したあと、織田信長の五男於次を秀吉の養子として秀勝と名乗らせた（以下、於次秀勝とする）。この於次秀勝については、古くは森岡栄一「羽柴於次秀勝について」(2)の研究があるものの、その後は扱われることはほとんどなかった。近年になって秀吉不在時の長浜城にて、その所領経営を任せられたこと(3)、本能寺の変後は丹波亀山城主となり、秀吉とともに大徳寺にて信長の葬儀を執行し、名義上ではあるが喪主を勤めていたこと、また織田家中での主導権を握るため、秀吉により毛利家との姻戚関係を結ばされるといった立場にあったことなどがあきらかにされた(4)。いずれも於次秀勝が秀吉の、ひいては信長の後継者候補も視野に入れた重要なポジションにあったことが指摘できる。

一方で、於次秀勝が天正十三年（一五八五）十二月十日に十八、九歳で亡くなると、秀吉の姉智（日秀）の次男小吉を養子として、やはり秀勝と名付けている。小吉秀勝については史料も少なく、その活動については不祥な部分が多い。近年の研究によれば、於次秀勝が天正十二年の小牧・長久手の戦いの途中から体調を崩していたこと、翌十三年の十・十一月には公卿の吉田兼見が於次秀勝を見舞っているのだが、それ以前の九月に「小吉秀勝」の署名で寺領安堵状と禁制の二通が発給されていることが指摘されている。[5]つまりこの年の十二月に於次秀勝が亡くなる直前、すでに小吉も秀勝と名乗り文書を発給しているのである。一時期ではあるが、秀勝という人物が同時に二人存在していたことになる。その理由についてはさらに検証を進めていく必要があるが、これが原因で後世の史料では於次と小吉を混同している場合があることも指摘されている。

こうした研究成果を概観してみると、朝覚秀勝については伝承として見られがちなため、近年はほとんど研究が進展することもない。新たな資料が出てくることもあるかもしれないが、従来知られた史資料を再検討してみることも新たな進展に資するものである。ここでは朝覚秀勝の再検討を通して、わずかではあるが現時点での朝覚秀勝研究の到達点としておきたい。

一、朝覚秀勝の没年

朝覚秀勝については伝承上の人物として見られがちなため、近年はほとんど研究がなされていない。そもそも朝覚秀勝が存在したのかが不明であった。秀吉の子息としては、文献史料から秀吉とその一族・家臣らが竹生島に奉加した際の「竹生島奉加帳」（天正四〜十六年）に記載のある「石松丸　御ち（乳）の人」が該当するとの指摘もあるが、[6]ここからは石松丸が秀吉の親近者ではあろうが、それ以上のことは何もわからない。

次に、小谷城から移転した浅井家三代の菩提寺徳勝寺（長浜市平方町）に伝来する朝覚秀勝位牌には「朝覚　大禅定門　次郎秀勝君」「天正四子年十月十四日」と刻まれており、朝覚秀勝が天正四年（一五七六）十月十四日に没したことがわかる。ただしこの位牌は秀吉と秀勝の二霊を並べた位牌となっており、制作年代は江戸時代中期以降と思われ、長浜独特の秀吉信仰のあり方として別に検討されるべきものであろう。

また後述する日蓮宗妙法寺（長浜市大宮町）の石造朝覚秀勝供養塔にも、塔身部右側面に「天正四年」、左側面に「十月十四日」と刻まれ、朝覚秀勝の没年についてはこの年月日で異論はないであろう。

この朝覚秀勝が亡くなった天正四年に、興味深い秀吉の書状が残されている。この年の三月、信長に招かれて施薬院全宗が安土を訪れている。全宗は、のちに秀吉の侍医として活躍する医師である。この全宗に宛てた、無年号ながら三月九日付けの秀吉書状が「井原文書」に伝わる(7)。

今日安土へ相越候、然者其方之儀、急御越待入候、諸事以面上可申候、為其如此候、恐々謹言

（天正四年カ）三月九日　筑前守

秀吉（花押）

（施薬院全宗）徳雲軒

内容は三月九日に秀吉が安土に到着し、全宗が早く安土にやって来るのを待ちわびている、詳細は面談の上で申し上げる、というもの。何か緊急な用件で医師の全宗に相談したがっている様子がうかがえる。天正四年という時期的に、朝覚秀勝の容態にかかわる事案だったとも受け取れる内容である。

二、妙法寺と秀吉の姉・智

注目されるのは、妙法寺にある朝覚秀勝の墓で、先述のように平成十四・十五年に発掘調査が行われた。結果だけいえば、この墓は大名家一族クラスの形式をもった石囲いのものであったことが判明している。同時に妙法寺境内の鞘堂に祀られる、石造朝覚秀勝供養塔も調査された。これは正面に「南無妙法蓮華経　本光院朝覚　霊位」と刻まれ、両側面に前述の天正四年十月十四日の没年月日が刻まれている。調査の結果、この供養塔自体は十六世紀後半の形式を備えていることがわかり、銘文の年号とも一致、朝覚秀勝の実在性に現実味が増したといえ、大きな成果をあげたものといえる。

かつて同寺には朝覚秀勝の画像も伝来していたのだが、火災で焼失し現在はその写真のみが伝わる(8)。その姿は幼い童子形で描かれており、夭折したことがわかる。

妙法寺は秀吉の姉智（日秀）が開山となった豊臣秀次の菩提寺、京都瑞龍寺（現在は近江八幡市に移転）との関係性が深い。妙法寺はもと小谷村所在の長尾寺という真言系寺院で、日富の代で日蓮宗に改宗し、その弟子日示が天正二年（一五七四）に秀吉の命で長浜へ移り妙法寺を開いたという。日示は秀吉の崇敬も厚く、智はこの時に同宗に帰依し、のちに瑞龍寺を開くこととなる。近年までこの瑞龍寺と妙法寺の間で、法要などにおける互助関係にあったといわれる。両寺のこうした法流的な関係性は智を介してのことと考えられ、こうした背景を勘案すれば、この朝覚秀勝は秀吉の実子ではなく智の子息で、秀吉が養子に貰い受けたという可能性もある。ただしその場合、徳勝寺の位牌に「次郎秀勝君」とあるのは、智の次男小吉、つまりのちに秀吉の養子となって三人目の秀勝を名乗る人物と混同された可能性がある。小吉は永禄十二年（一五六九）生まれで、兄が豊臣秀次だから、秀吉の長浜城主時代に生まれた朝覚秀勝は少なくとも三男ということになるはずである。

三、舎那院所蔵懸仏

もう一つ考察するべき資料に、舎那院に伝来する懸仏がある。これは中央に来迎印を結んだ阿弥陀如来、その左に地蔵菩薩、右に観音菩薩が配された三尊形式となっている。裏面には墨書にて「江州北郡／羽柴筑前守殿／御れう人甲戌歳」、「天正九年辛巳／八月三日　敬白」、「八幡宮」、祈願文が「息災延命、如意御満足処」と記されている。

秀吉は天正二年から長濱八幡宮の再興に着手し、同九年八月三日に遷座式が行われているが、この遷座式の日付で長濱八幡宮に寄進されたのがこの懸仏である。懸仏自体は明治維新後に八幡宮から、別当寺舎那院に移動させられたものである。願主として「羽柴筑前守殿／御れう《（科）》人　甲戌歳」と記されているが、「御料人」とは通常高貴な人物の子息や息女を指し、ここにはその名前が記されていない。この「御料人」について、朝覚秀勝あるいは秀吉の母大政所とする説がある。しかしこれらの説は単に「羽柴筑前守殿／御れう《（科）》人　甲戌歳」の一文のみから判断しようとしたもので、正確には全文を考慮して解釈するべきである。

まず、ここに記される「甲戌歳」とは、直近でいえば天正二年に該当する。この墨書を素直に読めば、羽柴秀吉の御料人で、天正二年生まれの人物を願主として奉納されたものとなる。この「甲戌歳」をもう一つ前の永正十一年（一五一四）のこととみて、これを大政所の生年とし[9]、彼女がこの懸仏を奉納したとの見方があるが、まず墨書には「羽柴筑前守殿」の御料人と記しているので、懸仏自体は秀吉本人ではなく、その一族・家臣により奉納されたものである。これは懸仏が奉納された天正九年八月三日は、秀吉自身が鳥取方面を転戦中で遷座式には参加できなかったためである。つまり奉納者と願主は別人となる。当時長浜城に滞在していたと思われる大政所なら、願主も「御料人」とせず自分の名義で奉納するであろう。自分では奉納できない幼い子供であるからこそ、別人により奉納されることとなったとするのが自然かと考えられる。

現在のところ、秀吉およびその親族らの間に天正二年生まれの子がいたかは確認できない。もちろん朝覚秀勝は天正四年には没しているので、同九年時点でこれを奉納したとなると、ありえなくはないことだが、祈願文に「息災延命、如意御満足処」とあるところから、天正九年時点で生存している人物の息災延命を祈ったものとみるべきである。したがって天正二年に生まれ、同九年には生存していて本懸仏の願主となった人物が存在したこと、そしてその当時には於次秀勝が秀吉の後継者候補として存在したことから、この人物は女性の可能性が高いと思われる。実は秀吉には姫君が生まれたという伝承もあり、十分考えられるところではある。結局のところ、本懸仏にある「御料人」は朝覚秀勝とは別人であるということができる。

いずれにしても、天正二年は秀吉が小谷から今浜（長浜と改名）へと移り、長濱八幡宮再興に着手した年であるとともに、秀吉の御料人が出生したという節目の年になったことは間違いないであろう。

おわりに

これまでのところを整理してみると、妙法寺の朝覚秀勝墓の調査から、供養塔も含め当時の大名一族クラスの墓であることが確認されており、その他の資料とも合わせ朝覚秀勝の没年月日については天正四年（一五七六）十月十四日で確定できる。ただ生年がわからず、没年齢は不明である。残された絵画の写真から推測するのも難しい。

さらに秀吉の姉智と妙法寺・瑞龍寺の親近性から、朝覚秀勝は智の子息の可能性が高い。つまり朝覚秀勝は秀吉の実子ではなく、智の子を養子とした可能性が高いということである。

一方で舎那院の懸仏に記される「御れう《（科）》人」は、以前から朝覚秀勝の可能性が指摘されていたが、これは「息災延命」の祈願文があるので奉納された天正九年時点で存命して、「甲戌歳（天正二年）」生まれの人物、さらに女性の可能性が高いことから、朝覚秀勝とは別人ということがわかった。この資料を除外できること自体も、一つの進展ではあろう。

この時代の女性や子供はあまり史料上にあらわれず、これをあきらかにするのが非常に困難である。わずかな実証でも少しずつ積み上げていかないと、伝承として片付けられてしまう危険性がある。伝承も、それとして伝えていくこともまた大切なことであり、長浜曳山祭のシンボルとしてさらに秀吉と秀勝を探っていくことは、また有益なことである。

註

（1）長浜市教育委員会『―長浜市政六〇周年記念行事―『伝羽柴秀勝墓』学術調査報告書』（二〇〇四年）、市立長浜城歴史博物館『神になった秀吉』（サンライズ出版、二〇〇四年）。

（2）森岡栄一「羽柴於次秀勝について」（『市立長浜城歴史博物館　年報』第一号、一九八七年）。

（3）尾下成敏「信長在世期の御次秀勝をめぐって」（『愛知県史研究』一九号、二〇一五年）、および同氏「秀吉統治下の長浜領をめぐる政治過程」（『日本歴史』第八二二号、二〇一六年）。

（4）（5）片山正彦「豊臣政権樹立過程における於次秀勝の位置づけ」（『豊臣政権の東国政策と徳川氏』思文閣出版、二〇一七年）。

（6）桑田忠親「秀吉の長男をめぐる謎」（『桑田忠親著作集五』秋田書店、一九七九年）。
（7）名古屋市博物館『豊臣秀吉文書集一』（吉川弘文館、二〇一五年）。
（8）渡辺世祐『豊太閤と其家族』（日本学術普及会、一九一九年）。
（9）大政所の生年も不確実である。

V 信長在世期の御次秀勝をめぐって

尾下成敏

はじめに

豊臣（羽柴）秀吉の養子に「秀勝」と名乗る人物が二人いる。一人は「小吉」[1]と称した秀勝で、彼は秀吉の姉日秀（とも）の子で豊臣（羽柴）秀次の弟である。もう一人は「御次」[2]「次」[3]と呼ばれた秀勝で、実父は秀吉の主君織田信長であった。本稿は、二人の秀勝のうち「御次」「次」と呼ばれた秀勝について検討を行うものである。以下、彼を「御次秀勝」と呼び論を進めよう。

御次秀勝に関してはこれまで幾度か言及がなされ、信長の四男ではなく五男であったことが谷口克広によって[4]、信長在世期に秀吉の養子となり近江長浜城（秀吉の本拠）の周辺地域、すなわち長浜領の支配を担ったことが渡辺世祐・森岡栄一・柴裕之によって[5]、秀吉の後継者であることが桑田忠親や森岡によって[6]、御次秀勝を養子にしたことにより信長死後の秀吉が信長の旧臣たちの間で重きをなしたことが、渡辺らによって明らかにされている[7]。

このうち御次秀勝の長浜領支配に関する言及では、文書発給のあり様の分析から、①御次秀勝が長浜において秀吉に代わって政治を行っていたとし、その要因を秀吉の中国出兵と関連づけた渡辺の主張と[8]、②天正八年（一五八〇）ぐらいから御次秀勝が秀吉の後継者として統治を代行したとする森岡の見方[9]が注目される。なお、森岡は、代行し始めた時期を特定しているのに対し、渡辺は、その時期を特定していない。

御次秀勝の家臣団や彼にかかわる文書についての業績も見逃せない。例えば、③天正十二年の小牧・長久手の合戦の際、御次秀勝の側衆が「なかはま衆」と呼ばれる地域集団に属していたという指摘が、三鬼清一郎によってなされている。[10]また御次秀勝の発給文書を紹介・検討した森岡の研究や、[11]御次秀勝発給文書や彼とかかわる秀吉発給文書の所在を明らかにした三鬼の編著『豊臣秀吉文書目録』（以降、『目録』と略称する）[12]も公表されている。

さて、詳しくは後述するが、ここに紹介した言及のなかには検討を要するものがある。例えば①の渡辺の主張と②の森岡の見解は、御次秀勝が秀吉に「代わって」政治を行った、あるいは秀吉の後継者として統治を「代行した」と言う以上、御次秀勝のほか秀吉の文書発給のあり様についての分析も必要となるが、それが十分になされているとは言い難い。また③の三鬼の指摘だが、その根拠となる三月十七日付秀吉文書の年代比定には疑問があり、素直に受け容れることはできない。加えて秀吉と御次秀勝が連署した六月二日付の文書に関する『目録』の年代比定も疑問と言わざるを得ず、発給年代の再検討が必要となる。これらの問題点は御次秀勝をめぐる政治過程が正しく復元されていないことを意味しよう。

そこで本稿では、（ア）御次秀勝とかかわる秀吉文書一点と秀吉・御次秀勝連署状一点の発給年代の再検討、（イ）秀吉の文書発給のあり様に関する検討を行った上で、（ウ）信長在世期の御次秀勝をめぐる政治過程を正しく復元することを目指す。[13]

一、御次秀勝関連文書二点の年代比定

最初に三月十七日付の秀吉文書と、六月二日付の秀吉・御次秀勝連署文書の発給年代を検討する。

【史料1】(14)

　人数そなへ
　なかはま（長浜）衆
いとう（伊藤）牛介　弐百人
谷兵介　三百人
石川小七郎（家清）　百五十人
藤懸三蔵（永勝）　五十人
田中小十郎（吉次）　五十人
此ほか御次（秀勝）そは（側）衆
　合千五百人
　　三月十七日　秀吉（花押）

伊藤牛介・谷兵介・石川家清・藤懸永勝・田中吉次らが率いる軍勢の人数や御次秀勝の側衆を書き上げた秀吉文書である。書出の「人数そなへ」から、戦闘の際、軍勢の備を定めた文書であることは明白であろう。

三鬼清一郎は『目録』において、史料１の発給年代を天正十二年（一五八四）とし、この史料から、同年段階の伊

藤・谷・石川・藤懸・田中らや御次秀勝の「そは（側）衆」が「長浜衆」と呼ばれる地域集団に属していたと主張している。なお、三鬼は、天正十二年の秀吉陣立書における伊藤ら五名の記載に注目し、①彼らが登場する陣立書に「長浜衆」の記載が見られない点、②彼らが登場しない陣立書に「長浜衆」の記載が見られる点を、右の主張を行う際、根拠として挙げている。[15]

活字化された史料集のなかでは、『織豊2』もこの文書の発給年代を天正十二年とする。同書は史料1の掲載に当たり、「羽柴秀吉、近江国に在陣する軍の陣容を定める」という綱文を付している。かかる綱文と天正十二年という年代比定は、（ア）「なかはま衆」という語から、伊藤ら五名と御次秀勝の側衆が長浜近辺に在陣している、あるいは在陣する予定であったと理解したこと、（イ）「人数そなへ」という語から、千五百人の軍勢の陣容を秀吉が定めたと理解したこと、（ウ）小牧・長久手の合戦と（ア）・（イ）を結びつけたことから生まれたものではないか。

年代の検討を行う前に伊藤らの立場について述べておく。天正十一年二月、秀吉は柴田勝家・滝川一益との戦闘を本格化させ、同月、「御次（秀勝）様衆扶持方十日分かし候」の書出を有する文書を発給した。ここには「御次様衆」すなわち御次秀勝の配下として田中・谷・藤懸・石川らの名が記されている。[16]彼らは対柴田・滝川戦の頃には御次秀勝に仕えていたのである。また天正十二年の四月十二日付で秀吉は御次秀勝に書状を出し「尚以昨日者番替被申候へ共、大らの城ニ者牛介（伊藤）可被置候事」と伝えたが、[17]こうした指示の存在は伊藤も御次秀勝の配下であった事実を示すものであろう。

伊藤ら五人について今少し述べておく。天正十年七月から同十三年十二月の逝去までの間、御次秀勝は丹波亀山城を本拠としたが、この時期、彼に従う者たちも自身の本拠を亀山に置いたと思われる。実際、天正十三年の閏八月朔日付で秀吉が藤懸・田中・石川・伊藤・谷らへ出した朱印直書の写には「廿五日至于亀山帰陣仕之由ニ候、此中各苦労共ニ候」とあり、[18]藤懸らが亀山に本拠を置いていたことを示す。またそれよりも二年ほど前の事例だが、公家の山科言経の日記「言経卿記」の天正十一年九月十二日条には同日付の藤懸宛て言経書状案が記されている。そこには「亀山へ必可参候間、万々御馳走頼申候」とあり、[19]天正十一年九月頃の藤懸が亀山に居たことを示す内容となっている。取りあえずここでは、天正十二年前後の伊藤・谷・石川・藤懸・田中が御次秀勝の配下となり亀山に本拠を置いていた点を指摘しておく。付言すると、前述の如く、三鬼は、天正十二年の秀吉陣立書における伊藤らや「長浜衆」の記載に注目し、この年、伊藤ら五名や御次秀勝の「そは（側）衆」は「長浜衆」と呼ばれる地域集団に属していたと指摘した。しかし右に述べた天正十年代初頭の伊藤らの動向を踏まえるなら、三鬼のような理解は再検討を迫られよう。何故なら、亀山に本拠を置く伊藤ら五名が天正十二年に「長浜衆」「なかはま衆」と呼ばれたとは考えにくいためである。

年代の検討に入ろう。結論から言って、発給年代が天正十二年とは考えられない。それは以下の理由にもとづく。

第一点目、小牧・長久手の合戦の開戦直後に当たる三月十三日頃、御次秀勝は近江草津に在陣していたが、[20]それから間もなく彼は実兄織田信雄が支配する伊勢へ侵攻し、同月二十二日には秀吉の弟羽柴秀長とともに信雄方の伊勢松ヶ島城を攻撃していた。[21]御次秀勝は草津から長浜ではなく、草津から松ヶ島へと移動したのである。この事実を重く見るなら、彼の松ヶ島城攻撃の前後に当たる三月十七日に、彼の配下である伊藤らや側衆たちが長浜近辺に在陣していた、あるいは在陣する予定であったと理解することは難しいのではないか。

第二点目は、繰り返すことになるが、天正十二年三月段階の伊藤・谷・石川・藤懸・田中らが「なかはま衆」と呼ばれたとは考えにくい点である。この時期の彼らは御次秀勝の本拠亀山に拠点を置いていたと見られることがその理由となる。なお、史料１以外の史料のなかで伊藤ら五名が「長浜衆」「なかはま衆」と呼ばれた事例は管見の限り確認できなかった。

では、発給年代として考えられるのはいつか。「なかはま衆」のなかに御次秀勝の側衆が含まれていた点や、その御次秀勝が天正十年六月以前は長浜を本拠としていた点を踏まえるなら、(22)史料1の発給年代は堀秀政が江北の支配に当たっていた天正十二年ではなく、(23)御次秀勝が長浜領の支配者として行動した天正十年六月以前と理解するべきであろう。(24)そして当該期における彼の行動を見ると、天正十年三月十七日に初陣を果たした事実が目を惹く。この時、御次秀勝は秀吉に伴われ、毛利方の備前常山城攻略戦に参陣していた。(25)この出来事を踏まえると、史料1は御次秀勝の初陣に際して出された文書と判断できる。言い換えると、天正十年に出された文書と判断できるのである。以上から三鬼や『織豊2』の見解には同意できない。

史料1を天正十年三月の発給文書と理解した場合、この史料や右に述べたことから判明する点を述べておく。第一点目は、天正十年春の「なかはま衆」が千五百人おり、信長在世期の伊藤・谷・石川・藤懸・田中そして御次秀勝の側衆たちが「なかはま衆」と呼ばれていた事実である。第二点目は、この当時、御次秀勝が長浜領の支配者であった点も考慮するなら、伊藤・谷・石川・藤懸・田中が信長在世期から御次秀勝に仕え、天正十三年すなわち御次秀勝が逝去した年までは彼の配下であったと見られる点である。第三点目は、天正十二年以降に出された秀吉文書に幾度も登場する「なかはま（長浜）衆」が、伊藤らや御次秀勝の側衆たちを指す語ではないという事実である。(26)

つづいて六月二日付秀吉・御次秀勝連署文書の検討を行う。文書の全文を引用する。

【史料2】(27)

覚

山内□（伊）右衛門尉（一豊）

大塩（正貞）金右衛門尉
古田彦三郎
木下（利匡）勘解由
一柳（直末）市介
ひとう（尾藤）甚右衛門尉（知宣）
いとうかもん（伊藤掃部祐時）
津田小八郎　　秀勝（花押）
以上
右、見計人数を
相たつへし、於虎口
うろたへ間敷者也、
六月二日　　秀吉（花押）

秀吉と御次秀勝が出した連署覚書である(28)。傍線部から推して、戦場で攻撃を行うことを想定して出した指示であろう。ここには山内一豊のほか大塩正貞・古田彦三郎・木下利匡・一柳直末・尾藤知宣・伊藤祐時・津田小八郎といった秀吉の配下たちが登場し、しかも、この文書は一柳の家に伝来していた。とするなら、一柳は史料２の受取人と見るべきであろう。ところで、一柳らに軍事上の指示を出した点を踏まえると、御次秀勝は秀吉とともに彼らに軍事指揮権を行使したことになろうが、それはいつと見るべきか。

この連署覚書の年代について『目録』も『織豊２』も天正十二年（一五八四）、すなわち小牧・長久手の合戦時の発給文書と判断している。しかし、ここに登場する木下利匡は同祐久とともに同年四月の長久手の合戦で討死した人物である。そのことは後世の編纂物だが、秀吉に仕え小牧の合戦にも従軍した竹中重門の著作「豊鑑」に見え[29]、この年の九月二十三日付で秀吉が羽柴（豊臣）秀次へ出した訓戒状の写に「今年木下助左衛門（祐久）・同勘解由相付候処、両人なからあとに残討死、不便ニ候」とある点[30]からも明らかであろう。なお、長久手の合戦後、「木下勘解由」と称する人物が秀吉のもとで活動した明証は確認できない。以上から史料2の発給年代の下限は天正十一年と考えられる。また発給年代の上限であるが、御次秀勝の初陣は天正十年三月十七日なので、天正十年が候補となるはずである。となれば、史料2は天正十年もしくは同十一年に発給された文書となろう。

発給年代を絞り込むことにしよう。結論から言って、天正十一年に発給された可能性は考えられない。何故なら同年六月二日、秀吉と御次秀勝は戦陣には居ないからである。つぎに天正十年発給の可能性だが、この年の六月二日、両者は備中高松城周辺で毛利方の軍勢と対峙していた。「右、見計人数を相たつへし、於虎口うろたへ間敷者也」はこうした当時の軍事情勢と対応する文面と言えよう。以上から、史料2は天正十年の発給文書と見て良いはずである。

史料2の年代をこのように理解すれば、御次秀勝が養父秀吉とともに連署して文書を出し山内・大塩・古田・木下・一柳・尾藤・伊藤・津田に軍事指揮権を行使したのは、実父信長が京都の本能寺屋敷で横死した天正十年六月二日のことであったと理解できる。

さて、秀吉・御次秀勝連署文書は五点知られている。このうち史料2は、天正十二年の小牧・長久手の合戦時の発給文書とされてきたが、この文書を天正十年の高松城攻防戦の際の発給文書と判断すれば、秀吉・御次秀勝連署文書として知られる文書の大半は天正十年六月以前に発給された文書と理解することができよう[31]。

ここで述べたおもな点を最後に確認しておく。それは史料1と史料2が双方とも天正十二年の文書ではなく天正十年の文書であるという点である。

二、秀吉の文書発給に関する検討

天正五年（一五七七）十月、秀吉が播磨へ出陣し、以後、中国出兵が開始されるが、この時期も長浜領は依然秀吉の根拠地であった。そのことは天正十年の七月四日に美濃の稲葉重通へ出された秀吉書状のなかで「至長浜帰城候」と記された点(32)、すなわち「長浜」に「帰城」したとある点や、これから述べるように、長浜領内に発給された文書に秀吉が署判を行った点からも確かであろう。しかし秀吉による長浜領統治のあり様は次第に変化したと思われる。

表1は、秀吉の中国出兵開始から羽柴氏が長浜領を手放すことになる天正十年六月までの間、秀吉と御次秀勝が発給した年号を記す文書のうち、長浜領統治に関する文書を一覧化したものである。年号を記す文書を取りあげたのは、年号を付した文書は権利の保証や付与を行う際、年号を付さない文書よりも効力が強いと見られるためである。表1からは、（ア）天正八年三月以降、秀吉と御次秀勝の連署文書が発給されるようになること、（イ）天正九年二月以降、御次秀勝が単独で文書を発給し始めること、（ウ）秀吉単独で文書を発給するのは天正九年四月までであり、同年八月以降は御次秀勝が単独で発給するか、彼と秀吉が連署して発給するかのいずれかになることが読み取れる。説明が後回しになったが、表1に一覧化した秀吉文書は、寺社への奉加（番号7）、諸役免許と役賦課（番号12）のほか、所領等の寄進や給与、所領や跡目等の安堵からなる。このうち寄進や給与にかかわる文書は表2、安堵にかかわる文書は表3でも一覧化した。

まずは表2に目を向ける。この表からは、（エ）秀吉単独で所領等の給与や寄進を行うのは天正九年三月までであ

Ⅴ　信長在世期の御次秀勝をめぐって

表１　秀吉・御次秀勝発給文書

番号	年	月日	差出者	文書受給者	内容	典拠	備考
1	天正６年	１月２日	秀吉	生駒親正	戦功を賞し山田郷内で所領260石を給与する	生駒家古文書	
2	天正６年	12月17日	秀吉	神照寺	同寺領164石のうち、64石を荒、100石を物成とし、物成を安堵する	神照寺文書	
3	天正７年	１月11日	秀吉	浅野長政	福永の内で所領300石を給与する	浅野家文書	
4	天正７年	２月３日	秀吉	上部貞永	福永の内100石を伊勢神宮の初尾として献上する	伊勢古文書集	
5	天正７年	５月15日	秀吉	舎那院	同院領として八幡庄三丁町の内１町を寄進する	舎那院文書	
6	天正７年	５月22日	秀吉	隠岐安右衛門	戦功を賞し北郡の内で所領100石、播磨の吉川谷で所領100石を給与する	太祖公済美録	
7	天正８年	３月吉日	秀吉・御次秀勝	長浜八幡宮	同宮に奉加を行う	長浜八幡神社文書	
8	天正８年	７月12日	秀吉	野瀬太郎左衛門尉	野瀬郷の所領50石を安堵する	長浜城歴史博物館所蔵文書	
9	天正９年	１月15日	秀吉	祐拾	浄信寺の跡目とし、本堂の修造などを命じる	浄信寺文書	
10	天正９年	２月10日	御次秀勝	小谷惣中	作毛の実施を命じ、公儀の伝馬役を賦課する	註４森岡論文	
11	天正９年	３月５日	秀吉	妙覚院	同院領として居屋敷と田地２反を寄進する	総持寺文書	
12	天正９年	４月22日	秀吉	瑠璃坊・助左衛門・与左衛門・藤内・孫太郎・弥二郎・源七・平七・太郎介・藤二郎・二郎太郎・新左衛門・源五郎・兵九郎・孫三郎・孫三・大介・弥五郎・亀若・〈下坂〉平内	舟持に諸役を免許し、舟を出すよう命じられた際は無沙汰があってはならないと通達する	南部文書	
13	天正９年	４月22日	秀吉・御次秀勝	野村弥八郎	弥八郎の家督相続を認めて、野村郷内で父野村内匠の所領150石を給与する	鈴木文書	
14	天正９年	８月日	御次秀勝	長浜八幡宮	条書を出し、喧嘩の停止、殺生の禁断などを命じ、「諸免許」を行う	長浜八幡神社文書	高札
15	天正10年	３月１日	御次秀勝	舎那院	同院領を安堵する	舎那院文書	
16	天正10年	６月19日	秀吉・御次秀勝	広瀬兵庫助	新知として高山・甲津原・杉野の内で所領500石を給与する	甲津原共有文書	広瀬は美濃の武士

・天正５年10月の秀吉の中国出兵開始から同10年６月の長浜領放棄までの間、秀吉と御次秀勝が発給した年号を記す文書のうち、長浜領統治に関する文書を一覧化した。
・作成にあたっては、註（32）『稿本　豊臣秀吉文書（1）』、註（4）森岡論文、註（12）『豊臣秀吉文書目録』を参照した。
・番号６については、藤井讓治氏のご教示を得た。

表２　秀吉・御次秀勝の発給文書（所領等の寄進・給与）

番号	年	月日	差出	文書受給者	内容	典拠
1	天正６年	１月２日	秀吉	生駒親正	所領給与	生駒家古文書
3	天正７年	１月11日	秀吉	浅野長政	所領給与	浅野家文書
4	天正７年	２月３日	秀吉	上部貞永	神領献上	伊勢古文書集
5	天正７年	５月15日	秀吉	舎那院	田地の寄進	舎那院文書
6	天正７年	５月22日	秀吉	隠岐安右衛門	所領給与	太祖公済美録
11	天正９年	３月５日	秀吉	妙覚院	居屋敷・田地の寄進	総持寺文書
13	天正９年	４月22日	秀吉・御次秀勝	野村弥八郎	所領給与	鈴木文書
16	天正10年	６月19日	秀吉・御次秀勝	広瀬兵庫助	所領給与	甲津原共有文書

・表１に一覧化した文書のうち所領等の寄進・給与を行ったものを一覧化した。

表３　秀吉・御次秀勝の発給文書（安堵にかかわるもの）

番号	年	月日	差出	文書受給者	内容	典拠
2	天正６年	12月17日	秀吉	神照寺	寺領を荒と物成に分け、物成を安堵する	神照寺文書
8	天正８年	７月12日	秀吉	野瀬太郎左衛門尉	所領安堵	長浜城歴史博物館所蔵文書
9	天正９年	１月15日	秀吉	祐拾	跡目安堵	浄信寺文書
13	天正９年	４月22日	秀吉・御次秀勝	野村弥八郎	跡目安堵	鈴木文書
15	天正10年	３月１日	御次秀勝	舎那院	院領安堵	舎那院文書

・表１に一覧化した文書のうち跡目や所領・寺領（院領）の安堵にかかわるものを一覧化した。

ること、（オ）天正九年四月以降は秀吉と御次秀勝が連署状を出して所領の給与を行うことが知られる。表3を見よう。ここからは、（カ）秀吉単独で所領や跡目等の安堵を行うのは天正九年正月までであること、（キ）天正九年四月以降は秀吉と御次秀勝が連署状を出して安堵を行うか、御次秀勝単独で安堵を行うかのいずれかとなることが知られる。

このように内容別に見ると、所領等の給与や寄進、所領や跡目等の安堵を、（ク）秀吉が単独で行うのは天正九年三月までであった事実、（ケ）天正九年四月以降は秀吉と御次秀勝の連署状、もしくは秀勝単独で発給する文書によって、こうしたことが行われた事実が浮かび上がろう。これらの点は、秀吉による長浜領統治のあり方が変容したことを示す。

今度は、秀吉の居所に留意しながら表1の発給文書を見ることにする。居所に留意するのは、文書発給の場を知るために他ならない。

番号1は、天正六年正月二日付で生駒親正へ出された文書である。秀吉の居所と行動をまとめた表4を見ると、正月一日および四日、秀吉は安土に居た。となれば、この文書は長浜の近隣地域から出された文書ということになる。

番号2から番号6までの五点の秀吉文書は、天正六年十二月から同七年五月にかけて出されたものである。この時期、秀吉はおもに播磨を転戦しているので(33)、これらの文書は播磨から出された文書と判断できる。

番号7は、天正八年三月吉日付で秀吉と御次秀勝が発給した文書である。表4を見ると、三月十日以降、秀吉は長浜に滞在し、同月二十七日には京都に居た。この時期、未だ戦陣に出ていない御次秀勝との連署文書である点を踏まえると、長浜もしくはその近隣地域に居た際に出された文書ではないかと考えられる。

番号8は、天正八年七月十二日付で秀吉が出した文書である。この時、秀吉がどこに居たかは特定できないが、同月二十日には播磨国外に居るので（表4）、長浜もしくはその近隣地域から発給された可能性が考えられる。

番号9は、天正九年正月十五日付の秀吉文書、番号11は、天正九年の三月五日付で出された秀吉文書である。表4を見ると、秀吉は天正八年十二月六日、同九年二月、同年三月五日は播磨に居るので、番号9・番号11が発給された天正九年正月から少なくとも同年三月上旬までの間、彼は播磨に在国していたと思われる。この二つの文書は播磨から発給された文書であろう。

番号12と番号13は、ともに天正九年四月二十二日付の秀吉文書である。表4によれば、秀吉は、三月二十九日は京都、五月四日は和泉堺に居り、四月十日は長浜に居た可能性がある。となれば、三月下旬から五月上旬までの間は畿内もしくは近江に居たと判断できよう。そして初陣前の御次秀勝と連署して番号13の文書を発給したことを踏まえるなら、番号12・番号13は長浜もしくはその近隣地域に居た際に発給されたと見なすことができるのではないか。

番号16は、天正十年六月十九日付で御次秀勝とともに発給した文書である。表4を見ると秀吉は、同月中旬頃は近

表４　秀吉の居所と行動（天正５年10月〜同10年６月）

年	月日	出来事	典拠
天正５年（1577）	10月10日	大和に在陣、織田信忠の指揮のもとで、対松永久秀戦に参戦する	信長公記
	10月22日	在京都	兼見卿記
	10月23日	播磨・但馬へ出陣し、対毛利輝元・宇喜多直家戦を開始する。12月上旬頃は播磨に在国する	兼見卿記・信長公記・下卿共済文庫所蔵文書
	12月	在安土？	信長公記
天正６年（1578）	1月1日	在安土、４日も同所に居た	信長公記
	2月23日	播磨国外に在国（国名は特定できず）？	信長公記・播州征伐之事
	3月7日	在播磨	播州征伐之事
	6月16日	上洛し二条屋敷で信長に拝謁。間もなく播磨へ戻る	信長公記
	6月下旬	在播磨、翌７年９月頃までは播磨・但馬・摂津を転戦する	信長公記・宗及他会記・播州征伐之事・黒田家譜所収文書・安土日記・太祖公済美録所収文書
天正７年（1579）	9月4日	在安土、間もなく播磨へ戻る	信長公記
	9月10日	在播磨、以後、播磨もしくは摂津に在陣する	信長公記・播州征伐之事
天正８年（1580）	1月6日	在播磨、１月中旬頃まで同国を転戦する	信長公記
	2月頃	在美作？同国を転戦？	萩藩閥閲録・『織田信長家臣人名辞典』
	3月10日	在長浜、しばらくの間、同所に滞在？	紀伊続風土記所収文書
	3月27日	在京都	紀伊続風土記所収文書
	閏3月2日	在播磨、以後、６月13日まで備前・播磨・但馬・因幡を転戦する	紀伊続風土記所収文書
	7月20日	播磨国外に在国（国名は特定できず）	亀井家文書
	7月23日	在播磨	黒田家文書
	11月下旬頃	在安土	亀井家文書・黒田家文書
	12月6日	在播磨	亀井家文書
天正９年（1581）	2月	在播磨、３月５日頃まで同国に在国する	富田仙助氏所蔵文書・亀井家文書
	3月29日	在京都	兼見卿記
	4月10日	在長浜？同所で竹生島へ向かう信長を出迎えたか？	信長公記
	5月4日	在和泉堺	宗及自会記
	5月17日	在播磨	大阪城天守閣所蔵文書
	6月12日	在播磨、以後、11月まで但馬・因幡・伯耆・淡路を転戦する	宗及他会記・正木直彦氏所蔵文書・信長公記・古案・古文書纂
	12月下旬頃	在安土	信長公記
	12月27日	在摂津茨木、播磨へ戻る途中？	宗及他会記
天正10年（1582）	1月18日	在播磨	宗及他会記
	1月21日	在安土	信長公記
	2月6日	播磨国外に在国（国名は特定できず）、この時は播磨帰国を予定している	黒田家文書
	3月15日	在播磨、以後、６月12日まで播磨・備前・備中・摂津に在陣する	信長公記・惟任退治記・秋田家文書・萩野由之氏所蔵文書・金井文書
	6月13日	山城山崎で明智（惟任）光秀を破る	兼見卿記・金井文書
	6月14日	在近江大津	兼見卿記
	6月中旬	在近江	多聞院日記
	6月23日	在美濃、６月下旬は美濃・尾張に在陣し、同月末には長浜へ帰城する	立政寺文書・惟任退治記・金井文書・高木文書

・註（13）『織豊期主要人物居所集成』、註（13）『織田信長家臣人名辞典　第２版』、註（25）山本論文の記述を参考にした。

江、同月二十三日は美濃に居るので、十九日は近江もしくは美濃、つまり長浜もしくはその近隣地域に居たと見られる。となれば、番号16は長浜ないしはその近隣地域に居た際に発給された文書と判断できよう。

このように見ると、年号を記す秀吉文書のうち長浜領統治にかかわる文書は、天正六年十二月から同九年三月までの間は長浜もしくはその近隣地域のほか、播磨から発給されたこともあったが、天正九年四月以降は播磨からは発給されなくなったと理解することができる。こうした点も秀吉による長浜領統治のあり方が変容したことを示すものであろう。

年号を付した秀吉文書や御次秀勝文書のうち長浜領統治に関わる文書について、これまで述べた点を要約する。①秀吉が文書を発給し単独で所領等の給与や寄進、所領や跡目等の安堵を行ったのは天正九年三月までのことであった。②同年四月以降は、秀吉と御次秀勝の連署状、もしくは秀勝単独で発給する文書によって、こうしたことが行われた。③秀吉文書は、天正六年十二月から同九年三月までの間は長浜もしくはその近隣地域のほか、播磨から発給されたこともあったが、天正九年四月以降、播磨からは発給されなくなる。

三、御次秀勝をめぐる政治過程

ここでは、信長在世期の御次秀勝をめぐる政治過程を検討する。まずは御次秀勝発給文書について言及を加えておこう。発給文書の初見は、天正八年（一五八〇）三月吉日付で発給した番号7であり、長浜八幡宮へ奉加を行った文書である。ただし、これは養父秀吉との連署文書であって、御次秀勝が単独で発給した文書ではない。単独で出した文書の初見は、表1に見える天正九年二月十日付の番号10である。これは小谷惣中へ宛てたものであり、作毛の実施を命じ公儀の伝馬役を賦課したものである（表1を参照）。

御次秀勝が発給した箇条書の高札・制札・禁制についても述べておく。これらの文書を一覧化した表5を見ると、天正九年八月以降、御次秀勝がこうした文書を発給したことが知られる。どの文書も年号を付したものであり、番号14は長浜領内の長浜八幡宮へ出された木製の高札、番号17は本能寺の変ののち羽柴氏に滅ぼされた阿閉氏の所領近江菅浦惣中へ出された制札、番号18は近江の多賀社中と同社周辺の町へ出された禁制である。なお、天正五年十月から同十年六月までの間、秀吉が長浜領内やその近隣地域にこうした文書を発給した形跡は確認できない。とすれば、天正九年以降、箇条書の高札・制札・禁制は御次秀勝が発給したと判断できよう。

以上、御次秀勝が単独で長浜領統治にかかわる文書を出したのが天正九年二月であった点、同年八月以降、箇条書の高札・制札・禁制の発給が御次秀勝の役割となる点を述べた。こうした点のほか、さきに述べた点、すなわち天正九年四月以降、秀吉と御次秀勝の連署状、もしくは秀勝が単独で発給する文書によって所領等の給与や寄進、所領や跡目等の安堵が行われた点や、長浜領統治にかかわる秀吉文書が天正九年四月以降、播磨から発給されなくなる点を踏まえると、天正九年二月から同年八月までの間に、長浜領の統治に関して御次秀勝が様々な役割を担うようになり、彼が秀吉の代行者として長浜領を統治するようになったと結論づけることができよう。となれば、天正八年ぐらいから御次秀勝が秀吉の後継者として統治を代行したとする森岡栄一の理解には賛成できない(34)。

ところで、信長在世期の御次秀勝を見る場合、彼が直属の軍事力を有していた点も忘れてはならない。直属の軍事力とは、伊藤牛介・谷兵介・石川家清・藤懸永勝・田中吉次らの部将に率いられた「なかはま衆」一五〇〇人のことである。これは御次秀勝を守る軍事力であると同時に、彼が長浜領統治を遂行するための軍事力でもあろう。

また天正十年五月・六月の高松城攻防戦の最中、御次秀勝が秀吉とともに連署状を出し山内一豊・大塩正貞・古田

表５　御次秀勝の高札・制札・禁制

番号	年	月日	文書受給者	内容	典拠	備考
14	天正９年	8月日	長浜八幡宮	高札を出し、喧嘩の停止、殺生の禁断などを命じ、「諸免許」を行う	長浜八幡神社文書	木製
17	天正10年	6月17日	菅浦惣中	制札を出し、濫妨狼藉・陣取放火などを禁じる	菅浦文書	
18	天正10年	6月	多賀社中・町	禁制を出し、濫妨狼藉・陣取放火などを禁じる	大阪城天守閣所蔵文書	日の箇所が判読不能

・御次秀勝が天正10年7月以前に発給した箇条書の文書を一覧化した。
・作成にあたっては、註（4）森岡論文、註（12）『豊臣秀吉文書目録』を参照した。
・表５の文書はみな年号を付した文書である。なお、番号17・番号18は長浜領外へ出された文書である。

彦三郎・木下利匡・一柳直末・尾藤知宜・伊藤祐時・津田小八郎に軍事上の指示を行った事実は、御次秀勝が「なかはま衆」以外の部将[35]を指揮したという点で留意すべきであろう。かかる事実は、天正十年三月に初陣を済ませた後、御次秀勝の軍事指揮権行使の対象が広がったことを示している。

では何故、天正九年以降、御次秀勝が秀吉の代行者として長浜領の統治を担い、また翌年の初陣直後、軍事指揮権行使の対象を広げたのであろうか。その理由としてまず思い浮かぶのが、御次秀勝が天正八年には「秀勝」の諱を名乗っていた事実であろう。このことは、秀吉の後継者である御次秀勝が同年以前には元服を済ませ、羽柴分国の政務をいずれは担うべき立場に就いたことを示す。そして天正九年春、播磨の姫路城普請に目途がつき[36]、同城が長浜城とならぶ羽柴氏の本拠地と化すと、すなわち同氏の本拠地が二つ存在するようになると、秀吉は、一方を御次秀勝に任せ長浜領統治も代行させることで羽柴分国の政務の一部を担わせるようになったのではないか。彼が統治を代行し始めるのが天正九年二月であったことは、こうした考え方を生じさせよう。つづいて翌年三月、御次秀勝が無事初陣を済ませると、秀吉は、今度はそのことを契機として、彼に「なかはま衆」以外の部将も指揮させることで軍事指揮権行使の対象を広げ、その役割を拡大したと考えられる。付言すると、渡辺世祐が指摘するように、秀吉が信長の命をうけ中国へ出兵した事実も、御次秀勝が長浜領統治を代行するようになったこととかかわるが、それだけを背景と見てはならない。さきに述べた点も考慮するべきであろう。

ここで述べたおもな点をまとめる。①天正九年二月から同年八月までの間に御次秀勝が様々な役割を担うようになり、彼が秀吉の代行者として長浜領を統治するようになった。②翌年三月の初陣後、御次秀勝の軍事指揮権行使の対象が広がった。③かかる動向の背景としては、秀吉の中国出兵のほか、御次秀勝が天正八年以前に元服を済ませ羽柴分国の政務をいずれは担うべき立場に就いた点、長浜城のほか姫路城も羽柴氏の本拠地となった点、御次秀勝が無事初陣を済ませた点等が挙げられよう。

おわりに

以上、御次秀勝関連文書二点の発給年代を再検討し、秀吉の文書発給のあり様に関する検討を行った上で、信長在世期の御次秀勝をめぐる政治過程を復元することに努めた。

信長の実子でもある御次秀勝が秀吉の後継者となり、その代行者として長浜領の統治を担い、天正十年（一五八二）三月の初陣直後、軍事指揮権行使の対象を広げたことは、御次秀勝を介する形で織田宗家と羽柴家の一体化が進んでいたことを意味し、信長横死後、秀吉の自己宣伝文たる大村由己の著作「惟任退治記」において「剰相公（信長）第五男御次丸（秀勝）為猶子被下所也、然者秀吉同胞合体之侍也」[37]という主張がなされる背景をなしたと思われる。それゆえ、信長死後、織田三法師（後の秀信）・同信孝・同信雄と距離を置き[38]、自身を頂点とする政権を樹立した秀吉の動向を見る際は、御次秀勝を介する形で進んだ織田宗家と羽柴家の一体化という情況に、秀吉がどう向き合ったかが問われてもよいのではないか。こうした点を、今後検討を加えるべき課題として挙げておきたい。

ところで、順序は逆になるが、織田政権と羽柴分国の関係についても若干の言及を行っておきたい。この問題を見る際、留意するべき研究の一つに最近の柴裕之の研究がある。柴は、信長やその宿老・側近ら権力中枢による政策関与が見出せない点等から、秀吉の長浜領支配や播磨支配は「排他的自律性」に基づき展開されたと主張している。(39)「排他的」という語から推して、柴の主張は、羽柴分国の自律性を強調する見解と言えよう。

秀吉の分国支配に一定の自律性が見られることは否定できないとしても、天正九年以降、信長の実子である御次秀勝が秀吉の代行者として長浜領の統治を担い、初陣直後に軍事指揮権行使の対象を広げたことを踏まえるなら、信長の最晩年には、羽柴分国の織田政権に対する自律性は次第に弱まりつつあったと見ることができ、しかも、それは秀吉の方針によって弱まりつつあったと考えられる。言い換えるなら、上からの集権化ではなく、下からの集権化が進行しつつあったのである。となれば、柴の主張は再考を要しよう。

註

（1）天正十三年九月十八日羽柴秀勝書状（「安岡寺文書」『大日本史料』第十一編之二〇、三二〇ページ。以降、『大日本史料』は『大日』と略称する）。

（2）（天正十二年）四月十一日羽柴秀吉書状（「河合文書」『愛知県史資料編　織豊2』資料番号三九九。以降、『愛知県史資料編　織豊2』は『織豊2』と略称する）。

（3）（天正十二年）五月二日織田信雄書状（「不破文書」『織豊2』資料番号四五四）。

（4）谷口克広「信長の兄弟と息子の出生順」（『愛知県史のしおり』織豊1、二〇〇三年）。なお、渡辺世祐『豊太閤の私的生活』（講談社、一九八〇年。初出一九三九年）や、桑田忠親「秀吉の長男をめぐる謎」（『桑田忠親著作集　豊臣秀吉』秋田書店、一九七九年。初出一九七六年）、森岡栄一「羽柴於次秀勝について」（『市立長浜城歴史博物館年報』一、一九八七年）等は、御次秀勝を信長の四男としていた。

（5）註（4）渡辺前掲著書、註（4）森岡前掲論文、柴裕之「羽柴秀吉の領国支配」（戦国史研究会編『織田権力の領域支配』岩田書院、二〇一一年）。

（6）註（4）桑田前掲論文、森岡栄一「羽柴秀勝」（『歴史読本』四八―五、二〇〇三年）。

（7）註（4）渡辺前掲著書。なお、信長死後の御次秀勝について片山正彦は「於次秀勝は、織田家中内において秀吉が主導権を握るための手段として利用された」と述べている（「豊臣政権樹立過程における於次秀勝の位置づけ」〈片山ほか編『戦国・織豊期の西国社会』日本史史料研究会、二〇一二年〉六二七ページ）。

（8）註（4）渡辺前掲著書。

（9）森岡は「十三歳ぐらいから秀吉の後継者として、湖北統治を代行し」と述べている（註（6）森岡前掲執筆分七七ページ）ので、御次秀勝が統治を代行し始めるのは天正八年頃と見ていることが判明しよう。

（10）三鬼清一郎「陣立書からみた秀吉家臣団の構成」（藤田達生編『小牧・長久手の戦いの構造　戦場論上』岩田書院、二〇〇六年）。

（11）註（4）森岡前掲論文。

（12）三鬼清一郎編『豊臣秀吉文書目録』（名古屋大学文学部、一九八九年）。

（13）御次秀勝についての記述は、断らない限り、註（6）森岡前掲執筆分に依拠している。また秀吉らの動向については、断らない限り、高柳光寿・松平年一『戦国人名辞典』（吉川弘文館、一九六二年）、二木謙一・下村效「豊臣秀吉関係人物事典」（桑田忠親編『豊臣秀吉のすべて』新人物往来社、一九八一年）、谷口克広著『織田信長家臣人名辞典　第2版』（吉川弘文館、二〇一〇年）や、藤井譲治編『織豊期主要人物居所集成』（思文閣出版、二〇一一年）の記述に依拠していることを断っておく。

（14）「一柳家文書」（国立国会図書館所蔵）。この文書は『織豊2』では資料番号八〇二号文書として収録されている。

（15）註（10）三鬼前掲論文。

（16）天正十一年二月六日羽柴秀吉判物（「大阪城天守閣所蔵文書」『三重県史資料編近世1』二四一ページ）。

（17）「山田覚蔵氏所蔵文書」（『織豊2』資料番号四〇九）。

(18)「北徴遺文」(『大日』第十一編之十八、二七一ページ)。
(19)『言経卿記』(大日本古記録)天正十一年九月十二日条。
(20)(天正十二年)三月十三日羽柴秀吉書状写(「加越能古文叢」『織豊2』資料番号七九五)。
(21)『多聞院日記』(増補続史料大成)天正十二年三月二十二日条。
(22)天正十年六月下旬の清須会議において長浜領は柴田氏の支配下に置かれることが決し、秀吉と御次秀勝は同領を手放すことになった。本稿ではこの事実を重視し、秀吉・御次秀勝の長浜領統治期の下限を天正十年六月とした。
(23)西川丈雄「長浜城主の変遷」(『長浜市史第二巻　秀吉の登場』第四章第三節、長浜市役所、一九九八年)。
(24)『改訂近江国坂田郡志』第七巻(名著出版)に収録された「四居文書」には天正十一年三月十五日付の判物がある。この判物は山本甚兵衛に近江北郡朝日郷の内で「合力」として五百石を与えたもので、差出には「秀勝」の諱を記し花押を据えている。同書二七九ページは、この文書を「羽柴秀勝宛行状」と命名する。すなわち御次秀勝の発給文書と判断したのである。また『豊臣秀吉文書目録』や註(4)森岡前掲論文も同様の見方をとる。恐らく諱が一致する点から、御次秀勝の発給文書と見るのであろう。
　森岡の研究によれば、この文書は未確認文書であり法量や形状等を知ることはできないとのことである(註(4)森岡前掲論文)。また差出に「次」の文字はなく「秀勝」と記すのみである。となれば、天正十一年三月十五日付の秀勝判物を御次秀勝発給文書と見るかどうかに関しては慎重な検討が必要となろう。

　ところで森岡は、御次秀勝が江北の内で所領を与えたとの理解や、天正十一年三月二十一日以前に、清須会議ののち江北を支配していた柴田勝豊が病気療養のため長浜から京都へ移った事実を踏まえ、右の判物が出された天正十一年三月頃、江北が秀吉の支配下にあったと述べる(註(4)森岡前掲論文)。しかし勝豊在世中(天正十一年四月に勝豊は逝去)に彼が江北の支配権を失ったことを示す明確な根拠は見出せない。さらに病気療養のため京都へ赴くことと支配権を失うことは同一ではない。となれば、天正十一年三月頃、江北が秀吉の支配下にあったとする理解は疑問と言わざるを得ない。
(25)山本浩樹「織田・毛利戦争の地域的展開と政治動向」(川岡勉・古賀信幸編『日本中世の西国社会　西国の権力と戦乱』清文堂出版、二〇一〇年)。

(26) 例えば「美濃口へ遣衆事」という書出を持つ三月十一日付の秀吉文書は、天正十二年に発給されたものだが、ここには「此外長浜衆千計」と記されている（「富田仙助氏所蔵文書」『織豊2』資料番号七九三）。天正十二年段階の「長浜衆」であるが、①この年以降に発給された秀吉文書等を見ると、木下一元・徳永寿昌・小川祐忠・勢田左馬允らと「長浜衆」がともに軍事行動を命じられる事例が多いこと、②ともに行動する四名のうち木下・徳永・小川が、天正十一年以前は柴田勝豊に仕えていたこと、③長浜が勝豊の本拠でもあったことから推して、木下・徳永・小川らを除く勝豊の遺臣たちを指す可能性が浮上しよう。この点は後日の検討課題としておく。

(27) 「一柳家文書」（国立国会図書館所蔵文書）。この文書の体裁については、原本に従うことを原則にして翻刻した。なお、この文書は『織豊2』では資料番号五一二号文書として収録されている。

(28) 『織豊2』は「羽柴秀吉、同秀勝の陣立てを定め、戦闘に際してうろたえないように指示する」との綱文を立てているが、御次秀勝が署判している点、すなわち差出人である点を踏まえると、彼も陣立を定めた人物と理解したほうがよかろう。

(29) 「豊鑑」（群書類従二〇輯）。

(30) 「松雲公採集遺編類纂」（『大日』第十一編之九、二九六ページ・二九七ページ）。

(31) 天正十年六月以前に出された文書としては、史料2と番号7・番号13・番号16が挙げられる。このほか、天正十年に出された七月一日付の連署文書があり（「称名寺文書」、註（4）森岡前掲論文参照）、秀吉・御次秀勝連署文書は計五点となる。

(32) 「小川文書」（三鬼清一郎編『稿本　豊臣秀吉文書（1）』（私家版）文書番号三三六）。以降、『稿本　豊臣秀吉文書（1）』は『秀吉』と略称する。

(33) 「信長記」巻十一・巻十二（池田家文庫本、福武書店刊）。なお、播磨のほか摂津に居たことも確認できるが、その期間は短く、摂津在国時に番号2から番号6までの五点の秀吉文書が発給された形跡はない。

(34) 柴は、註（5）柴前掲論文三〇一ページにおいて「秀吉が中国地域の経略と領国支配を展開するに伴い、後継秀勝へ同領の支配が委譲された」と述べるが、御次秀勝が単独で長浜領統治にかかわる文書を発給するようになった後も、秀吉の署判を有する文書が出されるので「委譲」という理解は不正確と考える。

(35)　天正八年四月、山内・大塩・一柳・津田が秀吉から播磨国内の城破を命じられた事実や（註（5）柴前掲論文）、管見の限りではあるが、天正十年六月一日以前の山内らが御次秀勝の指揮下に置かれた形跡が確認できない点から、山内ら八名は「なかはま衆」に含まれないと判断した。

(36)　天正九年の三月五日に秀吉が信長の側近長谷川秀一へ宛てた書状には「爰元普請等漸出来候」とある（「富田仙助氏所蔵文書」『秀吉』文書番号二一四）。すなわち天正九年三月上旬頃、姫路城普請が終了したのである。

(37)　「惟任退治記」（続群書類従二〇輯下）。

(38)　拙稿「清須会議後の政治過程」（『愛知県史研究』第一〇号、二〇〇六年）、同「小牧・長久手の合戦前の羽柴・織田関係」（『織豊期研究』八、二〇〇六年）。

(39)　註（5）柴前掲論文二九九ページ—三〇四ページ。

【追記1】　脱稿後、小川雄「信長は、秀吉をどのように重用したのか」（日本史史料研究会編『信長研究の最前線』洋泉社、二〇一四年十月刊行）に接した。信長在世期の御次秀勝に関する言及が見られるが、本稿のなかで活かすことができなかった。一読されたい。

【追記2】　本稿の史料1（三月十七日付の秀吉判物）、史料2（六月二日付の秀吉・御次秀勝連署覚書）について、筆者も当初は天正十二年の発給文書と判断して『愛知県史資料編　織豊2』の年代比定を支持し、小牧・長久手の合戦にかかわる文書と理解したが、その後、研究を進めるなかで、天正十二年ではなく天正十年の発給文書、すなわち小牧・長久手の合戦とはかかわらない文書と考えるようになった。本稿を執筆し『愛知県史研究』に投稿した理由はこうした点にあり、筆者としては、小牧・長久手の合戦をめぐる歴史像が正確に復元されることをねがっている。なお、かかる見解は、あくまでも個人としての見解であって織豊部会としての見解ではない。

Ⅵ

御次秀勝と生母養観院

高木嘉正

御次は永禄十一年（一五六八）に生まれ（『戦国人名事典』）、天正六年（一五七八）に秀吉の養子となり（『武功夜話』）、天正八年三月、長浜八幡の奉加帳に「羽柴次　秀勝」と署名している。

天正十年三月には初陣を果たし（『信長公記』）、六月の山崎の戦いでは実父信長の仇を討っている（『公卿補任』）。そして丹波亀山城主となり（『川角太閤記』）、大徳寺での信長葬儀では棺の後ろを担ぎ（『言経卿記』、以下『言』）、羽柴家の一翼を担う存在となったが、翌十一年二月に突然病に倒れている（『兼見卿記』、以下『兼』）。

ところで、秀勝の生母については、管見の限り天正十年まで確認できないが、秀勝が病に倒れた際、吉田兼見に祈念の使者を派遣したのが秀勝生母であり、また秀勝と亀山城で暮していたことも確認される（『兼』）。

秀勝はその後、天正十一年四月の賤ヶ岳の合戦に加わり（『柴田合戦記』）、大坂城の普請を手伝い（『兼』）、翌十二年の小牧・長久手の合戦でも活躍したが（『一柳文書』ほか）、同年五月、陣中にて突如病状が悪化してしまう。その時秀勝生母はなんと美濃まで下向している（『兼』）。秀勝に対する母の愛を感じるとともに、恐らく子供は秀勝一人だったと推測される。

この時は一命を取留め、秀勝は亀山城に帰城したが、生母は秀勝の病気を考えてか南方に屋敷の普請を計画、その祈念を吉田兼見に依頼した。兼見は「南方はこの年大塞金神」（普請には大凶の方角）と返事をしたが、生母は秀勝には内密にしている（『兼』）。

秀吉も竹田定加に秀勝の診療を命じているが（『竹田家譜』）、十月には病状悪化のためか、秀勝の奏請《そうせい》で内侍所《ないしどころ》にて御神楽が奏せられている（『言』・『兼』ほか）。

十二月になると秀勝の病状は一時的に回復し、毛利輝元の女を娶っており（『蜂須賀家文書』ほか）、翌天正十三年正月には鷹狩りにも行っている（『兼』）。しかしこれ以降、秀勝の行動は確認出来ず、同年十二月十日に没している（『高野山過去帳』）。

秀勝生母の悲しみは、『兼』の天正十四年二月五日の条に、『連々御愁之間』とあることで察することが出来る。

なお、秀勝の墓所は知恩寺瑞林院、生母の出自や秀勝死後のことは明らかに出来ないが、法名は養観院、供養塔が高野山悉地院にあったが（『安土町史』）、現存するかについては調査が及んでいない。

【付記】　本稿作成については、松原宏氏と谷口克広氏から御教示を得た。記して感謝致します。

第2部　羽柴秀次とその一族

Ⅰ

織豊政権と三好康長
――信孝・秀次の養子入りをめぐって

諏訪勝則

はじめに

戦国末期から近世初頭という変革期において、天正十年（一五八二）六月二日、織田信長の倒れた本能寺の変前後に三好長慶の叔父にあたる三好康長のもとへ二度の養子入りの話があった。最初は織田信長が三男信孝を遣わす計画であり、ついで二度目は変後、羽柴秀吉が甥の秀次を康長の養子としたことである。まさに織田政権から豊臣政権への移行期にあたりこの二度の養子入りは、政略的な面において種々の意義を有していた。殊に、秀次の場合は秀吉の政権確立と密接な関係にあった。

この康長は長慶の頃より三好一族の一員として活動し、織田政権下では重責を担い、秀吉が政権を確立せんとする時期まで長期にわたって活躍した人物である。そこで本稿では康長の動向に視点を据え、この二度の養子入りが信長から秀吉へ政権が移行する際の政治情勢にいかなる形で関係したのかということを明確にし、さらに中世から近世という歴史的変革期を解明する一助としたい。

三好氏略系図

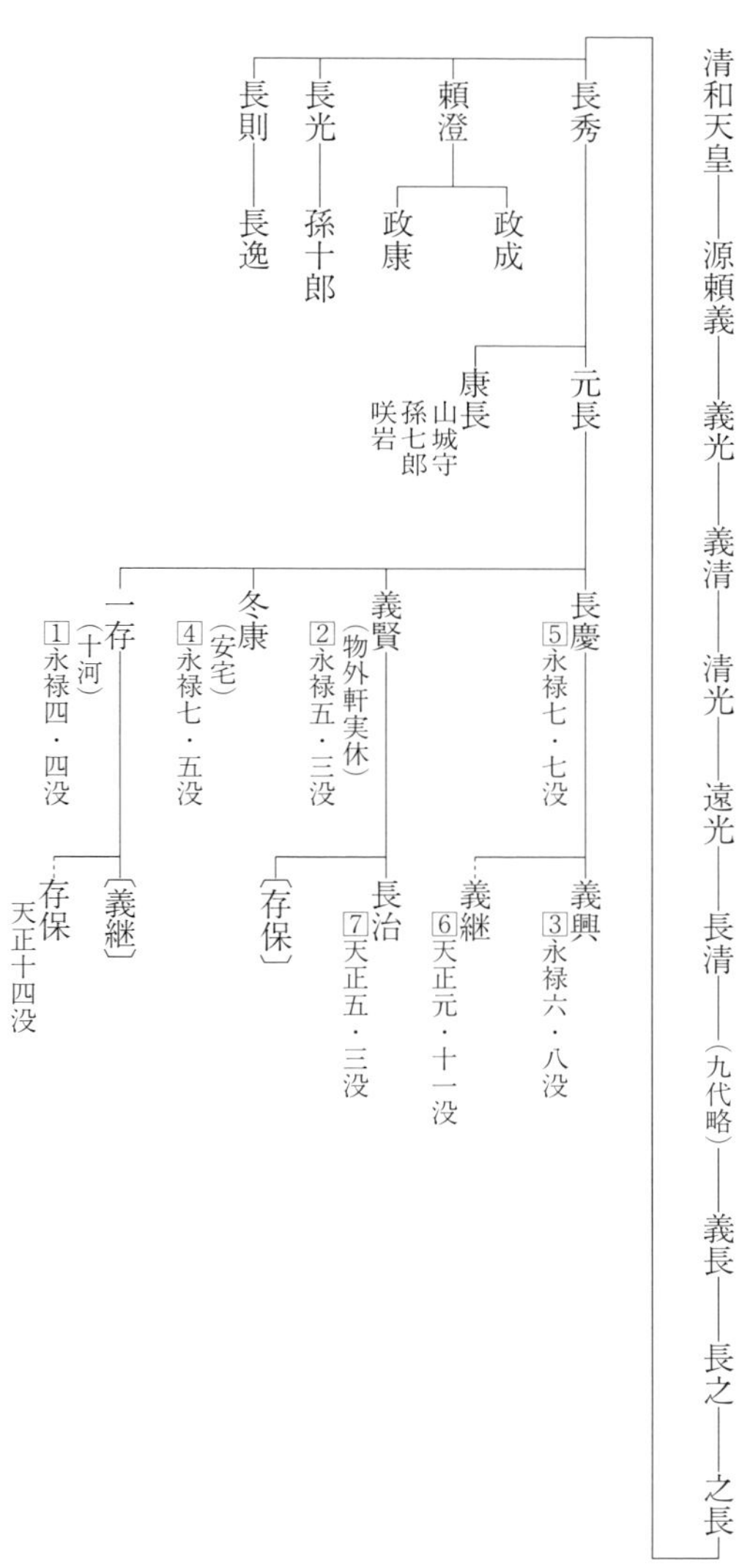

※□数字は長慶以下三好一族の主要な人物が死亡する順番を、…は養子を示す。『系図纂要』所収三好系図、『続群書類従』所収三好系図、「三好別記」（『群書類従』所収）及び、長江氏・今谷氏後掲書による。なお、『系図纂要』所収系図では、長は之長の息子となっているが、年齢的には不適当である。また、「続群書類従」には、二系図が所収されているが、一方には康長の名は記載されていない。

一、信長上洛以前の康長

康長については、長江正一氏『三好長慶』・今谷明氏『戦国三好一族』・若松和三郎氏『篠原長房』等でも触れられているが、個別的な研究は不十分である。

康長は三好長秀の子で長慶の叔父に当るが、生没年は共に不詳である。便宜上三好氏系図を示すと前頁のようになる。

康長は孫七郎・山城守・咲岩（咲は笑、岩は岸・巌とも記す）と称した[1]。三好三人衆の三好日向守長逸・下野守政康とは従兄弟同士になる。次の略年表〔1〕にも記した通り三好長慶・義賢（実休）等三好一族への援軍として本拠地阿波より諸卒を率いて度々畿内に打って出た。

略年表〔1〕　長慶没以前の康長の動向（『細川両家記』による）

年　月　日	内　　　容
永禄元・7・25	康長、長慶援軍のため、一千騎余を率いて阿波より出陣する。
永禄3・3・5	長慶、弟義賢と不和となる。康長、調停のため難波に着す。
永禄5・3・5	康長、義賢等援軍のため和泉久米田に出陣する。
5・20	康長、三好義興等と長慶援軍に向う。長慶、康長に河内高屋城を守らせる。

永禄元年（一五五八）十二月十日、および同四年五月四日には、津田宗達亭で催された茶会に義賢（物外軒実休）と共に参会している[2]。

米原正義氏「三好長慶とその周辺の文芸」[3]に掲出されている「三好一族とその周辺茶会参席一覧表」（永禄十一年九月、信長上洛以前）に康長の名は七度登場し、米原氏は康長の名が度々登場することを指摘している。なお『天王寺屋会記』に記されている康長が関係した茶会は次の表の通りである。

略年表〔2〕　康長が関係した茶会一覧表（『天王寺屋会記』による）

年月日	場所	参会者
永禄元・12・10	宗達亭	義賢・三好孫七郎（康長）
永禄4・5・4	宗達亭	義賢・三好山城守殿（康長）
永禄7・11・15	宗達亭	三好下野殿（政康）・東条新兵衛・瓦林中務・神代・三好山城殿（康長）・十川三河入道・宗久・紹通・卜斎・常琢・了雲・道巴・道叟・道翁（森川）・木村新左
永禄8・10・24	天王寺屋了雲亭	三好山城殿（康長）・松村道与・宗及
永禄9・10・28	宗及亭	三好山城殿（康長）・松村道与
永禄11・2・26	宗及亭	三好日向殿（長逸）・下野殿（政康）・山城殿（康長）・志野原殿（篠原長房）・同弾正殿（他百五十ばかり）
3・19	宗及亭	三好咲岩（康長）・道巴・紹通（松原）
元亀2・3・19	（宗及亭）	三好咲岩（康長）・池田紀伊守・河原宗久・十川了三
元亀3・8・15	宗及亭	三好咲岩（康長）・篠原玄番・永臨・道叟
天正6・9・30	宗及亭	信長・近衛殿（前久）同道 御供衆 佐久間右衛門尉（信盛）・滝川左近（一益）・細川右京大夫（昭元）・織田七兵衛（信澄）・長岡兵部大夫（幽斎）・佐久間甚九郎（不干斎）・筒井順慶・荒木新五郎・万見仙千代・堀久太郎（秀政）・矢部善七郎・菅屋玖右衛門・長谷川お竹（秀一）・大津伝十太・与兵衛（？）・三好山城（康長）・若江三人（池田丹後守数正、多羅尾常陸介綱知、野間左吉兵衛尉康久）
天正10・11・25	松井友閑亭	三好山城殿（康長）・宗及
天正11・11・25	松井友閑亭	三好山城殿（康長）・宗及
天正12・8・28	宗及亭	三好山城殿（康長）・関道拙

青柳勝氏の作成した信長上洛以前に『天王寺屋会記』に登場する武士の天正十年六月までの記録を集覧した表によると、康長の登場回数は三好義賢（実休）・安宅冬康に次いで三番目であり、三好一族の中でも突出している。(4) 康長は文化的な面においても三好政権の主要な武将と共に活動していた。

阿波を本拠地として天文から永禄年間、畿内隣国で一大勢力を誇った三好一族も永禄四年（一五六一）四月、長慶の弟十河一存が他界し、その後僅か数年の間に三好義賢・義興、安宅冬康といった一族の主立った武将が相次いで世を辞していく。そして永禄七年七月四日、総帥長慶の死と共に三好一族は衰微の一途を辿った。長慶没後、三好三人衆・松永久秀等は後継として三好義継を擁立し、(5) 翌八年五月、三人衆等は十三代将軍足利義輝を襲撃し自刃させている。しかし程なく、久秀と三人衆は対立することになり、三人衆は足利義維の子義栄を次期将軍とした。今谷明氏は細川晴元の遺子昭元を管領、管領代として飯尾為清・為房（為清の子とされる）という体制を規定され、今谷氏はまた三人衆は裁許状を発給するなど一定の権限を有しており「三人衆政権」とも評している。(6) この中にあって康長は次の略年表〔３〕に表示した通り主に三人衆と行動を共にしている。

康長は、また、永禄五年三月、三好義賢没後河内における地域支配権を受け継いだとされ、(7) また今谷氏は康長を河内守護の範疇に入れている。(8)

略年表〔３〕　長慶没後信長上洛以前の康長の動向

年月日	内容	出典
永禄８	同年、三好三人衆と松永久秀対立する。康長、三人衆側につく。	『細川両家記』等
永禄９・２・17	三人衆・康長等、畠山高政と河内上芝で戦う。	〃
（２）	この頃、山科言継、康長および三人衆に内蔵寮領率分所の回復を依頼する。	『言継卿記』
５・13	三好義継・康長・三人衆等、松永久秀を和泉堺に囲む。	『細川両家記』等

永禄10・(2)	義継、三人衆等と対立する。義継、松永久秀に頼る。 ※康長、三人衆側についたとみられる。	『足利季世記』等
11	康長、篠原長房と河内招提寺に禁制を掲げる。	『枚方市史』史料編所収文書

『言継卿記』永禄九年三月二十七日条に（永禄九年）三月二十六日付三好山城守康長宛山科言継のつぎのような書状が所収されている。

禁裏御料所内蔵寮領陸路河上四方八口率分之事、匠作度々被レ遂二糺明一、雖下被二返渡一候上、尚木幡・大津・坂本口等之儀、今村源介押領無二其謂一候、内々得二貴意一候処、御合点之由申候間、千万本望候、向州（三好長逸）・野州（三好政康）被二仰談一、此砌急度入眼候者可レ為二珍重一候、云二神役一、云二朝役一、別而可レ為二御忠功一、先度以二書状一可レ申候処、未二申通一候間、無二其儀一候、向後連々可二申承一候、尚委曲沢路入道可レ申候、恐々謹言、

（永禄九年）三月廿六日　　言継（山科）

三好山城守（康長）殿

山科言継は禁裏御料所の山城国木幡口等の率分を今村源介に押領されたとして、康長に対し三人衆の三好長逸・政康と談合し、その押領を停止するよう調停を依頼している。同記には、同内容の長逸宛書状も記録されている。権力の移行に即応する公家が畿内に於いて実質的な権限を有する三人衆に要請したものであり、その三人衆体制下、康長は彼らと比肩し得る存在であったと言える。(9) 信長上洛以前において三好一族の継承者は康長および三人衆だけとなった。

二、織田政権下の康長

⑴信長の四国攻め以前の康長

永禄十一年（一五六八）、足利義昭を奉じて上洛した織田信長に対し康長は三人衆等と共に抵抗を試み、翌十二年正月足利義昭の居る京都六条本圀寺を襲撃したが、細川藤孝等により撃退され堺に逃れ、更に阿波に敗走した。元亀元年（一五七〇）七月二十一日、三人衆等は再度挙兵し摂津中島に布陣し、本願寺もこれに呼応して九月十二日、門徒等は信長の陣を攻め、康長や三人衆のほか細川昭元・安宅冬康・十河存保・篠原長房等も参戦した。一応同年中には、本願寺・信長の両者共、兵を収めたが、いわゆる「石山合戦」の始めである。天正二年（一五七四）四月、再び顕如は挙兵し、康長もこれに応じて、河内高屋城に拠って信長の軍に抗したが、翌三年四月八日河内高屋城を攻撃され遂に信長に降った。

この間、長慶の後嗣義継は、天正元年十一月、信長の臣佐久間信盛に河内若江城を攻撃され自刃した。三好宗家の滅亡である。また三人衆のうち石成主税助友通は同年八月に戦死し、三好長逸・政康は所在不明となっており、畿内に於いて三人衆の勢力は一掃された。三好一族の主要な人物が存在しない状況にあって織田政権内において一族の継承者は事実上康長だけとなった。

天正三年十月、本願寺側は、康長・松井友閑を介して信長との講和を進め、同年十月五日付三好山城守（康長）宛織田信長黒印状写には「条目宮内卿所迄被二申越一候通、先以得二其意一不レ可二表裏一到者《（マヽ）》、善覚候、委細宮卿可レ申候、」とあって友閑のもとへ本願寺の講和に関する条目が到来し、康長に対し詳細については友閑が申し述べるとしており、康長は友閑と共に信長の対本願寺政策に関与している。[10] 既述の通り康長は信長に属する以前、本願寺と連携し軍事行動を起こしていた関係からであろうか、信長との仲介にたった。なお、康長は翌天正四年五月になると信長の本願寺攻めに参加している。[11]

彼は、また安宅冬康の息子で淡路水軍の将安宅信康との交渉にもあたったことは次の書状によって知られる。[12]

従㆓中国㆒大坂、以㆓船手㆒兵粮等可㆓入置㆒之旨、風聞候、於㆓事実㆒者、当国関船出㆑之、被㆓追落㆒者、尤以可㆑為㆓紛骨㆒候、猶三好山城守（康長）可㆑申候也、謹言、

（天正四年）五月廿三日　（信長）（朱印）

安宅甚五郎（信康）殿

ついで、天正六年六月十八日付で荒木村重に出された信長の書状では、信長の意を受けて康長が信康との仲介にあたっている旨が記されている。[13] 本願寺との抗争が継続して行われている状況にあり、制海権を掌握するためには淡路水軍を利用する必要があった。そこで安宅信康の縁者である康長に交渉を命じたのである。

こうした本願寺や安宅氏との交渉のほか、信長にとって康長は「堺と三好」「阿波と三好」という関係においても、利用価値が多大であった。

周知の通り堺と三好氏との関係は、永正元年（一五〇四）、三好之長が阿波よりはじめて堺に進出して以来のことで、かつて三好元長の時代には、この堺において足利義維を擁して大永七年から享禄五年（天文元年）にかけて畿内において一定の権限を有していた。[14] 康長自身も既述の通り茶の湯を通じて堺の人々と積極的な交流がなされていて、「堺と康長」という点においても康長は重要な存在であったと言える。

「阿波と三好」の関係についていては、次項で検討したい。

なお、次の事柄も康長の織田政権における位置付けを示すものである。すなわち天正六年九月三十日、信長が近衛前久等を伴って堺を訪れ津田宗及亭に赴いた時、康長も同席していたことは前述の略年表〔２〕に見えるとおりである。この会には、京兆家嫡流の細川昭元や細川藤孝・筒井順慶といった旧勢力の人々が同道しており、康長は織田政権下における三好一族の継承者としての立場で参加したのではなかろうか。信長のもとでの康長の立場を窺い知ることが出来よう。

(2) 信長の四国征伐企図以前の阿波

三好康長は、織田信長の企図した四国征伐に際し大役を担うわけであるが、これ以前の阿波における政治情勢の概略についてふれておきたい(15)。

天文二十二年（一五五三）六月、三好義賢は阿波守護細川持隆を殺害し、その子真之を擁立したが(16)、その義賢も永禄五年三月、和泉久米田で敗死し、その子息長治が阿波三好家を継いだ。義賢没後、阿波三好家を支え、畿内でも三好三人衆・康長等と共に活躍した篠原長房が元亀四年七月十六日、長治等により攻撃され討死するという事態が生じ(17)、これ以後阿波三好家の勢力は急転直下滅亡への道を辿るのである。

天正三年、土佐を統一した長宗我部元親は同年末、阿波侵攻を開始した(18)。翌四年十二月五日、細川真之は、三好長治の専横を嫌い勝瑞城を出奔し元親のもとに奔った(19)。ついで五年三月、三好長治は細川真之を追って荒田野に布陣したが、真之を支援した長宗我部の部将一宮成助・伊沢頼俊等と戦い同月二十八日、別宮浦で敗死し(20)、ここに阿波三好家は滅亡した。

天正六年正月三日には、長治の弟で十河家を継いだ存保が堺から勝瑞城に入城した(21)。同年阿波岩倉城主三好式部少輔（徳太郎とも称していたと言われる）[22]は長宗我部元親の攻撃に耐えかね実子を元親に差し出して降伏した。『元親記』（『続群書類従』所収本）および『昔阿波物語』（『阿波国徴古雑抄』所収）では、式部少輔は康長の実子となっているが、年未詳六月十四日付香宗我部親泰宛康長書状（後出）では「同名式部少輔」と記しており、一族の可能性が強く康長の実子か疑問視される。なお山本氏前掲書（註（18））では、式部少輔の降伏を天正七年としているが、出典は不明である。『元親記』『昔阿波物語』『土佐物語』等では、式部少輔が元親に降ったのは天正六年と記録されている。なお『史料綜覧』第10編では六年春の項に収めている。

天正八年正月三日に十河存保は勝瑞城から讃岐へ出奔した。同年六月長宗我部元親は、信長のもとへ音信として使者を遣わし青鷹十六連、砂糖三千斤進上したことは『信長記』（池田本）六月二十六日の条によって知られ、関連して信長が元親の弟香宗我部親泰に宛てた次のような二通の書状がある。[23]

①三好式部少輔事、此方無二別心一候、然而於二其面一被二相談一候旨、先々相通之段、無二異儀一之条珍重候、猶以阿州面事、別而馳走専一候、猶三好山城守（康長）可レ申候也、謹言、

六月十二日　　信長朱印

香宗我部（親泰）安芸守殿

②爾来不二申承一候、仍就二阿州面之儀一、従二信長一以二朱印一被レ申候、向後別而御入眼可レ為二快然一趣、相心得可レ申旨候、随而同名式部少輔事、一円若輩ニ候、殊更近年就二忩劇一、無力之仕立候条、諸事御指南所レ希候、弥御肝煎於二我等一可レ為二珍重一候、恐々謹言、

六月十四日　　三好山城守

康長（慶カ）（花押）

香宗我部安芸守（親泰）殿

御宿所

①は、信長から親泰に出された書状で「式部少輔に関しては、当方に別心がない。互いに相談して事を進めるのがよい。その方（親泰方）と式部少輔が通じ合う事は異議ない。阿波方面に関して、奔走するのがもっともである。詳細については、康長が申し述べる」と記す。この時点で形式的にせよ一応信長は長宗我部氏の阿波進出を承認したことになる。

この副状として康長から親泰に出されたのが②である。概略は「阿波方面に関して、信長の朱印状が出された。その方（親泰方）が特別に奔走してくれれば快然である旨を伝えるよう指示された。同名の式部少輔は若輩であり、よろしく指導してほしい」という内容である。

両通の発給の年代を『高知県史』古代・中世編および山本大氏前掲書（註（18））では天正八年に比定し、奥野高広氏は同九年としている。天正九年発給となるとやや疑問が残る。というのは、既述のように八年六月には元親のもとから使者が到来するなどこの段階では、一応の安定は保たれているが、翌九年となると状況が異なる。九年正月二十三日付で、馬揃の準備に関し明智光秀に発給された信長の書状中「三好山城守、是ハ阿波へ遣候間、其用意可ㇾ除候」と記されており、天正九年の正月には、既に康長は阿波への渡海の準備、あるいは阿波に赴いている。(24)『讃岐国大日記』（『香川叢書』所収）には「同九年三月二十日、三好山城守（康長）、下ㇾ向讃州ニ」と記されている。ついで、「三好笑岩阿州へ来たりて本領を復す」と『阿州古戦記』（『阿波国徴古雑抄』所収）天正九年七月の記事に見え、康長は阿波へ下向し長宗我部氏に侵攻された地を回復したとされ、九年の段階では信長と元親の関係は必ずしも友好的な状況とは言いがたい。二通の書状が発給されたのが天正八年とすると、この書状の返礼として既述の通り長宗我部氏の使者が上洛したと考えられ、八年発給としたほうが穏当である。

また、②の文書の差出人を『高知県史』古代・中世編および奥野氏（註(12)）は「康慶」としているが、『高知県史』古代・中世史料編では、「康長」となっている。奥野氏は、康長はこの頃、康慶と称していたとしている。内閣文庫所蔵『古証文』で確認する限りでは二文字目は「長」とは読めない。強いて判読するならば「慶」となる。この発給者を「康慶」とすると重要な意義が含まれる。というのは、この改名の時期は康長が三好一族の後継者として織田政権下における地位が上昇した時にあたり、「康慶」への変更は康長の立場の変遷を如実に示すと考えられる。さらに「慶」の文字には三好長慶の「慶」の意味を持たせて、長慶以来の三好一族を受け継ぐ意向を明示したのではないかと推定できる。

ともあれ、三好宗家、阿波三好家の両家が滅亡した状況にあって一族の唯一の継承者として康長が信長の四国征伐の一翼を担いはじめるのである。

天正六年正月から十河存保は勝瑞城に在城していたが、阿波の国人達は存保に従わず元親に属するものが多かった。このようなこともあり存保は天正八年同城から退城し、その後、篠原自遁（実長）等阿波における三好家の旧臣は信長に属するため黒田孝高を介して中国地方に展開中の秀吉に頼った。これに関連して秀吉から孝高に宛てた次のような書状が「黒田文書」に見える。[25]

阿州自遁かたより如レ此注進候、然者勝瑞之城何之道にも相渡候ハヽ、権兵衛(仙石秀久)ハ、阿州衆召連可レ令二入城一候由申遣候、生甚(生駒甚介親正)・明与四(明石与四郎元知)、自遁城迄可レ令二渡海一候、左様候は其方早々被二相越一、野孫五城ハ、在城候て右之両人と自遁城へ可二相越一候、為レ其申遣候、恐々謹言、

筑前守
秀吉（花押）
九月十二日
黒田官兵衛（孝高）殿

自遁からの注進を受けた秀吉は、長宗我部氏に対処するため勝瑞城等の配備を定めている。同文書は、『黒田家譜』にも採録されているが、同家譜にはこの書状が発給されるまで、つまり阿波三好家の滅亡から信長の来援を求めるまでの阿波の情勢が的確に記されている。[26]

是より以前、阿波の三好の家乱れて、三好長治滅亡す。国人其弟十河孫六存保を上方より向へて阿波の守護とし、勝瑞の城にいらしむ。是ハ三好豊前入道実休子なり。後号二民部大輔一国人存保に従はずして、土佐の長宗我部元親に降る者多し。十河氏勢微にして、長宗我部に敵する事あたハず。此故に篠原肥前入道自遁・赤沢信濃守以下、阿波の士信長公の旗下に属せんため、孝高を頼ミて秀吉に通ず。此時秀吉より孝高へ賜る書にいわく、

（以下、孝高宛の発給文書が掲載されているが既出の「黒田文書」と同一である。）

ここにおいて、織田軍の対長宗我部戦が本格的に展開されることになる。

(3)信長の四国征伐と康長

天正十年、信長の武田征伐のための出陣に先立って記された条々中「一、三好山城守、四国へ可二出陣一之事」とあり、各地に展開する織田軍の一員として康長は四国への出陣を命じられている。[27] 同年三月、甲斐武田氏を滅亡させた後、信長は本格的に四国征伐に着手する。五月七日付で信孝に発給された信長の朱印状には四国の国割のことが記されている。[28]

就三今度至二四国一差下条々

一、讃岐国之儀、一円其方可レ申事、

一、阿波国之儀、一円三好山城守可二申付一事、

一、其外両国之儀、信長至二淡州一出馬之刻、可二申出一之事、

右条々、聊無二相違一守之、国人等相二紀忠否一、可二立置一之輩者立置之、可二追却一之族者追却之、政道以下堅可二申付一之、万端対二山城守一、成二君臣・父母之思一、可二馳走一事、可レ為二忠節一候、能々可レ成二其意一候也、

天正十年五月七日（朱印《（信長）》）

三七郎《（信孝）》殿

讃岐は信孝に、阿波に関しては康長に宛うことを定め、他の二国は自身が淡路に出陣した際申し渡すというのである。

『宇野主水日記』の同記六月一日条には「一、三七殿阿州三好山城守養子トシテ御渡海アリ」と見えるところから、信長は三男信孝を康長の養子とし、四国に封する計画であったとされる[29]。既出の信孝宛の国割に関する条々中「万端対二山城守一、成二君臣・父母之思一、可二馳走一事、可レ為二忠節一候」とあり、讃岐・阿波支配に関し信長は信孝を康長の監督下に組み込もうとしている。「父母の思いを成す」という文言から養子入りが予定されていたのではないかと推定される。

この養子入りを裏付けることが『勢州兵乱記』（『改訂史籍集覧』二十五冊所収）に記されている。以下考えてみよう。

信孝は周知の通り元亀二年、神戸具盛のもとに養子入りし、神戸家を継承した。同記には「元亀二年正月神戸蔵人大

夫実は北畠具教の弟ニテ神戸下総守ノ養子ト成ルト云々、を信長卿無理に被レ為二隠居一、日野蒲生左兵衛大夫賢秀に被レ預、三七殿家を次給神戸三七信孝と号す」と見え、信孝が神戸家に養子に入った際、具盛は強引に隠居させられたのである。そして同記の天正十年頃の記事には「天正十年夏滝川一益関東之管領に任る、、又神戸信孝は四国拝領也、此時関安芸守亀山本住して信孝へ被レ付也、同神戸蔵人大夫も本住して沢山城へ移り神戸城之留守居也」とあって、信孝の四国出陣に際し、具盛は自由を得て神戸城の留守居になったとされる。つまり、信長は信孝を三好康長のところへ養子入りさせる意向であり、政策上神戸家は必要がなくなった。そこで、具盛は、神戸家に戻ったと思われる。

以上のことから信孝の康長への養子入りは間違いないと考えられる。

康長は、三好一族の継承者として、織田政権内において本願寺や安宅冬康との交渉にあたるなど重責を担ってきた。この康長に四国を攻めさせ、阿波に封するということは、長宗我部氏に侵攻された三好一族の本拠地を大義名分的に回復させることができる。そしてこの康長のもとに実子信孝を養子入りさせれば自動的に阿波を手中に収めることが可能となる。

これまで見てきたように、信長の西国計略の過程において、各地に展開する織田軍の中でも、康長は信長の三男信孝を養子に迎え、「四国攻め」という大役を任された。

織田政権下における康長の立場は徐々に上昇し、戦略的な部面において、いよいよ康長は中国地方に展開している羽柴秀吉等と共に信長にとって重要な存在となった。

三、秀次の康長への養子入り

天正十年、信長の企図した長宗我部攻めも同年六月二日の本能寺の変のため頓挫した。阿波にあった康長はこの地を去っている。織田政権内において、戦略的な面に関して重要な立場に位置した康長は、信長から秀吉への政権の移行期に直面する。

羽柴秀吉は、同月二十七日の清洲会議を経て、同年十月十五日、洛北大徳寺において、単独で主君の葬儀を催した。その七日後の下間頼廉宛秀吉書状には「就レ其今度之雑説ニ根来之事、泉州知行等出入在レ之由候之条、遂二糺明一為レ可二申付一廿五日、為二先勢一中村孫平次（一氏）、伊藤掃部（祐時）、浅野弥兵衛（長政）、若江三人衆、三好孫七郎（秀次）、同山城守（康長）、其外人数差遣候」と記されていて山城守康長と孫七郎秀次は共に紀州根来に出征している。[30] 秀次が康長の養子であることを示す確実な初見史料である。なお、『長元物語』（『続群書類従』所収）には、本能寺の変後、長宗我部元親が阿波から土佐岡豊に戻り阿波攻撃の軍議を催した際の記事が見え、これによると「三好笑岸（康長）河内ノ半国知行仕ル。養子ハ羽柴筑前守殿ノ甥ナレハ、筑前殿ヨリ加勢ニテ、笑岸阿波へ可レ渡」とあって、すでに変直後には、康長のもとへ秀次は養子入りしていたとみられる。以後秀次は翌十一年まで「三好」姓を称している。このことは、豊臣政権の確立過程を考察する上において看過することができない重要な課題と思われる。そこで、まず天正十三年までの秀次の姓名の変遷を辿ることにしたい。

①「三好孫七郎信吉」（天正十年六月頃から翌十一年十二月頃まで）

天正十一年七月二十六日付、香西又一郎への知行宛行状には「孫七郎信吉」と署名している。[31]

為二配当一百石しかた
全可レ有二知行一候、弥於二忠節一者、重而可二申付一候、恐々謹言、
天正十一年　　孫七郎

七月廿六日　　　信吉（花押）

香西又一郎殿

ついで、『自会記』同年十月六日、十二月八日条にはそれぞれ「同十月六日朝　孫七郎殿《筑州御お牟さま》、休夢、宮辺藤左衛門尉」「同十二月八日　孫七郎殿《三好》、藤左衛門尉、休夢」という名で記されている。

このように「孫七郎信吉」「筑州御お牟さま孫七郎」「三好孫七郎」という三つの名を考え合わせると秀次は天正十一年十二月八日までは確実に「三好孫七郎信吉」と称している。

②「羽柴孫七郎信吉」（天正十二年六月頃から翌十三年七月頃まで）

天正十二年三・四月の小牧の戦の陣立書には「三好孫七郎」とある。(32) 同陣立書は、秀吉の花押も記されており同戦に際し記された確実なものと考えられる。同年六月二十一日付、上坂八郎兵衛宛書状では、たしかに「羽孫七信吉」名で発給している。(33)

為二御見廻一示給、畏悦之至候、如レ承候、当表事万方属二御存分一、御隙明付而、勢州へ御動越候、定其表可レ為二一著一候、我等事、爰元可二相残一由付而、大垣ニ有之儀候、尚去庵具可レ申候、恐々謹言、

（天正十二年）六月二十一日　　羽孫七

信吉（花押）

上坂八郎兵衛殿

御返報

『自会記』天正十二年十一月二十九日朝の茶会の記録では、「羽柴孫七郎」と記されている。つまり、天正十二年三・四月の小牧の戦から同年六月二十日以前に、「三好」から「羽柴」に改称していることが明確であるからには、

この時点で秀次は康長のもとを去ったと考えてよいであろう。そしてこの名は、次の③で見るように天正十三年七月以前まで使用されたことになる。

③「羽柴孫七郎秀次」（天正十三年七月頃から）

天正十三年、秀吉の長宗我部征伐の折、七月二十一日付で小早川隆景に発給した書状に「羽柴孫七郎」と署名するのは当然であるが、この文書にはいまひとつ重要なことが指摘される。(34)それは「信吉」から「秀次」への改名の時期についてである。

就㆓其表儀㆒、預㆓御折紙㆒、畏悦之至候、仍長宗我部内金子相蹈候条、御取巻之処、為㆓後詰㆒敵催㆓人数㆒差向

雖㆓申候㆒、（中略）

羽柴孫七郎
秀次（花押）

（天正十三年）七月二十一日

小早川左衛門佐殿（隆景）
御報

「信吉」から「秀次」への改名は天正十三年七月二十一日以前に行われたことになる。この過程で秀次は三好家から秀吉の許へ完全に移ったとみられる。ここで考えなければならないのは、信吉と秀次という名のもつ意味である。信吉という名は織田信長の「信」と羽柴秀吉の「吉」の一字ずつをとって「信吉」という名になったのではないかと推測され、この「信」を「秀」に改めた天正十三年は、後述するように秀吉および秀次にとって画期的な年であり、まきに秀吉時代の到来を意味し、この秀吉に次ぐということから「秀次」になったと思われる。

なお、天正十三年十月頃には、「兵衛」あるいは「次兵衛」とも称した。(35)

次に、秀次の養子入りおよび名前の変遷と豊臣政権の確立過程について検討したい。

秀次が康長のもとへ養子入りした正確な日付は確定できないが、既述の通り天正十年六月二日の本能寺の変以後、同年十月二十二日までの間に行なわれたことになる。この時期は周知の通り信長の後継者として有力者が競いあい、その中で秀吉が頭角を現わす時である。この秀吉と共に活発な活動を展開するのが康長のところへ養子入りする予定であった信長の三男信孝である。

天正十年六月二日の本能寺の変後、秀吉は直ちに毛利氏と講和し、十三日になって信孝と合流し、いわゆる山崎の戦で明智光秀を討滅した。つづいて、同月二十七日の「清洲会議」を経て信長の嫡孫三法師（秀信）が後嗣となり、信孝は後見役となった。一応この時点で信孝は後継者として除外された格好になる。

その後、秀吉は大胆かつ周到な計画により信長の実子である信雄・信孝等を排除して同年十月十五日洛北紫野大徳寺において、単独で主君信長の法要を営んだ。政権を確立する初期の段階において主要な武将を除外し、秀吉のみで仏事を執り行なったことは、信長の継承者たることを天下に誇示したと言え、変以後厄介な存在であった信孝を否定するという状況になった。

以上のような時期に秀次を三好康長のもとに養子入りさせたことは様々な意義を有していたとみられるが、その一つとして次のことが考えられる。

本能寺の変後、秀吉は直ちに毛利氏と講和を結んだ。ここにおいて、ひとまず中国地方からの脅威はなくなった。これに対し、秀吉も関与していた四国の長宗我部氏に関しては協約が締結されず依然として戦闘状態である。本能寺の変後、一度、土佐の岡豊で戦備を整えた長宗我部軍は、八月二十八日、中富川において十河存保と戦い、これを撃ち破り、更に勝瑞城まで進撃している。そして、勝瑞城は落城し、存保は讃岐に敗走した。ここにおいて、長宗我部氏は、阿波を手中に収めたといわれる(36)。

畿内において、信長の後継者争いを展開している秀吉にとって、瀬戸内から四国をおさえ、さらには、長宗我部氏の行動を阻止する必要上、三好を自己のもとへ引き寄せたのである。なお、既述の通り、信長の時代から四国征伐に際し、秀吉と康長とは関係があり、このことも養子入りを円滑にさせたと考えられる。

そして、主君信長が企図した四国征伐をも受け継ぐ意向を提示するもので、いち早く政権の継承者である事を天下に顕示するという点においても好都合であったと考えられる。

天正十年十月十五日の大徳寺における葬儀後、秀吉は織田信孝・柴田勝家・滝川一益等に対処するため十二月二十日、岐阜城の信孝を攻撃し、信孝は三法師を差出し和議を結んだ。翌天正十一年になると秀吉と信孝・勝家とは本格的に対立する。閏正月七日付の信孝の家臣の玉井彦介が香宗我部親泰に宛てた書状によると、元親は信孝に好を通じた旨が記されている(37)。四月十六日、信孝が挙兵し、同月二十一日秀吉と勝家は近江賤ヶ岳にて激突、勝家は越前北荘に敗走し、二十六日に自刃した。また、信孝は岐阜城を包囲され尾張内海において自害している。この段階で旧信長家臣団における後継者争いはほぼ終結したといえる。

これまで見てきた通り秀次は天正十二年に「三好」から「羽柴」に改姓し、この段階で三好康長のもとを去ったものと思われ、秀吉が信長の後継者となるうえで排除すべき存在と考えられた信孝がもはやいない状況で、畿内においては安定した状況になり、秀次が三好家に居る必要性がなくなったとみられる。

秀吉が政権を確立するうえでの障害は言うまでもなく徳川家康である。両雄は同年三・四月に「小牧・長久手」周辺に於いて衝突するわけであるが、十一月十五日になってようやく秀吉と信雄の間に講和が結ばれ家康も兵を収めた。

なお、三好康長の存在が確実に把握出来るのは管見の限りでは、天正十二年八月二十八日に、津田宗及の茶会に関道拙と共に参会した時である[38]。天正十二年の段階において、秀吉は信長の後継者としての地位が確立され、畿内周辺においては、安定した状態になったが、家康との友好的な関係は樹立されておらず、政治的には流動的な状況である。つまり秀次は「三好」から戻ったものの、秀吉は依然として康長という人物は、何らかの利用価値があると考えていたと思われる。秀吉と家康との関係が安定した天正十三年以降は、秀吉の許での康長の存在は、確認出来ない。そして、秀次は、天正十三年の七月までには「信吉」から「秀次」に改名している。完全に秀吉のもとに移ったと考えられる。天正十三年三月、紀伊における根来・雑賀の一揆を鎮定した後、秀吉は四国攻めに着手する。秀長を総大将として秀次も三万余の軍勢を率いて渡海した。先述の通り秀次は「羽柴孫七郎秀次」として参戦している。七月二十五日に和議が成立し、八月六日までに最終的な決着がつき、阿波を蜂須賀家政、讃岐を仙石秀久、伊予を小早川隆景に分与することとなった。

周知の通り、この四国攻めは阿波・讃岐に豊臣大名を配置するという結果から、九州攻撃に備えての必要不可欠な軍事行動であったとされる。つまり、四国征伐の段階では、完全に三好の名は必要ではなかった。

この天正十三年は、秀吉にとって画期的な年であった。七月十一日には、関白に就任し、名実共に「天下人」になったのである。そして、秀吉の構想は、九州、東国さらには大陸に向けられた[39]。血縁者の比較的少ない秀吉は甥の秀次を後継者の一人に据えたのである。秀次は、同年十月「少将」に任官した。六日には、昇殿を許された羽柴秀長・宇喜多秀家等と共に、秀吉に伴われ禁裏に参内している[40]。また同年には近江八幡城主となり都合四十三万石を与えられ、秀長と共に豊臣政権の一翼を担う立場になった[41]。まさに天正十三年という年に「信吉」から「秀次」に改名したのである。先にもふれたように、この名前の変遷は秀吉時代の到来を示すと共に、秀次が秀吉の後継者たることを天下に顕示したといえる。

そして、秀吉の政権構想から疎外された康長の天正十三年以降の正確な所在は不明となる。

以上のように、豊臣政権確立過程の初期の過程において秀吉は康長のもとへ秀次を遣わした。その理由の一つとして、信長の後継者争いを展開中であり、瀬戸内から四国を手中に収める必要があった。天正十一年には柴田勝家や織田信孝が滅亡し、翌十二年には一応家康との抗争も終結し、秀吉の周囲は天正十三年になると安定した状況になった。そして、秀吉にとって「三好家」は不必要になった。親族が少なく、実子のいない秀吉にとっては後継者の一人として秀次の存在が必要なのである。秀次の姓名の変遷は、秀吉の政権確立過程と密接な関係にあった。康長は織田政権においては、四国攻めを担当するなど重要な立場にあったが、豊臣政権では不遇な道を辿ったといえる。

おわりに

当稿では、三好長慶から秀吉の時代まで長期に亘って活動した一武将に視点を据え、この人物と織豊政権との関係について検討した。

康長は、畿内に一大勢力を誇った長慶の時代から三好一族の一員として活動した。長慶没後は、主に三好三人衆と行動を共にし、三人衆に対してある一定の発言力を有していた。

織田政権下では、三好一族の唯一の継承者として活躍し、本願寺や安宅氏との交渉に当った。そして、天正十年には、信長の三男信孝を養子に迎え、「四国攻め」という大役を任された。信孝を康長の養子とすることによって「四国征伐」を円滑に進めようとしたと考えられる。織田政権における康長の立場は次第に上昇し、天正十年頃には、羽柴秀吉等と並び有力武将の一人となったといえる。豊臣政権確立過程において、秀吉は康長の許へ秀次を遣わした。

本能寺の変以後、秀吉は畿内において主君信長の後継者争いを展開しており、瀬戸内の制海権および長宗我部氏の侵攻に対処することが主目的であった。秀次の名前の変遷は、秀吉の政権確立と関係があった。天正十一年、柴田勝家や織田信孝を滅亡させ、後継者の地位を確定させると秀次は「三好」から「羽柴」に改名し、家康と安定した状態になり、秀吉が関白に就任した天正十三年には「信吉」から「秀次」に変わった。秀次は、この年近江八幡城主となり、都合四十三万石を拝領し、「少将」に任官した。つまり、秀次が秀吉の後継者であることを意味する。この結果、政権構想から外れた康長は、秀吉の許を去ったのである。

「三好」から「羽柴」そして、関白という道を辿った秀次も、[43]時の権力者の実子への政権移譲に絡み、文禄四年七月十五日、紀州高野の地で二十八歳という若さで非業の死を遂げるのである。中世から近世の過渡期に政権担当者にあやつられた康長・信孝・秀次という三人の武将のある姿を求める一事であった。

註

（1）『宗及茶湯日記　自会記』（『天王寺屋会記』のうち、以下『自会記』とする）では「咲岩」と記しており、「咲岩」の字が穏当ではないかと考えられる。

（2）『宗達茶湯日記　自会記』（『天王寺屋会記』のうち）。

（3）『小川信先生古希記念論集 日本中世政治社会の研究』に所収。なお、同氏は『戦国武将と茶の湯』でも三好氏と茶の湯について論究されている。その他、三好氏の文芸活動に関する研究については、長江正一氏（『三好長慶』）、奥田勲氏（『三好長慶―その連歌史的素描』）、井上宗雄氏（『改訂新版中世歌壇史の研究、室町後期』）がある。

（4）「織田政権下における堺衆―津田宗及の従属をめぐって―」（『国学院大学大学院文学研究科紀要』第十七、一九八六年）。

（5）この過程に関しては、斎藤薫氏「足利義栄の将軍宣下をめぐって」（『国史学』一〇四号、一九七八年）において、検討されている。

（6）今谷明氏「室町幕府最末期の京都支配」（『史林』五八―三、一九七五年、後に「三好・松永政権小考」として『室町幕府解体過程の研究』に所収）。

（7）斎藤薫氏前掲論文（註（5））でも関連事項が論じられている。なお、野澤隆一氏「細川昭元考」（『栃木史学』二号、一九八八年）で昭元は細川京兆家嫡流としての自立の方向が看取できるとしている。

（8）矢田俊文氏「戦後期河内国畠山氏の文書発給と銭」（『ヒストリア』一三一号、一九九一年）。

（9）今谷明氏「室町時代の河内守護」（『大阪府の歴史』7号、一九七六年、のちに『守護領国支配機構の研究』に所収）。

（10）若松氏『篠原長房』で紹介されているように、永禄十年頃と推定される二通の書状（「法隆寺文書」）で、康長は篠原長房・川入備前（又は備中）守雅長・三好長逸と連署で石成友通に対して、法隆寺領弓削庄に関する諸役について指示している。康長の「三人衆体制下」における立場を窺い知ることができる。

（11）奥野高広氏『増訂織田信長文書の研究』下巻（以下『文書の研究』とする）所収、五六〇、五六一号文書。

（12）『信長公記』。

（13）『文書の研究』所収六四二号文書。

（14）『文書の研究』所収七六七号文書。

（15）堺と三好氏については、豊田武氏等（『堺―商人の進出と都市の自由』）により触れられている。また、かつて今谷明氏は「堺幕府」論を提唱した。（「細川・三好研究序説―室町幕府の解体過程」『史林』五六―五、一九七三年、のちに『守護領国支配機構の研究』に所収）。

（16）長江氏・若松氏前掲書（註（3）・（9））等で検討されているが、秀次の養子入りに深く関係するので改めて概略についてまとめておきたい。

（17）『細川両家記』（『続群書類従』所収）では、六月九日と記している。長江氏前掲書（註（3））では、『東大寺過去帳』をもとに同月十七日が有力であるとしている。

(17) 若松氏前掲書（註（9））によると、長房の討死の年月日には、元亀三年と四年の二説があり、同氏は『己行記』、「淡路国三立崎庄禁制」をもとに後者であるとしている。
(18) 山本大氏『長宗我部元親』。
(19) 『昔阿波物語』（『阿波国徴古雑抄』所収）等。
(20) 『昔阿波物語』等。
(21) 『阿州古戦記』（『阿波国徴古雑抄』所収）等
(22) 『阿州古戦記』では「笑岩の嫡子徳太郎」と見える。
(23) 「古証文」（内閣文庫蔵）。参考までに花押を掲示するとつぎの通りである（掲載許可済）。

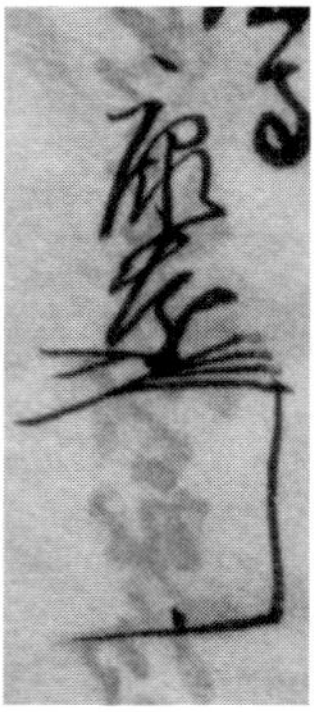

(24) 『文書の研究』所収九一一号文書。
(25) 「黒田文書」（東京大学史料編纂所蔵影写本、以下東史影とする）。
(26) 福岡古文書を読む会刊行本による。
(27) 『信長記』。
(28) 『文書の研究』所収一〇五二号文書。
(29) 奥野氏『文書の研究』、また、山本氏（註（18））により指摘されている。
(30) 『大日本古文書』「浅野家文書」所収、八号文書。
(31) 『黄薇古簡集』（東史影）。本稿で掲載した秀次の書状の花押はいずれも同一の形態である。

（32）慶応義塾所蔵古文書選㈣掲載文書による。なお、三鬼清一郎氏「陣立書の成立をめぐって」（『名古屋大学文学部研究論集』史学38、一九九二年）では、小牧の戦に関する陣立書について詳細な検討がなされている。

（33）「上坂文書」（『大日本史料』十一―七）。

（34）『大日本古文書』「小早川文書」所収四八二号文書。

（35）「兼見卿記」（東京大学史料編纂所蔵謄写本）天正十三年十月六日条には「次二兵衛（少将）殿下の甥」とある。『宇野主水日記』九月三日の記事には「近州一ヶ国（南北）次兵衛殿へ被レ遺レ之」とみえ秀次は同年に近江を与えられており、「兵衛」あるいは「次兵衛」と称したことは間違いない。

（36）山本氏前掲書（註（18））。

（37）「香宗我部家証文」（『大日本史料』第十一―三）。

（38）『自会記』。

（39）岩澤愿彦氏によると、秀吉が、唐入りの意志を公表したのは、天正十三年九月とされる。「秀吉の唐入りに関する文書」（『日本歴史』一六三号、一九六二年）。

（40）「兼見卿記」。

（41）『武家事紀』には秀次への知行宛行状が見える。

於二近州所一、自分弐十万石、其方相二付宿老一、当知行弐十三万石相加、目録別紙有之、都合四拾三万石宛行訖、相二守此旨一国々政道以下、堅可二申付一者也、

（天正十三年）閏八月廿二日

羽柴孫七郎殿

（42）『公卿補任』によると天正十四年十一月二十五日「豊臣秀次」の名で「参議従四位下」に任命されている。

Ⅱ　八幡山城主秀次の統治

太田浩司

一、秀次の所領

天正十三年（一五八五）閏八月二十二日、羽柴秀次（はじめ木下、のちの豊臣）は近江国半国に相当する四三万石を豊臣秀吉から与えられた。写しが残る秀吉の判物によれば、二〇万石が秀次自身の蔵入地（直轄領）、二三万石が秀次付宿老分の領地あった（「古蹟文徴」六、尊経閣文庫蔵）。秀次につけられた宿老は、水口城（滋賀県甲賀市。以下、滋賀県内の市町村名表記については、県名を省略する）城主の中村一氏、佐和山城（彦根市）城主の堀尾吉晴、長浜城主の山内一豊、美濃国大垣城（岐阜県大垣市）城主の一柳直末、そして「関白殿（秀次）一老にて候」といわれ、筆頭宿老と考えられる田中吉政であった。吉政は八幡山城にいて近江国から西美濃に及んだと推定される秀次領全般を取り仕切ったと考えられる。

秀次の八幡山下町（以下、八幡町）統治について考えるに先立ち、その生涯について簡単に記しておこう。秀次は永禄十一年（一五六八）に、木下秀吉の姉智と木下弥助（のちの三好吉房）の間に生まれた。弟に小吉秀勝（秀次とともに秀吉の養子となり、浅井三姉妹の三女江（江与）の二番目の夫となる）と、秀保（秀吉の弟秀長の養子となる）がいる。秀次を含めこの三兄弟は、叔父の秀吉や母智よりはやく死去するという不幸な運命をたどる。これはひとえに秀吉が破格の出世をとげ天下人になった矛盾のあらわれと考えていいだろう。尾張国の一住民であった三兄弟は、叔父が天下人になり歴史の表舞台に立つことで、政争に巻き込まれていったのである。

秀次は最初、秀吉の家臣であった宮部継潤の養子となったといわれ、さらに天正三年以降同十年までに、三好康長の養子となり、三好孫七郎信吉と名乗った。しかし、天正十三年までには三好氏を去って、秀吉のもとに戻った。同年に八幡山城主となったが、これはその年にあった紀伊国や四国攻めで戦功があったからであろう。八幡山城主としての就任期間は五年に過ぎず、わずかな史料しか残らないため、その動向は不明な点も多い。天正十八年に小田原攻めに参陣したのち、尾張国清須城（愛知県清須市）の城主となり、織田信雄の旧領尾張国と北伊勢を領することになった。

天正十九年に、秀吉の長男鶴松が夭折すると、秀次はその継嗣と見なされ関白となる。ところが、文禄二年（一五九三）に秀吉の次男秀頼が誕生すると、次第に秀吉から疎まれ、政治的には石田三成らの秀吉奉行層とも対立の構造が生まれる。そして、同四年、秀吉により高野山に追放され自害を命じられた。七月十五日のことで、享年二八。その妻子ら三十余人も八月二日に京都三条河原で処刑された。近年、この秀次の死について、秀吉に命じられたものではなく、無罪を秀吉に訴えるためにあえて切腹の道を自ら選んだという説も展開されている。秀次は秀吉の甥で、上記のごとく一度は秀吉の後継者と目された人物である。その意味では、秀次の最初の城地としての八幡町の歴史的重要性は高く、今まで以上に広く認識されるべきである。

二、秀次領の展開

八幡山城主秀次の所領が、近江国内でどのように広がっていたかについてみていこう。正保元年（一六四四）から幕府の命により作成された「正保郷帳」には国郡ごとの石高が記されている。そのうち、八幡山城のある蒲生郡および宿老の居城地や相論の裁定地である甲賀・野洲・坂田・浅井郡の石高合計が四三万五九六一石余になることから、この五郡の大半が秀次領であったとこれまでは推定されている。

ところが、天正十三年閏八月二十二日、秀吉が山内一豊に与えた二万石の領地宛行状（『山内家文書』）に伴う知行目録（同二十一日付）によれば、その所在地三七ヵ所のうち、約三分の一を超える一四ヵ所が伊香郡内の村となっている。また、この知行目録内にある伊香郡古橋村（長浜市）について、同村にある大谷山の境界を裁定した天正十七年の田中吉政判物（『高橋家文書』）が残っている。

古橋村は一豊の所領であるが、紛争処理は筆頭宿老の吉政があたっていたことから、伊香郡内に秀次付宿老領があったことが確かめられる。

他方、一豊あてと一日違いである閏八月二十一日付、堀尾吉晴あての秀吉の知行目録（『東京大学史料編纂所蔵文書』）によれば、吉晴の知行地である四万石・二七ヵ所の多くが、坂田郡・浅井郡に設定されたが、犬上郡に一ヵ所（久徳村、犬上郡多賀町）、伊香郡に一ヵ所（洞戸村、長浜市）の領地が存在する。これらの点からも、秀次に与えられた四三万石は、伊香郡のほか犬上郡にも点在していたことは確実とみられる。さらに、秀次宿老の一柳直末が領有した大垣城周辺の地も含んでいた可能性もある。四三万石の所在地は、膝下の蒲生郡には集中して存在しただろうが、先述の五郡にとどまらず、近江国内から美濃国にかけて、かなり広範囲かつ散在的に広がっていたのではなかろうか。

三、八幡山城の築城

八幡町を与えられた秀次は、織田家の城と認識されていた安土城（近江八幡市安土町下豊浦）から至近距離にある八幡山（鶴翼山）に築城し、山下に城下町の建築をはじめた。築城にあたって、山上にあった日牟禮八幡宮（宮内町）上社は下社に合祀され、現在村雲瑞龍寺（宮内町）がある「本丸」を中心に、南東の尾根に「二ノ丸」、南西に「西ノ丸」「出丸」、北に「北ノ丸」の曲輪を配した。築城のようすは、天正十三年九月十日付、秀次あて秀吉朱印状（『京都大学総合博物館蔵文書』）によって知られる。秀吉は秀次が普請中であった八幡山をやがて見に行くと記し、作事（建築工事）を急ぐように命を下している。

また、「二ノ丸」と「出丸」の間の谷を下った現在の八幡公園の北西には、秀次居館があり、ここから一直線に下方に伸びる大手道の両側には家臣団屋敷が築造された（図1）。居館跡では、平成十二年（二〇〇〇）以降の発掘調査により、書院跡と推定される礎石列が確認されており、金箔瓦も出土していることから、豊臣一族の城郭としての格式を備えた御殿が建造されていたと考えられる。この部分からは、中世の密教法具や石垣が出土していることから、築城時に現在地に移転したという記録が残る願成就寺（小船木町）の跡地を、居館敷地として利用したのではないかと推定されている。

四、八幡城下町の造営

秀次は城郭・居館の建築と並行して、八幡堀の外側に城下町を造営した。天正十三年のものと推定される十一月二十五日付の長田孫兵衛書状（『滋賀県八幡町史』上）によれば、安土の町はことごとく「島郷」に移されたと記している。ここでいう「島郷」は、八幡山下の土地と推定され、八幡山城下は基本的には安土の城下町を移して形成された

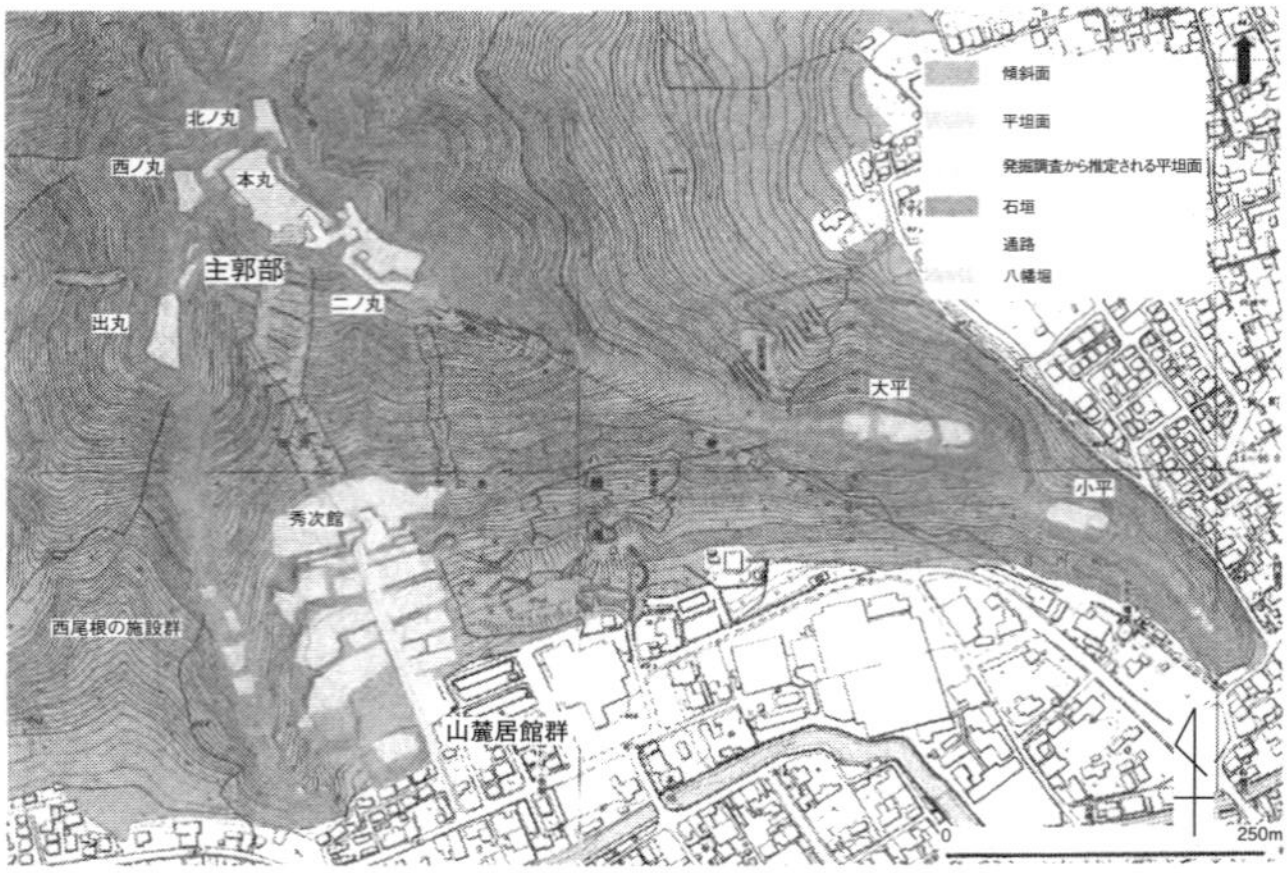

図１　八幡山城跡全体図

ことになる。現在も町名が残る池田町・佐久間町・正神（庄神）町・小幡町・永原町・慈恩寺町は、安土から移った町といわれている。その町組は、北西を上にして縦に一二の通りが並び、それに直交する横筋四筋（北西端部では五～六筋）により、碁盤目状の長方形地割が形成された。この町中の通りにつけられた町名（道の両側が同じ町）は六六で、基本的に通り方向につけられ、直交する筋には東畳屋町や西畳屋町、間之町など例外を除き、町名がつけられることはなかった。そもそも筋側の横町は間隔が狭かったこともあるが八幡町は長浜や大溝（高島市）とともに、「両側町」とも称された初期近世城下町の典型として、城方向に向く町である縦町を優先させた町割により造営された結果といえる。

『近江八幡の歴史』第一巻「街道と町なみ」第三章三「旧八幡町の町なみ」などでも記されるが、八幡町は、東西で大きくその地質構造が違っていた。八幡町が開町される以前、為心町から北西側は、湿地で水田であったといわれ、水位が高く上水道がとれないので、町はずれの数ヵ所から竹樋で引水する古式水道が活用された。水はけも悪いので、各町の境にあたる長方形地割の真ん中に、江戸時代を通して背割り排水が発達した。秀次の町割は、まずこの湿地を八幡堀の掘削で得た土で埋め立てる形ではじめられたと考えられる。大手道からつながる本町を通した後、安土から移した池田町・佐久間町と正神町・小幡町を両側に配置し、町の基幹部分を造営し、縦町を基軸とした町がつくられたのである。当初の城下町造営は、玉木町・正神町・小幡町のラインまでであったが、さらに町が南東に拡張してできたのが新町であろう。

城下町区域に高低差を調べると、南東から三本目の通りである永原町上が最も高い（図2）。このように町の南東部は高燥地で地下に水が流れていることから、上水道として井戸が使用された。湿地だった北西部とは大きく異なる。この高所地域は、中世から日牟禮八幡宮の門前町が形成され、馬場村と称したといわれている。北東部は多賀村、南東部は市井村の地先として、村落が続いていたとみられる。つまり、秀次の城下町プランは、当初北西の湿地を埋め立てた部分のみであり、それがある時代に新町まで町が伸び、最終的には中世の日牟禮八幡宮の門前や周辺村落の縁辺を呑み込む形で町場が形成されたと考えるべきであろう。

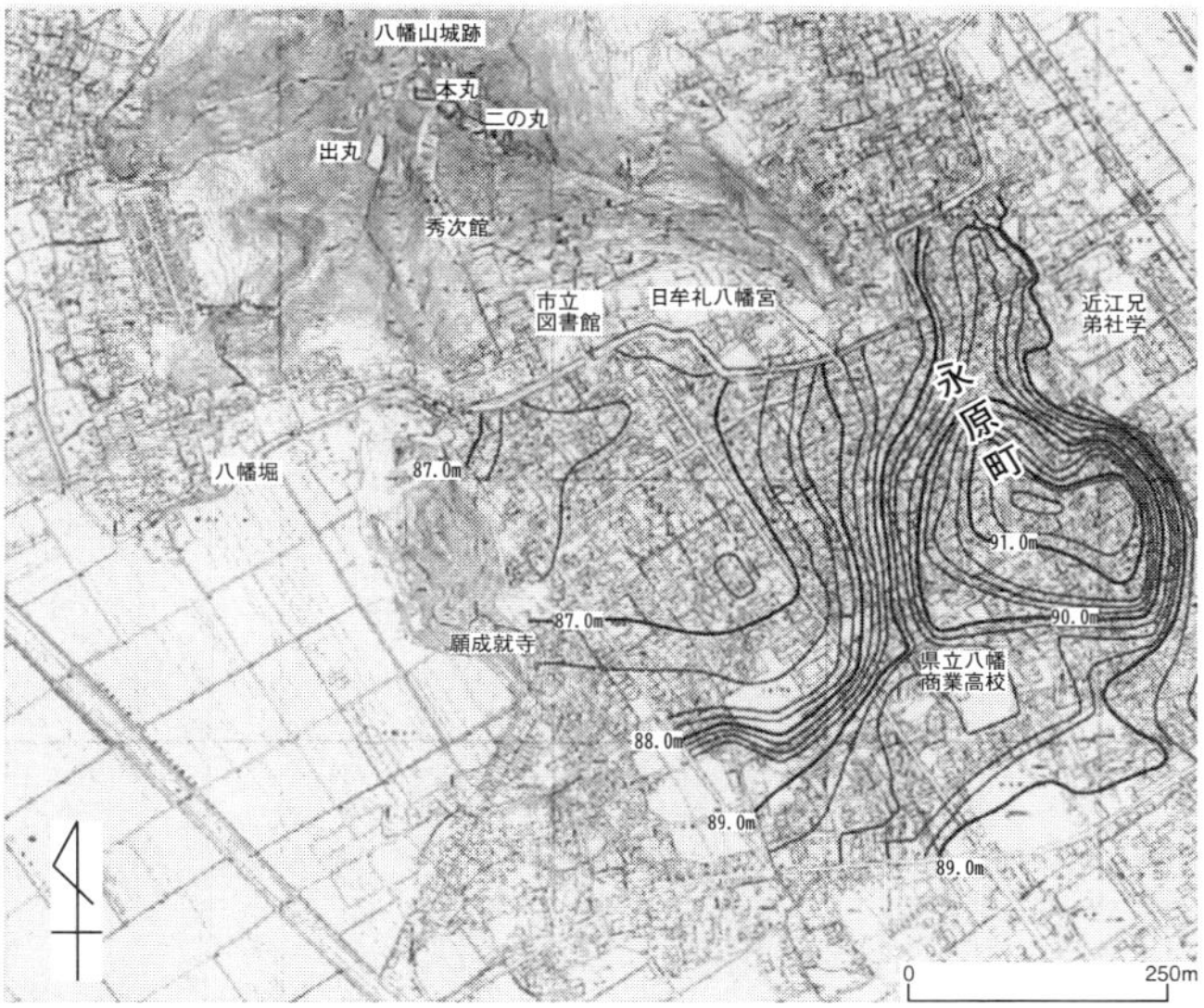

図2　八幡山城下町の地形

五、秀次の山下町中掟書

天正十四年六月、八幡山城主となって間もない秀次は、天

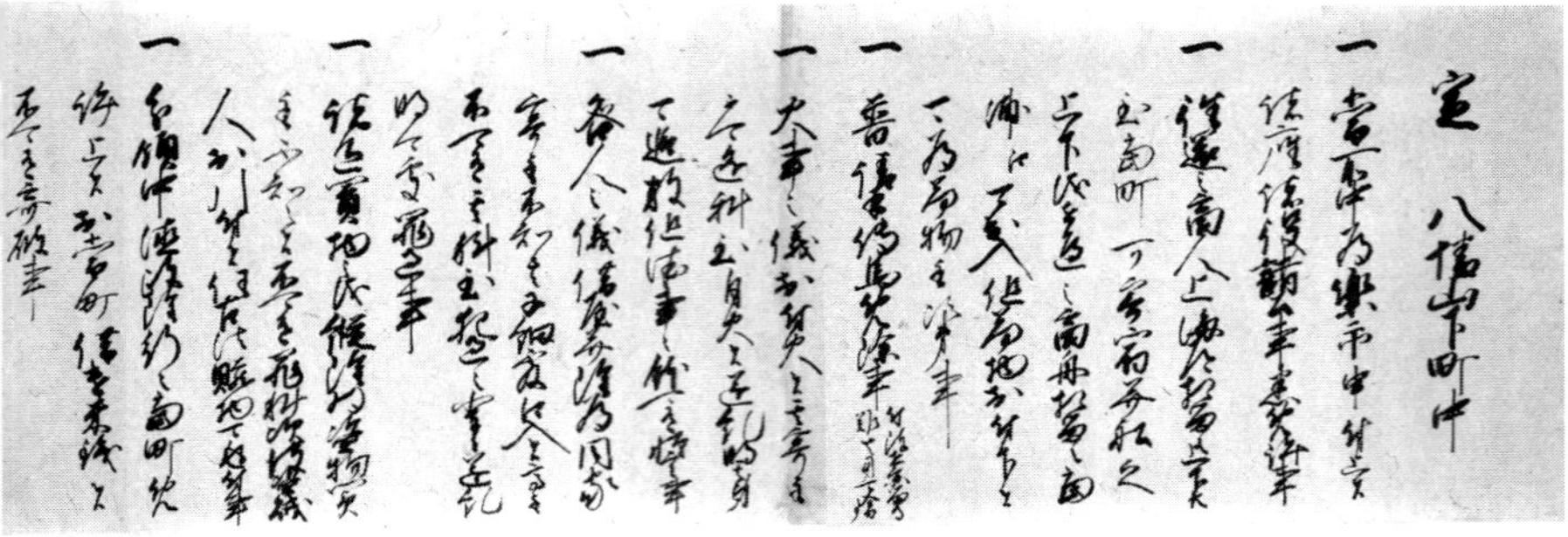
定　八幡山下町中

正五年六月に、織田信長が出した「安土山下町中掟書」を踏襲する形で、「八幡山下町中掟書」（写真）を次のような条目で出している。

第一条　八幡町が楽市であることの宣言。第二条　商人たちがのちの中山道を使わず、のちの朝鮮人街道にあたる八幡町を通る往還を使用して寄宿し、商船も八幡湊に出入りすることを規定。第三条　普請・伝馬役の免除。第四条　放火は家主の責任は問わない。第五条　罪人への借家・宿泊について、家主が罪人と知らなければ罪に問わない。第六条　盗品を買っても、買主がそのことを知らなければ罪に問わない。第七条　徳政（債務・貸借関係が破棄される政策）は町内では無効。第八条　本能寺の変以前の債務は破棄する。第九条　喧嘩・口論をしてはならず、さらに町内では質物を取ってはならない。第一〇条　譴責使が町内に入る時は、町奉行の林新左衛門尉・河瀬四郎左衛門尉に届け出る。第一一条　町内居住者について、家並役の免除。第一二条　秀次領内の馬の売買の八幡町への集中規定。第一三条　周辺の市の八幡町への集中規定。

第一条の楽市であることの宣言や、一三ヵ条の条文であることなどは、信長が安土城下に出した掟書を踏襲しているが、第二条の商船の八幡町への寄港を述べていること、第八条の本能寺の変以前の債務を破棄すること、第一三条の周辺市の八幡町集中の規定は、信長の掟書にはなく秀次の掟書のみにある条項である。全体に、町内における自由で安定した経済活動を保証し、かつ商品や商人が八幡町に集中す

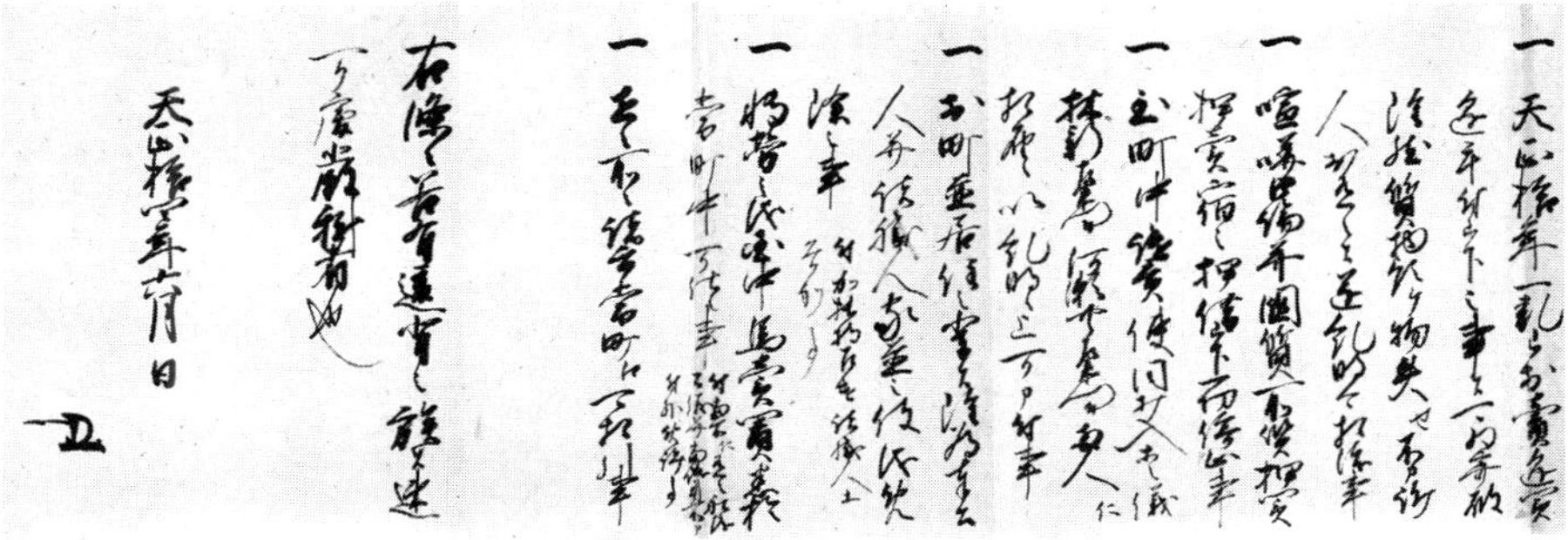

写真　八幡山下町中掟書（天正 14 年、近江八幡市蔵、重要文化財）

るよう差し向け、町の経済的発展をはかろうとする思いがみてとれる。まさしく、現在にいたる八幡町が、城下町として成立し、その後商人町として発展していく基盤を定めた法令である。さらに、安土の掟書と一緒に、この八幡町の掟書が八幡町人の手で保管されてきた事実は、八幡町が安土の町を継承するものという意識と、秀次による八幡町成立の経緯を、町の誇りや自らの特権として後世に伝えようという町民の意思が明確に読みとれる。

六、秀次の領国統治

秀次が行った領国統治や村々の紛争解決の実例については、わずかな史料しか残らない。秀次の宿老である田中吉政が、秀次入封間もなくの天正十三年九月晦日に、長命寺（長命寺町）に出した書状（『長命寺文書』）が、現存する限りでは最初に出した秀次政権の統治関係文書だが、「関白様（秀吉）」の意向に従って寺領を安堵する旨を記すが、秀次の名は出てこない。秀次の生活基盤は京都にあり、秀吉が派遣した領国にいる宿老たちが実権を握る形で、近江の支配や経営が行われたものとみられる。

そのなかで、秀次が裁定にかかわった近江八幡市域に関する案件としては、仁保川（日野川）の用水争いの裁定がある。仁保川の上流にあたる桐原郷と下流に当たる仁保荘は、応永年間（一三九四～一四二八）より、川の取水権をめぐって争っていたが、天正十四年七月二十四日、秀次は仁保郷（仁保荘）名主百姓にたいして、その取水権を認める裁定を下している。この水利組織としての桐原郷は東・古川・森尻・中小森・池田・竹村に加茂・田中江村が加わると比定され、仁保荘は江頭・小田・十王町村に比定される。この裁定にあたっては、八月一日付で秀次の筆頭宿老である田中吉政の添状が、奉行の河瀬実清あてに出されており、さらに河瀬実清からは同日、仁保荘名主百姓あてに、戦国前期にあたる六角定頼時代の六角氏家臣伊庭貞隆の裁許状を根拠として、用水の仁保荘支配が確定したことを知らせている。この河瀬の書状によれば、今回の争いの発端は、桐原郷が川に新たな樋（用水路）をかけたことにあったらしい。

このほか、天正十七年五月二十八日には、蒲生郡内を流れる日野川から取水する宮井と中津井の争いを、「中納言様（秀次）御耳へ入れ、御奉行として」とあるように、秀次の命を受けた形で、その家臣である吉田久左衛門（好寛）が、奉行として裁定している文書がある（『竜王町史』下巻）。この宮井・中津井は現在の蒲生郡竜王町域の各村をかんがいする井堰であった。また、天正十七年八月十七日には、湖北の高時川から取水する「さいかち井」をめぐって、浅井郡中野村（長浜市）と、青名村（同）・八日市村（同）の争いを、「中納言殿仰せ出され候」と秀次の意向を受ける形で、その五人の宿老（田中吉政、渡瀬良政、宮部宗治、山内一豊、堀尾吉晴）が、裁定を下している文書が残っている（『東浅井郡志』四）。

これらからも、秀次はほとんど八幡町には不在であったが、田中吉政をはじめとするその宿老や家臣たちが、秀次の意向を聞く形で、領内の政治を行っていたことが読みとれる。中央政界で活躍する秀次であったが、八幡山城主であった五年間に出した文書は一二通ほどと少ない。さらに、近江の領国経営に関する文書はそのなかの半数である。八幡山城主秀次を補佐する筆頭宿老の田中吉政の文書が、一七通あるのと比較すると、実権が田中吉政ら宿老にあったことがあらためて知られる。

七、八幡山城主時代の秀次

天正十三年から同十八年までの八幡山城主時代、秀次は短期間大坂や大和にいたこと、四国攻めを行っていることを除くと、先述したように、多くは京都で生活していた。八幡山城に在城していたと見られるのは、天正十四年二月十四日に吉田兼見に会った時と、同十六年八月十八日に、京都から八幡町に戻った時である（『滋賀県八幡町史』上、『天正記』）。そのほか、先述したように、秀次が秀吉からの城普請の督促を受けた天正十三年九月から、掟書を出した天正十四年六月頃は、城と城下町の造営時期であり、八幡町に居住する時間も長かったのではないかと思われる。

この間、天正十四年二月二十三日からは、京都の内野に豊臣政権の政庁である聚楽第を建造しはじめ、秀次はその総監督に近い立場におかれた。翌年には聚楽第が完成し、そこへの在城が命じられると、秀次の居所は京都に定まり、八幡町を訪れる機会は激減したと考えられる。九州攻めが終わった天正十六年四月十四日から十五日には、関白として後陽成天皇を聚楽第に迎えている。この行幸に際して、秀吉は諸大名に朝廷を崇敬することを約諾させる形で、実態は秀吉への臣従を誓わせる起請文を書かせた。この文書の署名をみると、秀次の豊臣政権内での地位は、秀吉・前田利家・宇喜多秀家に次いで第四位であった。以下、豊臣秀長・徳川家康・織田信雄と続く。

この間、秀次の官位もあがっていった。天正十三年に八幡山城主となった直後は「少将」、翌年には「中将」「参議」にあがり、聚楽第が完成した天正十五年九月には従三位「権中納言」、天正十七年には従二位「権中納言」に昇進している。天正十九年には従二位「権大納言」から「関白」にまでのぼりつめたことは周知のとおりである。

Ⅲ　豊臣秀次の入部

三鬼清一郎

一、織田領国から豊臣領国へ

天正十八年（一五九〇）七月に織田信雄が追放された後、尾張一国と北伊勢五郡は、甥の豊臣秀次に与えられた。秀次は秀吉の近臣である三好吉房（常閑）を父に、秀吉の実姉日秀を母に、永禄十一年（一五六八）に生まれた。羽柴孫七郎を名乗り、早くから秀吉の寵愛を受けていたようである。天正十二年の小牧・長久手の戦いでは八〇〇〇人の軍勢を預けられ、徳川家康・織田信雄の連合軍と対戦したが、秀吉の命令に背いて徳川方の本拠である三河を衝こうとして反撃にあい、多くの家臣を失うなど大敗を喫した。当然ながら秀吉から厳しくとがめられたが、翌十三年閏八月には近江国内で四三万石の大名に取り立てられている（「前田育徳会尊経閣所蔵文書」）。その内訳は、秀次の自分遣いとして二〇万石、重臣たちが実際に知行している分が二三万石と定められており、半分ほどの土地が誰からも制約を受けず自由裁量で処理できる保証が与えられていた。これによって秀次は、秀吉の権力を背景にして強固な直臣団の編成が可能となったのである。関白任官の直後にあたる秀吉としては、弱輩の秀次を一人前の武将に育て上げたいという気持ちが、とりわけ強く働いたものと思われる。

天正十四年六月、秀次は八幡山の城下に一三ヵ条の定書を発布した。これは天正五年六月に織田信長が安土城下に出した法令と殆ど同じ内容で、城下一帯を楽市と定め、座のような同業者組織を作ることを許さず、誰でも自由に商売をできるようにし、夫役などの負担も原則として免除されている。既に安土は天正十年の本能寺の変によって廃墟と化しているが、秀次は、往時の安土の繁栄を凌ぐような町造りを考えていたようで、水路の開削などを積極的に行っている。このような実績を見て秀吉は、秀次に尾張の地を与えることを決断したものと思われる。

秀次が尾張一国と北伊勢五郡の領主となったとき、徳川家康は関東に国替えを命じられて江戸城に入ったので、家康の旧領にあたる東海道筋には秀次の家臣が配置された。岡崎に田中吉政、吉田（豊橋）に池田輝政、浜松に堀尾吉晴、掛川に山内一豊、駿府（静岡）に中村一氏など、かつて「近江衆」とよばれた家臣によって三河・遠江・駿河の一帯が固められ、あたかも秀次の「与力ノ国」（『難波創業録』六）の観を呈していた。この地域には秀次の蔵入地もおかれたが、彼らはその代官を兼ねていた。同時に秀吉の蔵入地も設置されていたようで、たとえば同年十月、秀吉は尾張衆の一人である滝川彦二郎（のち豊前守忠征）とその父に対して、三河国東条の地で一万石の代官に任命している。なお、秀次が築いた八幡山城には京極高次が入部し、近江の野洲郡・蒲生郡など九万石は家康の所領となった。近江は京に近く、豊臣政権にとって戦略上の拠点であるが、このとき佐和山城（滋賀県彦根市）に石田三成を配するなどの体制がとられている。

そのころ勃発した大崎・葛西一揆を鎮定するため、秀次は奥州に出兵が命じられた。秀吉も奥州に兵をすすめ、八月九日に会津に着き、その翌日に七カ条の検地条目（「大阪市立博物館所蔵文書」、その他）を発布するなど「奥羽仕置」についての具体的指示を与えているが、最も重要と見なされていた会津領の検地は秀次が、白河近辺は宇喜多秀家が担当することとなった（「浅野家文書」）。そのあと秀吉は帰路につき、九月一日に入京するが、その途中の八月二十七日に、清須と熱田の町に三カ条の条目を出している。伝馬の賦課免除や喧嘩口論・押買狼藉の禁止など市場での秩序維持を内容とするが、この秀吉朱印状は、尾張の地が織田氏の領国から豊臣氏の領国に移ったことを天下に宣言するものであったといえよう。その後の政治状況は尾張を軸にして展開されていく。

秀次が奥羽に在陣中であった同年八月末から九月にかけて、岡崎城主である田中吉政の名で、尾張の寺社や武将などに対して所領を保証する旨の通知が発せられている。九月二十二日春日井郡の密蔵院に宛てたもの（密蔵院文書）では、篠木村にある寺領百貫文を、御朱印の旨に任せて従来通り支配させるが、秀次が尾張に戻り次第、改めて文書が出されるであろうという内容である。秀次の入部に先立って、秀吉から尾張地域の主要な寺社などの知行関係を確認する措置がとられていたことが知られる。このとき出されたとみられる秀吉朱印状は確認できず、また秀次から重ねて文書が発給されたか否かも定かではない。しかし、九月二十四日に秀次は、黒田孝高・藤堂嘉清などに知行宛行状を発給している（「黒田文書」、その他）。秀次の知行宛行はその後も続くが、なかには「源吾なわ」という織田信雄時代の検地をうかがわせる文言もみられる（「大阪城天守閣寄託永原文書」）。入部直後の秀次は、信雄時代の土地制度を大きく改変する意図はなかったように思われる。

二、秀次への関白職譲与

天正十九年（一五九一）六月に奥州で発生した九戸政実の反乱を平定するため、秀次は徳川家康とともに総大将として出征した。秀次は十月まで奥羽の各地を転戦していたが、この間の八月五日、秀吉の嗣子鶴松はわずか二歳で世を去った。鶴松は秀吉が五〇歳を超えてから側室の淀殿との間に生まれたが、周囲の期待に反して病弱で、前年の十一月十九日には伊勢神宮をはじめとする一一社に、鶴松の病気回復を祈禱するための勅使派遣が行われている（『御湯殿上日記』）。吉田神社ではこれに先立って十六日に前田玄以の依頼で祈祷が行われているが『兼見卿記』）、このときは全快したようである。ただ秀吉から諸社に一〇〇〇石ずつ奉納するという約束は果たされなかった。秀次も「疳気の薬」の調達のために奔走している（「記録御用所本古文書」）。疳とは痙攣や失神をともなう小児にありがちな発作の症状を指すようである。この嗣子鶴松の死という突発的な出来事は、秀次の運命に大きな影響を及ぼし、やがて豊臣政権の存立基盤を揺るがす事件へと発展して行くが、当時としては誰も予見できるものではなかった。

愛児を失った悲しみのあまり、秀吉は聚楽第にとどまることができず、東福寺や清水寺に籠って冥福を祈り、有馬の湯で心の傷を癒やそうとしたが、その胸中にはさまざまな思いが去来していたと思われる。秀吉の奉行人である増田長盛から奥羽に在陣中の秀次の家臣に宛てた文書は、直系の後継者亡きあとに描かれた秀吉の新たな政権構想ともいうべき内容で、実際は奥州在陣中の秀次に伝えるものであった。秀吉が先ず決断したことは、長年にわたって準備をかさねていた唐入り（朝鮮出兵）の期日を明年三月と定め、九州・四国の蔵米三〇万石を兵糧にあてるといった具体的指示を発したことである。秀吉はすでに天正十三年（一五八五）ごろから朝鮮出兵を考えていたことは明らかで（「伊予小松一柳文書」）、秀吉が愛児の死による悲しみを紛らすことが出兵の動機であるといった俗説が成立しないが、鶴松の死が出兵の契機となったことも否定できないであろう。

もう一つの決断は、この尾張にも重大な影響を及ぼす内容をもっている。それは、甥の秀次を秀吉の後継者に据え、一切の権限を譲って引退するというものである。全五カ条からなるこの書状の第三条は、「御家督・聚楽、中納言様へ御渡しなられ、上様は大坂へ御隠居ならるべき旨に候」とある。このことから秀吉は、豊臣家の家督と関白職とを秀次に与え、自分は大坂城で隠居生活に入るつもりだったと思われる。秀次は聚楽第にあって関白としての政務をとる一方、豊臣家の家長として主従制的支配の頂点に立つことが予定されていたのである。全国の大名は秀次との間に知行関係が結ばれ、所領はすべて秀次から与えられることになるから、秀次は名実ともに「天下人」となり、すべての武将は彼に忠誠を誓うことになる。秀次が支配していた尾張には織田信長の孫にあたる秀信（三法師）に与えられ、美濃には秀次の腹心の部下で三河岡崎城主の田中吉政が入ることになっていた。尾張は再び織田氏の領国となるので、尾張に所領をもつ秀次の家臣には、美濃や伊勢にある蔵入地から知行が与えられる筈であった。もしもこのプランが実行に移されていたとするならば、豊臣政権は新たな段階をむかえ、尾張の歴史も異なった展開をみせたかもしれない。

秀吉は有馬の湯治から大坂に帰ると、三カ条の「身分法令」を制定した（「浅野家文書」、その他）。これは去る七月の奥州出征以後に、武家奉公人が新規に百姓身分に戻ることを禁止する内容で、朝鮮出兵に備えて具体的準備に入ったことを意味している。また、九州大名に命じて、壱岐・対馬の防備を固めさせている（「松浦家文書」、その他）。しかし、秀吉の内面にも少なからぬ影響を与えたようで、キリシタン宣教師ルイス・フロイスは著書『日本史』（第三部二五章）の中で次のように述べている。「関白はこれをはなはだしく悲しみ、神、仏、ならびに仏僧たちによる祈禱への信頼を従来とは比較にならぬほど喪失した。そしてその息子の死を契機として、そのことで大いに涕泣し、かつ盛大な葬儀を催した後には、関白の心は以前よりも穏やかになり、かつて追放した人々をほとんど皆喚び帰らせた」とある。事実、小田原落城ののちに高野山に追放されていた北条氏直は赦免されたうえ、河内国内で二〇〇〇石を与えられている。キリシタン側は天正十五年六月の宣教師追放令の際に改易された高山右近の赦免を期待したが、これは実現に至らなかった。

三、豊臣家の家督

家督も官職もすべて放棄して隠居生活に入る筈の人間が、外国への出兵を号令すること自体が奇異な感じを抱かせるが、秀吉にとっては予定の行動であった。関白とは律令に規定はないが、公家社会で最高のもので、実際は近衛・鷹司など特定の五家のみが就くことができる官職である。すべてのことがらを天皇に奏上するときには必ず関白を通すことが必要とされ、また天皇の意志を取り次ぐ役であった。したがって常に天皇に近侍する義務があり、その側を離れることは許されない筈である。空前の武家関白となった秀吉は、それにもかかわらず九州や関東・奥羽へ自ら出陣している。これは伝統を重んじる公家社会で許されることではない。いかに秀吉といえども、関白職のままでの外征は考えていなかったと思われる。

これより先の天正十六年四月、後陽成天皇の聚楽第行幸の折、秀吉は京中の銀地子五五三枚余を禁裏に献上するなど大盤振舞いを行ったが、このとき五〇〇石を「関白領」として六宮に献上している（「桂宮御物御朱印文書類」）。六宮は後陽成天皇の弟の智仁親王のことで、すでに秀吉の猶子（名目的な養子）となっていた。朝鮮に出兵するときには、秀吉はこの智仁親王に関白職を譲る意志をもっていたが、翌年に側室の淀殿が鶴松を出産したので、この約束は解消された。もしも鶴松が生きていたならば、幼少のわが子に関白職を譲るための措置をとったと思われる。

秀吉は天正十九年十二月末に関白職を甥の秀次に譲った。その際に秀吉は秀次に、平生からの武具兵糧の用意、法度の遵守、皇室への奉公や家臣への慈愛の心持、素行上の注意など四カ条にわたる訓戒を与えている（「本願寺文書」）。その中には、茶の湯や女遊びなどは自分の真似をしてはならないといった肉親としてのこまやかな感情をうかがわせる文言もある。たとえ実子でないにせよ、豊臣家による関白職の世襲体制が内外に宣言され、秀吉が朝鮮出兵に専念できる条件は整えられたのである。

このとき秀次は、関白職と同時に豊臣家の家督も与えられたのであろうか。同年十二月二十八日の関白宣下の際に「豊氏長者」とする旨の宣旨が発せられ、牛車・兵仗（武具を携えること）で宮中に出入りすることが許されていたので、家督も与えられたとみられるが、実態はそれに程遠かった。家督は依然として秀吉の手に握られていたというべきであろう。

秀吉は太閤（前関白）として全国の大名を肥前の名護屋に集結させ、九州・四国・中国地方の大名を主力とする大軍を朝鮮に送った。戦闘に関する一切の指示は秀吉が出しており、諸大名に対する知行宛行をはじめ、ルソンや琉球などにあてた外交文書まで秀吉が発給している。秀次は関白でありながら、外交文書を出すことができなかったのである。江戸幕府の場合でも、征夷大将軍という官職を秀忠に譲って大御所となった徳川家康が、外交や貿易の権限を握っていたことと共通する面をもっている。もちろん秀次は、関白として天皇の意志を取り次ぎ、国家的な次元にかかわる問題の処理にあたっていた。たとえば「人払い令」のような全国の家数・人数を調査し、朝鮮出兵のために徴発することが可能な夫役労働力を掌握するための指令や、継馬・継舟・継飛脚といった国内の交通通信体系の確保、さらには公帖という臨済宗寺院の住持職補任状など宗教関係文書の発給を行っていた。いずれも個別領主の次元では処理できない問題で、関白としての権能に基づいていることは明白である。

秀次はまた、尾張の個別領主という立場にあった。その場合、秀次は豊臣政権下の一大名にすぎない存在で、秀吉から尾張の地を安堵されたことになる。関白という国権の最高の地位にある者が、豊臣家の家督権の下に包摂されるという奇妙な関係に立たされたことになっている。秀吉と秀次との間には主従関係が存在する筈であるが、他の大名に対するような知行宛行状は発給されていない。秀吉を頂点とする封建的なヒエラルヒーは全大名を包摂しているが、秀次だけは例外的存在といえよう。両者の関係が円満なうちは問題はおこらないが、対立関係が顕在化すれば何らかの方法で処理することが必要になってくる。その場合、秀次を尾張の一大名としての地位に押し込めるか、さもなければ抹殺することでしか政権を安定的に維持することはできない。関白と同時に個別領主であるという立場は、いずれは淘汰される運命にあったというべきであろう。

四、太閤検地の施行

秀吉は征服地を拡大するたびに、奉行人を派遣して村ごとに土地の実際の権利関係などを調査して年貢納入の基礎を確定した。それを総称して太閤検地という。通常は六尺三寸（＝一間）の竿を用いて三〇〇歩を一反とし、一筆ごとの土地を丈量して田畑ごとに上、中、下、下々といった等級を定め、あらかじめ決められた一反あたりの標準収穫量（たとえば上田一反＝一石五斗、上畑一反＝一石二斗）を乗じてその石盛を算定する方式がとられている。そして、それぞれの土地の耕作者が誰であるか確定される。このような事項を記載した帳簿を検地帳といい、土地台帳として大切に保存されていることが多い。検地帳に登録された百姓は、その土地を所持する権利が保証されると同時に、収穫物の一定額を年貢として納入する義務を負わされたのである。

尾張の太閤検地は天正二十年に施行された。高橋郡（矢作川右岸の西加茂郡の地域、現在の豊田市付近）の検地帳は何冊かが現存しているが、この検地奉行は秀次の家臣である吉田修理亮（好寛）が勤めており、惣国検地の一環として行われたことが知られる。高橋郡一帯は江戸時代には三河国に属すが、この時期は尾張国であった。全国的にみれば、太閤検地帳はかなりの数が存在しているが、尾張の場合はこの高橋郡のもの以外は現存していない。江戸時代の正保年間（一六四〇年代の中ごろ）、尾張藩が財政の立て直しをはかるために実施した「高概し」とよばれる石高の名目上の操作の際、藩が検地帳を回収したといわれている。

当然ながら尾張藩の領域内には太閤検地帳は残されていないが、それを推定できる史料として、天正二十年四月の「尾張国海東郡内津嶋北郷御検地帳」がある。表紙に「給人神主」と記されているように、津島神社の社領であるから神主が領主権を有しており、その土地を耕作する百姓は神社に年貢を納入することになっていた。実際に竿打ちを担当した者の名前もあり、このとき実施された検地は、土地台帳を提出させてそれを点検するだけの「差出検地」ではなく、土地の計測が行われたことが知られる。ただ、表紙の裏に「天正廿年御検地之物成帳」とあることから、この帳簿は通常の検地帳ではなく、年貢（物成）徴収のために作成されたものであることが確認できよう。さらに次のような記載もみられる。

上田　　壱反ニ付て壱石五斗代
　　　但、定物成　壱石五升也　このうち米二升一合

上田一反の標準収穫量が一石五斗ということは、天正十七年（一五八九）十月の美濃国検地条目（「成簣堂古文書片桐文書」）や文禄三年（一五九四）六月の伊勢検地（「文禄神領検地沙汰文」）をはじめとする畿内近国の一斉検地の際に出された検地条目と一致した数値である。この尾張領の太閤検地も通常の方式で実施されたと見てよいであろう。定物成が一石五升となっているから、この場合の年貢率は標準収穫量の七割（七ツ取）で、個々の百姓のところに記載された数字は、そこから収納すべき年貢額であることが知られる。したがって、この帳簿は検地帳ではなく、津島神社が社領の年貢を徴収するために作成した物成帳であることが確認できよう。

五、朝鮮出兵と尾張

天正二十年（一五九二）四月、秀吉は「唐入り」と号して朝鮮へ大軍を送った。当初は九州、四国、中国地方に所領をもつ大名達が順次渡海を命じられたが、尾張出身の武将もこれに参加している。『陣立書』によれば、すでに肥後熊本一九万五〇〇〇石を領していた加藤清正は、一万人を率いて第二陣の筆頭に、伊予今治一一万三〇〇〇石に封ぜられていた福島正則は、四国大名を統率する形で五〇〇〇人の軍勢で第五陣の筆頭に名を連ねている。清正は朝鮮の首都（漢城府＝ソウル）から北上して咸鏡道に入り、朝鮮の二王子を捕虜にし、さらにオランカイ（中国東北地方）を越えて明への進攻路を探ろうとした。正則は四国水軍の将として兵員の輸送に従事するほか、文禄三年（一五九四）には秀吉の命をうけ、番替として朝鮮に渡っている。

関白秀次は、かつての近江衆である堀尾吉晴、山内一豊、松下之綱らを率いて京都の守備にあたった。尾張に所領をもつ武将の多くはこれに従っている。同年五月に朝鮮の首都が陥落した直後、秀吉は秀次に二五カ条の条書を与え、いわゆる「三国国割計画」を公表した。これは日本・朝鮮・中国にまたがる全世界の支配をめざしたもので、さらにはインドへも武力進攻をはかる内容をもっていた。冒頭で後陽成天皇を中国の北京に移し、その関白に秀次をあて、関白領として都の周辺で百カ国を与えるといった内容である。これは戦局の推移を客観的にとらえることのできない空想的なプランに過ぎないものであるが、秀吉としては本気で考えていたふしもみられる。天皇を外国へ移すということも名目上は「行幸」であるから、秀吉は前田玄以を通じて公家衆に行幸の先例を問い合わせている。

玄以は民部卿法印と称し、公家や寺社関係を担当する奉行人である。宛所は四十数名の公家であるが、殆どの公家は自分の名前の下に花押を据えている。この文書は公家衆の間で回覧されたことが知られる。

秀次は六月に、三万四二三〇人にのぼる軍事編成（御人数之次第）と七カ条の軍法を定めた（前田育徳会尊経閣所蔵文書）。後陽成天皇の北京行幸の際には、秀吉の命令次第でいつでも出陣できる準備が整えられている。京都を守護する体制を海外出兵に切り替えただけのものであるが、関白という天皇を補佐すべき立場にある者としては当然のことでもあった。秀次は朝鮮出兵に関して、折にふれて朱印状を発給しているが、秀吉の命令を伝達するものが多い。作戦など一切の権限は秀吉の手に握られていたのである。もちろん秀吉も秀次も実際に渡海することはなかった。

秀吉は肥前の名護屋城にあって戦闘の指揮にあたっていたが、戦局はその思惑を越えてすすんでいった。緒戦の勝利によって占領地域は拡がったが、朝鮮水軍の活躍により兵員や物資の補給は意のままにならず、兵糧米も不足しがちであった。民衆を主体とする義兵運動の高まりによって進路が阻まれ、当初に予定していた食料の現地調達などは及ぶべくもなかったのである。したがって、局地的な戦いで勝ったとしても、限られた兵員を占領地域に配置しなければならないので、かえって防御が手薄となり、目に見えない形で敗北の要因は忍び寄ってきていた。朝鮮の正規軍は弱体であったが、明国からの援軍の到着によって立場は逆転しつつあった。このような情勢の変化を秀吉は認識することができず、その耳には、加藤清正などからの「勝利」の報告だけが入っていた。明国との間に講和交渉が始められたものの、秀吉はこれを「大明からの侘言」ととらえ、朝鮮での領土獲得は当然のことと思っていた。中華思想に根ざしている明国は、日本を対等な国家と見なしていなかったから、両者の立場や意図はかけはなれており、交渉が成立する余地は全くなかったのである。文禄五年（一五九六）に来日した明国の使節は、「汝を封じて日本国王とす」という皇帝の詔書を秀吉に呈した。秀吉はこれを明国の裏切りと怒り、慶長二年（一五九七）に再度の朝鮮出兵を命じた。このときには既に、関白秀次は世を去っていたのである。

六、加藤清正の人物像

尾張出身の武将のうちで、朝鮮出兵の際に目立った動きをみせるのは、加藤清正と福島正則であろう。正則はのちに尾張の領主となるが、清正は若くして故郷を出てから各地を転戦し、尾張に帰ることはほとんどなかった。

清正は永禄五年（一五六二）に尾張国愛知郡中村（名古屋市中村区）に生まれた。秀吉に仕え、天正八年（一五八〇）に秀吉から播磨国（兵庫県）神東郡内で一二〇石の地を与えられた（「紀伊徳川文書」）。その後も戦功を重ね、天正十一年の賤ヶ岳の戦いでは「七本槍」の一人にかぞえられ、同十三年には従五位下主計頭に叙任されている。天正十六年閏五月には肥後半国十九万五〇〇〇石が与えられ、熊本城主となった（以下、主として「前田育徳会尊経閣所蔵文書」による）。残りの半国は小西行長（宇戸城主、一四万六〇〇〇石）と相良長毎（人吉城主、一万八〇〇〇石）が領するところとなった。

その前年の三月、秀吉は九州の島津氏を攻めて降伏させた。このとき肥後一国は重臣の佐々成政（陸奥守）に与えられたが、成政は秀吉に命に背いて強引な施策を行ったため土豪層の反発を招き、大規模な検地反対一揆が勃発した。一揆はやがて鎮圧されるが、成政は所領を没収され切腹させられた。このような土地に清正を入れるにあたって、秀吉は清正に、家来の者や百姓までも動員して荒地の開墾を行い、法度の厳守を申し渡している。なお秀吉は、清正に与えた知行宛行状のうち、二万石を重臣や国侍などに分与し、残りの一七万五〇〇〇石を清正自身の分という厳格な区別を行っており、たとえば八代十三人衆といった土豪・国侍への知行宛行にも具体的な指示を与えている。

天正二十年の朝鮮出兵における主力は九州大名であるから、清正も一万人の軍勢を率いて第二陣の先頭に配置された。清正は出兵に先立って、大唐（中国）で二〇カ国を拝領するのだと手放しで喜んでいる。清正は四月十八日に釜山に到着し、五月二日には朝鮮の首都漢城府（ソウル）を陥れた。このことを秀吉に真っ先に報告したのは清正である。そののち清正は朝鮮王朝の二王子を捕らえ、北進を続けてオランカイ（現在の中国東北部にあたる女真族の居住地）にまで到達した。そこから明国の首都北京へ入るルートを探ろうとしたのである。朝鮮出兵の真の目的は「唐入り」であるが、清正は秀吉の朝鮮出兵を積極的に支えた中心人物とみなされており、朝鮮での虎退治など豪快な逸話の持主である。早くから石田三成のような「吏僚派」武将との折合が悪く、福島正則とともに「武断派」の代表格と考えられていた。肖像画に描かれた彼の風貌からも、そのような事情が伺われよう。

しかし、清正が実際に出した書状などから伝わってくるイメージは、むしろ慎重で細心な性格が感じられる。肥後に入部したのち清正は、領内で麦年貢を三分の二という高率で徴収したが、これは長崎に送ってルソンへ輸出するためであった。熱心な日蓮宗の信者である清正は、キリシタン宣教師が介在する南蛮貿易船を領内の港に入れることは許さなかったが、原田喜右衛門という商人を通じて取引を行い、高価な外国製の武具を入手したのである。

朝鮮に渡った後の清正は、国元へしばしば長文の手紙を送っているが、ときには数十カ条にものぼっている。こと領内の仕置について細かい指示を与え、麦相場の変動についても気をくばっている。国元から朝鮮へ送ることが求められている物資は、塩・味噌などの生活必需品や武具類のほか、墨、風呂釜、漆、油、紙、水桶、行水桶、屏風、蝋燭、燭台、提灯などである。防寒具の綿入布子や火縄用の木綿・舟に用いる青苧なども大量に必要としたようで、到着が遅れた場合は責任者を成敗するという厳命を下している。戦局の推移につれて物資の不足が深刻化するため、清正からの要求も一段と激しくなってきている。朝鮮との補給路を確保するため、領内の古船・新船をことごとく調査し、賃船でもよいから釜山へ至急送るように指示している。

清正は若い時期に尾張を離れ、秀吉の子飼いの大名として成長を遂げた。関ヶ原の戦ののちは、熱田社の惣検校である馬場光仲に対し、社殿の修造などは勧進（募金活動）ではなく、豊臣秀頼の資金で行うべきことという徳川家康の指示を伝えている。秀吉が世を去り、すでに徳川家の天下となっているなかで、嗣子秀頼をもり立てていこうとする清正の努力は、彼の死まで続けられた。

七、尾張領の監察

文禄二年（一五九三）八月、秀吉は待望の跡継ぎに恵まれた。さきに夭折した鶴松と同じく、側室の淀殿との間に生まれた子は「お拾い」と名付けられ、大坂城内で大事に育てられた。のちの豊臣秀頼である。この偶然ともいえる出来事は、関白秀次の立場にも大きな影響を与え、やがて悲劇的な結末を迎えるようになったのである。

秀吉は、これまで朝鮮出兵のための船の建造にあてるために中止していた伏見城の普請を再開した。当初は自分の隠居所と考えていたのであるが、聚楽第をしのぐ政治の拠点として拡張する方針に改められた。そのため、国内にとどまっている大名の殆どが動員され、秋田や屋久島をはじめ全国から用材が集められた。木曽山の檜も川流しで犬山付近へ集められ、陸路で上方へ運ばれている。この工事は文禄三年二月ごろから開始されたが、同年末には秀頼がここに入っている。秀吉は尾張出身の武将である滝川彦二郎（忠征）らの普請奉行に対して、工事を督励している。政治の実権を甥の秀次から実子の秀頼へ移そうとする秀吉の計画は、着々と進められていった。

秀次領である尾張に対する監察は、秀頼が生まれた文禄二年の秋ごろから始められた（『駒井日記』）。はじめ秀吉は、秀頼と秀次の娘とを結婚させることを考え、かつての盟友である前田利家を通じて指示を与えていたが、すぐに秀吉は、一旦は中止したはずの尾張への鷹狩りに出発した。もちろんこれは、秀次領の視察が目的である。鷹狩りを名目にすれば、どのような場所にも入っていけるから、事実上の軍事行動といえよう。そのうえで秀吉は、尾張八郡に奉行を派遣して具体的な調査にとりかかった。この調査には、秀次側の奉行も一人ずつ付き添っている。まず田畑の荒廃状況から調査が開始された。尾張は秀吉自身の生国であるが、衰退ぶりが著しいので、その原因を確かめるとみずから述べているが、領主としての秀次の失政を追及することが真の狙いであった。尾張領の給人帳・検地帳・蔵入帳が作成され、秀吉に提出された。その結果、町場としての清須の復興・堤防工事の開始・武家奉公人となっている百姓の還住・荒地を開墾した者への一年間の年貢免除・衰微の著しい津島への五年間の諸役免除など十数カ条におよぶ具体的な方針が秀吉から指示された。秀次側の奉行が尾張を離れた後も、秀吉側の奉行人による調査は続けられ、その結果は逐一秀吉に報告された。前年に行われた検地の結果をもとに、検見によって実際の収穫高を調査し、全収穫量のうちから一定額を作徳として百姓に遣わし、残りすべてを運上するという徹底した方策がとられている。また、給人の軍役を半減する代りに知行権を三年間秀吉が召上げるという条項も見られる。秀次の知行権は事実上剝脱され、領主としての立場は無視され、さらに窮地に立たされていったのである。ただ、この秀次領の監察においては、竿入れは行われていないので、尾張領の再検地と呼ぶのは適当ではないように思われる。

秀次は関白職に就いているため、つねに在京しており、その間の尾張の支配は父である三好常閑（三位法印）があたっていた。常閑の所領は一〇万石であるが、検地の結果一万二二〇〇石が不足していたとして、その分を蔵入地から補填されている。常閑は尾張の寺社にたいして所領安堵や給人への知行宛行状を出しているが、発給文書の数はあまり多くない。時折上洛して秀次と連絡をとっていたようである。清須については三名の町奉行が任命され、家数とともに町人の実態までが調査され、家改帳が作成された。約二六〇〇軒のうち六割ほどは以前からの住人であるが、三割ほどは尾張領内からの移住者で、名古屋・熱田・小牧などの町人も僅かながら見られる。他国から来た者も一割ほどが確認されている。清須城下に住むことが許されたのは以前からの居住者のみで、そのほかの者は在所へ戻され、農耕に従事することが強制された。このようにして尾張領内の実態は、余すところなく秀吉に把握されていったのである。

八、木曽川の堤普請

尾張領の荒廃が激しかったのは、たび重なる洪水の被害によるものであった。とくに天正十四年（一五八六）には、河川の氾濫によって津島をはじめとする西南部の低湿地帯は壊滅的な打撃をうけており、木曽川の流路が変わるほどであったといわれている。尾張の復興計画とは、大規模な堤普請（堤防工事）を行うことにほかならず、水との戦いがすべてであったのである。

秀吉はこれについても具体的な方針を示している（『駒井日記』）。文禄三年（一五九四）正月から、知行取の給人は必ず尾張に居住し、堤のそばに小屋を建てて普請を行うことが命じられている。百姓に対しても同様に、割り当てられた工事箇所で精をいれて励むようにという指示が与えられている。この指示のなかに「百姓親子並びに親類、家に二世帯住むべからず」として、それぞれ別個に家を造るようにという規定がある。百姓に対して賦課される夫役は家数を基準にしているから、幾つもの家族が一軒の家で生活する複合大家族の形態をとれば、負担を軽くすることも可能になる。領主側としては、それを防いで夫役人数を確保する意味からも、それぞれの家族を独立させ、家数を増加させる方針で臨んだのである。しかし、夫婦と子供・老人だけの家族（いわゆる単婚小家族）の場合、夫役労働に耐えうる者は一人しかいないから、その者が微発されれば農耕は困難になり、年貢の納入が滞ってしまうことになる。百姓は、年貢と夫役という二重の負担に苦しめられていたのである。ちなみに、夫役を負担するのは一五歳から六〇歳までの男子であることが一般的で、女子に夫役は課せられなかった。

尾張の堤普請で注目されるのは、陰陽師の大量投入である。陰陽師は律令制下では改元や暦の作成といった国家的行事に関与し、占星術などで天の意志を事前に察知する役人であった。民間の陰陽師もまた、時間や方位の吉凶を占い、地鎮や種々の祓いを行って日常生活の中に溶けこんでいたのである。しかし、領主側から見れば、彼らは耕作にも従事せず、武家に奉公もしない浮遊民にすぎない存在で、社会に害をもたらすと見なされたように思われる。

文禄二年十一月、秀吉は尾張国中堤普請についての置目を発しているが、同じころ秀吉は全国的な陰陽師狩りを実施した。当初の目的は彼らを半年前に改易された豊後大友氏領の復旧に宛てるつもりであったが、予定を変更して尾張に送られることになったのである。

京都や堺・大坂・奈良から集められた陰陽師一三一人は、清須を中心として、萩原・津島・熱田の三方向と、熱田から津島までの道筋に配置された。近世において、萩原は美濃路の宿駅で、国府宮（尾張大国霊神社）に近く、津島は熱田と桑名とを結ぶ海上七里の渡しに代わって作られた佐屋路に接し、織田氏以来の信仰を集めた津島社がある。熱田は海陸交通の要衝として栄えた東海道の宿駅で、熱田社は古代から朝野の崇敬を集めていた。この路は鎌倉街道と呼ばれ、秀吉の出生地である中村を経由している。起点となる清須の近くにある真清田社は尾張一宮として知られている。したがって、陰陽師が配置されたのは、清須城下を中心として、尾張南西部の宿駅またはそれに準ずる町場を結んだところで、領民の信仰を集めた神社の所在地であったことが確認できる。それには秀吉の出生地も含まれている。

尾張の普請は「荒地おこし」と呼ばれるように、木曽川の堤防決壊によって荒廃した田畠の復旧を目的とするもので、陰陽師もその労働力として利用された。陰陽師は祈禱や易占などを生業とするものであるから、彼らのもつ呪術性は、開墾された土地が再び水害に脅かされることなく、安定した生産が確保されるよう、地の神を鎮める役割が期待されていたと思われる。皮肉な結果ではあるが、陰陽師は秀吉によって社会的存在を否定され、尾張で強制労働に従事させられたが、それによって地霊を祀るという本来の儀礼を行ったのである。

尾張の領主である秀次やその家臣も、堤普請に従事したことはもちろんである。文禄三年六月に秀次は、三輪宗右衛門尉など七人の奉行衆に対して、その労をねぎらう朱印状を出しているが、宛所の最初にある三輪のところには黒印が押捺されている。おそらくこの文書は回覧されたものと思われるが、文書の機能を考察するうえで貴重なものといえよう。

九、秀次事件と尾張

文禄四年（一五九五）に入ってからは、秀吉と秀次との関係はさらに緊迫化した模様で、秀次の姿は史料から急速に遠ざかっていく。尾張の堤普請は続いていたようであるが（『駒井日記』）、秀次は聚楽第を動いていないので、尾張との関係はつかめない。四月ごろから弟の羽柴秀保が大和の十津川で病をわずらい、やがて他界するが、事情がほとんど知らされていなかったようで、見舞いはおろか、書を出した形跡も見られない。葬儀についても、秀吉から内密に行うようにとの指示が出され、秀次もそれに従という返答を行っている。やや不自然な感を抱かせる。

秀次は秀吉から謀叛の嫌疑をかけられ、七月八日に出家して無位無官の身となり、そのまま高野山に追いやられて十五日に切腹して果てた。多くの家臣も彼と運命を共にしたが、その中には一柳右近のような尾張に関係のある武将も含まれている。

翌八月三日、徳川家康・前田利家など六人の年寄衆は連署して、五カ条の「御掟」、九カ条の「御掟追加」を発布した（「浅野家文書」ほか）。これは秀次事件を暴力的な方法で処理した豊臣政権が、大名以下の動揺を抑え、安定した体制を確立するための、いわば臨戦体制下の法令であるが、のちに江戸幕府が制定した「武家諸法度」・「禁中並公家諸法度」（「御当家令条」ほか）に連なる重要な内容をもっている。尾張の地は再び秀吉が支配するところとなり、秀吉は前関白（太閤）太政大臣という官職で、名実ともに国政の最高の位置に立ったのである。

八月三日と八日に秀吉は、尾張をはじめとする旧秀次領を没収して、新たに自己の家臣や寺社に配分した。武将にあてた秀吉朱印状はかなり残っているが、寺社に原文書が保存されている例は少ない。それは、明治五年（一八七二）に名古屋県の社寺掛が借用したままになっているからである。地租改正に備えて寺社領の規模を把握するためにとられた措置であろうが、原文書が行方不明になっていることは残念である。そのうちの一部は、名古屋税務監督局に保管されたのち、もとの所有者に返還されたようであるが、その数は多くない。

Ⅳ　関白秀次の文芸政策

諏訪勝則

はじめに

天正十九年（一五九一）十二月二十八日、豊臣家二世関白に就任した秀次は「殺生関白」とも評され、才知に欠けた人物とも言われる。(1)彼の動向の実態については、先学の諸氏により政治・文化活動等、様々な視点から研究が進められている。

政治的な動きについては朝尾直弘氏の「豊臣政権論」以来、「関白政権」の可能性の分析を中心に活発な議論を生じ、解明が進められてきた。現段階では決定的な見解は示されていないものの、その行動が徐々に明らかにされつつある。(2)

これに対して文化的な側面から秀次の足跡を検証するという作業は立ち遅れているのが実状である。確かに秀次の文芸活動に関する論考は何点か見られるが、これらは関白就任以降の活動を中心に概略的に事例を紹介する程度にとどまっており、秀次の立場の変遷との関連や茶の湯・連歌といった個々の分野を総体的に顧みるという研究はなされていないと言っても過言ではない。(3)文化の面から秀次の事績を追跡するとそこには文化人としての姿を認めることができ、従来の彼に対する一般的な印象とは異なる見解が生ずる。その行動のなかでも特に注目すべきことは、関白任官以降、文化的な面において五山・公家を保護・統制し、やがてその権限は政治的な領域にも抵触する可能性があったことである。

そこでなぜ秀次の権限が政治的な分野にまで及ぶ勢いであったのかということを明らかにする前段階として、本稿では彼の文芸活動を三好康長のもとに養子入りしていた時代から振り返ることにしたい。

一、三好信吉時代の事績

秀次は天正十年（一五八二）六月ころから翌十一年十二月八日までは「三好孫七郎信吉」と称し三好康長の養子となっていた。秀次が康長のもとを去ったのは、同十二年四月から六月の間と考えられる。(4) 養父康長は信長時代三好一族の実質的な継承者として活躍したほか、三好氏のなかでも傑出した文化人として知られる。秀次は康長の養子時代、主に連歌と茶の湯に勤しんだ。そこでまず連歌について顧みることにしよう。

その初見は天正十年六月二十四日、連歌界の大立者里村紹巴・昌叱をはじめ里村一門の人々が名を連ねた夢想百韻連歌に脇句を付けた時である。(5) 秀次が脇句を詠んだとなると彼が亭主ということになろう。発句は「御」と記されており、確かなことは分からないが正親町天皇であろうか。当会で特に注視されることは十五歳という若さで里村一門との連歌会において亭主となったことである。なお、当会は秀次の文芸活動全般を通じての最初の記録でもある。その後、秀次は同年八月十八日には紹巴・昌叱・心前・兼如・示道・徳順・右治・古為と夢想百韻連歌会を催している。(6) そ

秀次が若くして里村一門と親しく接することができたのは、秀吉および康長がそれぞれ紹巴・昌叱と交流があったことが挙げられる。(7)

以後、秀次は様々な機会に連歌に接することになり、その大半に紹巴・昌叱が参画している。両者は連歌以外でも生涯にわたって秀次の文芸活動を支援していくことになる。

次に連歌とともに秀次の文芸活動の基礎となった茶の湯に関する活動について検討することにしたい。秀次が茶の湯に関わった最初の事例は天正十一年十月六日、当代を代表する茶匠である堺の津田（天王寺屋）宗及のもとで張行された会に客となった時である。『宗及茶湯日記自会記』(8)には、

同（天正十一年）十月六日　孫七郎《筑州お井さま》　休夢　宮部藤左衛門

と見える。休夢とは、黒田孝高（如水）の叔父といわれ、宗及と度々茶の湯を催したほか、秀吉に近接し、文禄二年（一五九三）正月十三日には、肥前名護屋の陣中で茶会を開くなど、秀吉の茶事にも関与した人物である。藤左衛門尉は、『自会記』天正十一年六月二十日の記録に「羽柴殿御おひこ（甥子）の内衆」とあり、秀次の家臣であったことがわかる。そして彼は宗及の茶会に数度にわたって参会するなど茶の湯に関して一廉の知識を身に付けた者と考えられる。

その後、同年十二月八日には、再び宗及亭の茶会に休夢・藤左衛門と参席している。(9)じ来秀次は度々宗及の茶会に出向いている。この年十六歳で「天下三宗匠」と称される宗及と交わったことは着目すべきである。

秀次と宗及の交流が円滑に進んだ要因は連歌の事例とも関連するが、秀吉と康長がそれぞれ信長時代から宗及の茶席に赴いていたことが指摘できる。特に康長と天王寺屋グループとは緊密な間柄であった。

米原正義氏の「三好長慶とその周辺の文芸」(10)によると、三好豊前守義賢（之康・物外軒実休）をはじめ三好一族の人々は、堺の天王寺屋一族などと頻繁に茶の湯を催したことが知られ、康長はその主要な構成員として度々登場しており、文武両面にわたって三好一派の一員として活躍していた。

また、青柳勝氏の「織田政権下における堺衆―津田宗及の従属をめぐって―」(11)において『天王寺屋会記』に登場す

る武士の天正十年六月までの記録を集覧した表によると、康長の登場回数は三好義賢・安宅冬康に次いで三番目であり、三好一族の中でも突出しており、康長は相当の茶人であったことがわかる。なお、同記には康長の名は、天正十二年八月二十八日の宗及亭の会まで確認でき、秀次が茶の湯を嗜み始めるころまで康長は依然として天王寺屋一族と接触している。

　次に秀次と康長との接点を考える上で重要な問題である利休の右筆「鳴海」について触れたい[12]。

連清　木村彦左衛門木村者宇多源氏佐々木之流也
　　　仕三好笑岩（康長）領二千石也
　　　剃髪名宗弥
├清持　木村彦作
│　　　継父跡仕于笑岩仕于関白秀次
│　　　剃髪名道祐
└寿世　鳴海五郎右衛門
　　　　継母家氏号鳴海
　　　　文禄四年剃髪名円斎
　　　　同年奉仕
　　　　台徳院殿
　　　　慶長十四年死歳五十三
　├寿幸　新蔵
　│　　　剃髪名宗円
　│　　　慶長十四年継父跡奉仕
　│　　　台徳院殿其後奉仕
　│　　　将軍家
　└寿継

鳴海氏系図

＊『寛政重修諸家譜』では寿幸について「御数寄屋坊主をつとむ」とあるほかは記述の面で『寛政重修諸家譜』『寛永諸家系図伝』とも特に相違点はない。

小松茂美氏は『利休の手紙』（二六六頁）のなかで、『江岑夏書』の記す「なるみ宗円ぢい」（小松氏は宗円の祖父とする）は『寛政重修諸家譜』に記されている鳴海寿幸（宗円）の祖父に当たる「清持」に比定している。『寛政重修諸家譜』より以前に記された『寛永諸家系図伝』で鳴海氏について見てみたい。同伝の「茶道」の部類のなかで鳴海氏について前記のように記されている。

　私も、「鳴海」はこの系図に見られる清持ではなかろうかと思う。となると、利休の右筆をするほどの人物であるからには茶の湯に関して相当の心得があったことは間違いないであろう。そこで清持が茶の湯を始めたころを推測するならば、茶人康長のもとに仕えていた時から茶の湯に接したと考えられる。その後、清持は秀次の家臣になるわけであるが、その際茶の湯に関して秀次に何らかの形で影響、あるいは秀次と康長の接点になったのであろう。ついで清持は利休の右筆となり、その子孫が徳川時代、茶の湯でその名が知られるにいたったのである。

ただし、若干の疑問としては清持の代から彼の妻の姓である「鳴海」を称したかは確かでなく、全面的に利休の右筆「鳴海」を清持と考えることはできない。しかし仮に清持が利休の右筆でなかったとしても、清持は三好康長に仕えた連清の子として自身も康長の家臣となり、その後康長の養子秀次に出仕したわけであり康長のもとで培った文化的な知識を秀次に伝授したと見られる。そして、康長から秀次へ移行した家臣の中にも清持のような人物が他にも存在し、連歌や茶の湯をはじめ様々なことを伝えたと考えてよいであろう。

かくて秀次は文芸活動を志す上で文化人三好康長という良い環境のもとに養子入りした。秀次が康長からどの程度影響を受けたかは分からないが、十五・六歳という若さで康長と交流があったこの時代を代表する連歌師や茶人と接し、文芸活動に関する様々な知識を修得していった。以後この時期に身に付けた文化的な素養、とくに連歌や茶の湯に関する知識を基底に多方面にわたって文芸活動に邁進し、本格的な文化人としての道を歩むことになる。

二、羽柴秀次時代の事績

(一)「饗応」としての活動

天正十二年ころ康長のもとを離れた秀次は、その後豊臣政権の一員として行動することになる。天正十三年十月六日に「少将」、同十五年二月六日には「宰相成」になるなど立場的には次第に高位置についた[13]。

秀吉は政策の一環として文芸交流をも積極的に推進したわけであるが、秀次は豊臣政権の有力者として様々な活動に関与することになる。

そこで本項では秀次の関白就任以前の文芸活動について豊臣政権との関わりに着目し、検討することにしたい。まずは饗応という面からその動向を追跡することにしよう。

秀吉のもとでは賓客をもてなすための一手段として能や茶の湯の会が張行されたことは周知のことである。秀吉の甥として秀次は政権にとって重要な人物が上洛した際などには、能や茶の湯の会を主催した。

秀次は、天正十三年十二月二十四日、自邸において安芸毛利輝元の使者小早川隆景・吉川元長のために能楽の会を開き、金剛又兵衛が三番を演じた（『宇野主水日記』）。その後、秀次は同十四年十月二十九日、小牧の役の講和が成立し、上洛してきた徳川家康のために同じく能楽の会を張行した（『多聞院日記』）。

そして同十五年正月四日、秀次は九州出陣の大坂城大茶の湯などに参席（正月三日実施）するため博多から来ていた豪商茶人神屋宗湛を自邸で茶の湯のもてなしをしている[14]。

ついで十六年七月には上京した毛利輝元・小早川隆景・吉川広家一行のために豊臣秀長・蜂屋頼隆・勧修寺晴豊・施薬院全宗・千利休・今井宗休（久）等によって連日のように能や茶の湯の会が興行され、輝元一行らは丁重に歓待された。秀次は彼等のために、能の会（八月二日）および茶の湯の会（八月十日）を一回ずつ催した[15]。秀次二十一歳の時である。茶の湯に関しては宗及の会に参会しはじめてから五年程が過ぎ、このころには当代を代表する茶人と接しており、賓客を饗応する程度の茶の湯に関する一廉の知識は身に付けていたと考えられる。能については本格的に演じるのは、秀吉同様文禄になってからであり、天正の段階では専ら会を主催したり、他者の催しに鑑賞者の一人として赴いている。

（二）茶の湯を介しての豊臣政権関係者との交流

まず最初に「内々の儀は宗易」と言われた利休との交流について詳細にみていくことにしたい。

ちなみに秀次は利休七哲の祖型とされる「台子七人衆」の一人に数えられ、秀吉を介して利休流の台子の茶の湯の作法を習ったと言われる[16]。また『茶道辞典』などの茶道関係の辞典の多くに秀次は利休から教えを授けられたと記述され、桑田氏や米原氏等の著書の茶人の系統を示した図でも秀次は利休の流れを受けていることが記されている[17]。だが、具体的な説明がなされていないので、ここに詳細に検討することにしたい。

まず、利休の書簡の中から秀次と利休の往来を示すものを見ることにしたい。次の史料は秀次が「孫七郎」名で登場するものである（史料Aとする）[18]。

其以来令無音候、孫七郎（秀次）様え御礼申上度候、御取成奉頼候、於御透ニ者唯今可致伺公候、恐惶謹言、

八月三日　　宗易（花押）

「〆宮部藤左衛門　人々御中　　抛筌　」

この手紙の大意は「近頃は無沙汰しております。孫七郎様（秀次）へ御挨拶を申し上げたいのでお取りなしをお願いします。孫七郎様が時間が空き次第直ちに参上します」と丁重な内容である。

発給年は不明であるが、桑田氏によると「抛筌」の号を用いていることから、天正十四年以前としている。秀次は天正十年六月ころから「孫七郎」と称し、少なくとも十四年までは史料上にはこの名が登場する。したがって出された下限は十四年以前となる。上限の正確な年は確定できないが、私は秀吉政権において重責を担った利休が秀次と接

触する必要が生じた時、つまり秀次が康長から別離して以降の十二年より後と考える。

　次に利休の手紙の文言中で「中様」「中納言様」という名が秀次に比定できるものについて触れることにしたい。利休の書簡中で、「中様」「中納言様」が秀次であることが間違いないのは、大崎・葛西の一揆に際して（天正十九年）正月二日付で松井康之に宛てたもので（史料Bとする）[19]、このなかで「羽忠を政宗武略之覚悟、羽忠油断無様ニ被思召候、就其去廿八日以両使中様家康様御両所へ折紙被進候、定而弾様へも可為同前候」と記されている。桑田氏等は「中様」を秀次とされている。秀次はこのころ一揆鎮定のため奥州に赴いており、この「中様」は秀次で間違いない。

　利休の手紙に見られる「中様」「中納言様」をすべて秀次とすることはできないが、この史料B以外で秀次と推定できるのは次の四点である。

【史料C[20]】

芳墨拝見、殊更昨日之慰不得申候、何とて五徳之御礼無之候哉、只今木うえに中納言様へ参候、是迠宗及やくを
我等請取申候、かしく、

「〆　松嶋様　まいる　回承　易　」

【史料D[21]】

「〆　浅少様　尊報　宗易　」

就中様御光臨に雁一鮭一ヶ忝候、又明朝御しやうはんハ三松と被仰候、又残之御茶時分ニ不干を我等に同道可仕
之由御諚ニ候、為御心得申候、恐惶かしく、

十月五日　　　　　宗易（花押）

【史料E】[22]

「〆　黒勘様　回鳳　　利休

極月四日　　　宗易（花押）」

自是可令申候処、結句御報罷成候、唯今色々過分至極、仍色紙別而可為御秘蔵候、一段見事ニ存候、明日尾張へ御越、中様御心得候て可被下候御事、繁存候、以書状申候還而いかゝに候、恐惶かしく、

【史料F】[23]

中様鎮西之御詰半袋つゝ

〃〃極上

〃〃

〃〃上林摘極上

以上　　　　利休（花押）

卯月五日

史料Cの宛所の「松嶋様」は小松氏によると天正十二年に伊勢松嶋城主となった蒲生氏郷であるという。そして、出された年は秀次が中納言の時であり、氏郷が同十八年八月に会津に入封するまでで、かつ植樹の季節を考慮に入れ、十六・十七年のいずれかとしている（註（16）掲出書）。今一歩年代を確定できないが、史料文言中で注目されることは、利休が秀次邸の木を植えることについて指南していることであり、茶室周辺の木の整備とするならば一層重要

なこととなる。

史料Dの年代推定は、秀次が中納言に任官した天正十五年から利休の没する前年の十八年のいずれかと考えられる。桑田氏は「中様」（秀次）が光臨されたことにつき、雁一羽、鮭一尾を頂いた礼をのべ、明朝、「中様」を正客として利休の茶会に、相伴客として「中様」が「三松」を望まれたことを了解し、また、「中様」の名残りの茶事には、「不干」を利休と同行させせよ、という命令を受諾したものと解説している。「三松」とは斯波義銀で「不干」とは佐久間不干斎である。この史料以外で秀次と利休が茶席を共にした確実な史料は見られないが、この文書はそのことを的確に示すものである。なお、史料の信頼性には欠けるが『利休百会記』には天正十八年十一月二十一日に利休は「中納言（秀次）」を招いて朝茶の会を催したという記述も強ち否定すべきものではないように思われる。

史料Eは小松氏によって年代推定などを含めて解説が加えられているが、私は「文化人としての如水[24]」で年代推定を含めて次のような解釈をし、小松氏とは若干異なる見解を示しておいた。文書の大意は「当方（利休方）よりお手紙を差し上げようと思っていたところ、逆にお手紙を頂き忝なく存じます。いろいろお心尽くしの贈り物、ありがとうございました。色紙は、どうか御秘蔵なさって下さい。明日は、尾張へおいでとか。中様（豊臣秀次か）は了解しており、色紙を下さるでしょう。ご繁忙中に手紙を差し上げるのも、かえって御迷惑と存じましたが、ともかくも一筆申し上げます」と解釈した。発給年については、小松氏は明らかにしていないが、私は天正十八年を最有力とした。この色紙について小松氏は小倉の色紙ではなかろうかとしているが確かなことはわからない。ともあれ、この文書が出されたと考えられる天正十八年のころには、利休と秀次が比較的親しい関係にあったことと考えられる。

史料Fの年代を確定することはできない。小松氏は前掲書で「鎮西之御詰」を筑前国産の茶と解釈している。これに対して徳川義宣氏や『角川茶道大事典』などでは、名物鎮西の壺としている。私は後者と考えたい。史料Fは利休が秀次の使用する「茶」にも関係していたことを示すものである。

つづいて両者が関係した茶の湯道具について見ることにしたい。『久重茶会記』（『松屋会記』のうち）の寛永十三年（一六三六）十月二十六日の記録には、次のようにある。

十月廿六日暁
一中沼左京殿へ　辻七右衛門殿　服甚助殿　倉五左衛門殿　荒権太殿　久重五人
　大ヒラニ、カヽネノツヽニ　水仙、カキツバタ入、
　　秀次関白殿へ、利休上タル釜也、

この日の会に使用された釜の伝来は、利休から秀次へ進上されたものと言われる。秀次が関白に就任する以前に利休は没しており、また後世の記録であるためこの由緒を全面的に信用することはできないが、相互に茶器の往来があったことを示すものである。その他で秀次と利休の交流を示すものとして、先に触れた「鳴海」も接点の一人として挙げられる。また信憑性に欠けるが『備前老人物語』には「筑紫にて関白秀次、小倉の色紙をもとめ得給ひ、御座敷をあらため色紙をひらきの御会あり、利休を上客として、相伴に三人ある、比は四月廿一日余、暁かたのことなりしに、風呂の御茶の湯也」とあって、秀次は利休等を招いて、茶の湯の会を催したとされる。この書は利休と秀次の交流を証明するのに足りうる史料ではないが、間接的に両者の関係を語るものではなかろうか。

これまで掲出した史料を勘案すると利休は秀次の茶事に深く関係していたことは間違いなく、その関係が始まったのは天正十二年以降と思われる。以後同十五・十六年の段階では茶の湯を介して緊密に交流していた。特に注目されるのは〔史料D〕であり、両者が共に茶の湯を催したことを提示するものである。

次に利休以外で秀次と交流があった人について顧みることにしたい。そこで天正十二年以降、秀次が関白に任官するまでに関係した茶事について一覧表を掲出し検討したい。

年月日	亭主	参会者	出典
天正12・12・29	宗及	秀次・休夢	自会記
12・9	宗及	秀次・藤堂高虎	自会記
天正13・2・5	宗及	秀次・荒木道薫（村重）	自会記
2・6	秀次（堺）	宗及・銭屋宗訥・水落宗恵・山上宗二・道薫、「其外方々」	他会記
2・18	宗及	秀次・池田長吉・しょけん	自会記
3・18	宗及	秀次	自会記
5・8	宗及	秀次・宗二・休夢・九鬼嘉隆	自会記
天正15・正・1		（秀次、宗及亭に赴く）	言経
正・4	秀次	神屋宗湛・宗及	宗湛日記
正・6	宗及	秀次	言経
2・28	宗及	秀次	言経
6・8	近衛信輔カ	秀次	時慶
6・20	立庵	秀次	時慶
10・1	不明	秀次・幽斎・（西洞院時慶）	時慶
天正16・正・1		（秀次、宗及亭に赴く）	言経
8・14	秀次	上洛中の毛利輝元をもてなす	天正記

現存史料の性格にもよるが依然として秀次は宗及の茶会の主客となったり、また天正十五・六年の両度の元旦に、秀次は宗及のもとに赴き、食事を済ませ、秀吉へ祇候するための服装を整えたごとく(25)、茶事以外でも行き来があった。

宗及以外では、先に見た、休夢や藤左衛門のほか、千利休の高弟山上宗二や当代随一の文化人細川幽斎、利久七哲（諸説ある）の一人荒木道薫、天王寺屋一族や利休と親しかった銭屋宗訥、信長および秀吉の水軍の将で度々宗及の茶会に登場する九鬼義隆といった豊臣政権内の人々と茶席を共にしている。

秀吉政権にとって茶の湯は必須の教養であったわけであるが、康長の養子時代から茶の湯の嗜みがあった秀次は、前代にも増して積極的に茶の湯に接している。

（三）書籍蒐集

豊臣政権の有力者として、また「公家」として立場が徐々に上昇し、和歌・歌・茶の湯といった種々の分野において文芸的な知識が一層要求された秀次は、様々な書籍収集におよんでいる。

この時期、秀次が集めた書籍のなかでも特に興味深いのは、天正十五年三月から八月にかけて公家衆を動員して「二十一代集」を書写させたことである。(26) この書写の件についてはすでに先学によって紹介されていることだが、私は次の点について考えたい。すなわち戦国・織豊期において「八代集」を揃える事例は多いと思われるが、周防の大内氏といった特例を除いて「二十一代集」まで所持する人物はさほど見られず（米原正義氏『戦国武士と文芸の研究』）、秀次は本格的に和歌を嗜もうとしたことが想定でき、まことに注目にあたいする。

その後、天正十六年三月以前には三条西実隆・公条父子筆の『源氏物語』を入手している。(27) 大東急記念文庫蔵、寛永のころ転写された『源氏物語』の奥書には天正十六年に秀次が所持していた「門裏不出」の三条西家本を細川幽斎が懇望して書写したと記され、各帖には実隆または公条の筆であることが書かれている。(28) また、紹巴が秀次のために称名院追善千句注を校合したという。(29) その他では天正十九年奥州征伐の際、足利学校に立ち寄り、同校から蔵書を接収している。(30)

以上のように秀次は色々の分野の書籍を入手している。

これまで見てきたように、羽柴秀次時代は政権における立場の変化とともに政権の一員として文芸交流を積極的に展開した時期である。

三、関白秀次時代の事績

天正十九年十二月に関白となった秀次は、「文禄の役」などに直接的に関与することもなく、まさに疎外された状況であった。秀次の関心は文芸活動に向けられた。

本項では、時間の流れに従ってその活動の展開を見ていくことにしたい。まずは天正二十年（文禄元年）である。正月二十六日、秀吉の先例に倣って「聚楽第行幸」を挙行したが、この意義については様々なことが指摘できるが別稿で記したい。

（一）天正二十年（文禄元年）の活動

秀次が当年に携わった文芸活動の主なものは茶の湯と能である。茶の湯については、聚楽第において有節瑞保に振舞ったり（九月二十六日）、「橋立の壺」を見せたりしている（十月六日）[31]。また、本願寺光寿のもとに茶会に赴いている（十月二十九日）[32]。能に関しては、前田玄以邸の会に臨んだほか（四月十五日）[33]、聚楽第で会を興行している[34]。翌年以降、聚楽第において盛んに能の会が張行されるが、その早い例とみられる。

この年において特筆すべき事例としては、秀次が五山と密接に関係を持ち始めたことである。秀次は当該期の鹿苑僧録である瑞保と緊密に交流するようになった[35]。『鹿苑』によるとこの年の正月ころからである。聚楽第への祗候が途絶えた時などは、秀次より詰問され、頻繁に訪問するよう命じられている。秀次は瑞保が再三固辞したにも関わらず紫衣着衣の許可をしたり、寺役としての竹の免除をするなど厚遇している。そして秀次と瑞保の関係および秀次の五山に対する指向性を示す事が生ずる。

その事案とはこの年の八月、大徳寺で執行された大政所の葬儀に先立ち南禅寺と大徳寺間において座席の順位争いが起きたことであり、秀次も関係することになる。

そもそもこの相論は先年より発生している問題で、この葬儀が執行されるにあたって再燃したもので、瑞保と豊臣政権の京都奉行前田玄以が主体的に動いている。七月二十八日、瑞保と玄以は日野輝資・広橋兼勝・菊亭晴季の三勅使と対談し、先例等を勘案して南禅寺側が優位であると決している。八月二日には瑞保・玄以は聚楽第に赴き一連の模様を報告し、秀次は了承したが、大徳寺側は納得せず、結局八月七日になっても大徳寺は自己が上位になるよう主張している。そこで玄以は「即喚大徳寺役僧三人曰。聖命云。関白公（秀次）厳意云。可為南禅之下云々。雖然寺中不同心。甚以背主聖并殿下之命」として大徳寺側の中心となった人物を処罰するとしている。八日になって様相は決した。瑞保は当日聚楽第に祗候し、結果を告げた。『鹿苑』には「乗荷輿侍殿下（秀次）。々々曰。於大徳模様何。予抵頭曰。以御威光。南禅紫衣之衆如旧規列班于大徳寺紫衣之衆之上。（中略）殿下歓朴不斜。殿下曰。大徳衆背厳命則悉以可剝大徳寺紫衣云々」と書記してあり、当初は瑞保と玄以が秀次に働きかけたものであったが最終的には、秀次も南禅寺側が優位になるよう強固な姿勢で臨んでいる。

以後、秀次と瑞保はより密接に交流するようになる。そして、秀次の強い主導のもと五山における聯句会を復興させる運びとなる。この問題についてはすでに辻善之助氏により紹介されてはいるが、今一歩その内容の検討がなされていない。そこで改めて考察してみたい[36]。

まず、『鹿苑』の同年十二月二十七日条には「殿下曰、月次連予（并カ）詩会、於鹿苑院一会、於東福南昌院一会、両寺隔月可合勤云々、然者為会席料、一会五石充可被出之云々、即十石充雖可被出之、過分仁在之、則以往守天下者可略之、軽則於季世亦可準之、為後鑑之間五石充云々、学問相噴輩者、為御扶持、長老衆三人之飯費、長老以下者到西堂兵僧。

飯米二人充可被遣之間、可励学業云々、累年五岳衆不学詩文、徒送光陰曲事也、於以往者、学問勤之衆於小寺領、不学衆大寺領引替之可遣云々」と見え、秀次は瑞保に対して聯句会等に関して詳細な指示を出している。大略は五山文学の低落に対し相国寺鹿苑院・東福寺南昌院において相互に月次聯句会を張行するよう命じ、一会につき十石を支給しようとしたところ後の規範のためにも五石を扶持すべきであるとした。そして学問をよくする僧で長老衆には三人分、西堂より平僧までは二人分を宛てがい、研学を奨励している。ついで、学問を嗜まず無為に時を送るのは曲事であり、学問に励む僧で寺領が過少な者については不学の僧で寺領が過分なものと交換すると命じている。秀次の強い意志とともに学問に対する彼の真摯な姿勢が窺える。

秀次はこれらのことを実行にうつすべく五山諸寺に対して同年十二月日付で朱印状を発給している。南禅寺・天竜寺・東福寺に出されたものが現在まで伝わっている。南禅寺宛のものを示すと次の通りである(37)。

就学問之儀、五山江被仰出条々

一　於相国寺鹿苑院・東福寺南昌院、月次之聯句并詩会可有之事、

一　会席料一会仁可為伍石宛、但於連衆重者、随其可被仰付事、

一　於相嗜学問仁体者、不依老若貴賤、被加相当之助成、其上出世官銭之造作以下無之可被仰付事、

一　不学之僧侶出之以出世之官銭、可下行于会席料、并相嗜学問僧之扶助不足之所者、可被仰付、於向後、官銭之事、為会席料、永代被召上間敷事、

一　自今以後、雖為居住于寺領少分之寺、於達学問仁者、不学之衆寺領過分有之寺ニ引替可被仰付事、

右年来就学問由断、既及廃絶之旨聞召、条々仰出畢、其嗜可為肝要者也、

文禄元年十二月　日　（豊臣秀次）（朱印）

この朱印状の内容は先の『鹿苑』の記録とほぼ同一である。そして同月二十七日に瑞保は相国寺内における修養に努める僧に関して評議し、その書き立てを玄以に遣わしている。ついで二十九日、瑞保は五山諸寺から集まってきた書き立てを秀次の面前で披露している。この時、秀次は若輩に対しても稽古に参加するよう瑞保に伝えている。以後詩聯句会が実行に移されるのは翌年以降である。

その他でこの年の事績としては『公忠集』を入手したり、(38)昌叱が講義した『源氏物語』を聴講しており、(39)秀次は公家としても様々な知識を求めていったと思われる。

(二) 文禄二・三年における詩聯句会の活動

(ア) 五山における詩聯句会の実施

文禄二年八月三日にお拾（秀頼）が誕生したため秀次は太閤秀吉から更に疎んぜられることになり、文芸活動に一層の拍車を掛けることになる。まず、前年から計画された詩聯句会の実施について見ることにしたい。

年明け早々の四日、参会者の人選をすることになり、瑞保が出頭者の採択をするように依頼された。瑞保は固辞したが玄以・紹巴・昌叱の説得によって最終的に選者となった。

文禄二年三月二十五日、第一回目の会が相国寺鹿苑院で催された。その後『鹿苑』によると文禄二年には七・九・閏九・十・十一の各月に興行され、文禄三年では正・二・三・五・六・七・九・十・十一・十二月のそれぞれの月に張行されたことがわかり、ほぼ定期的に催された。

『鹿苑』の文禄三年十二月二十七日条には「乗荷輿赴聚楽、五山月次詩聯一冊携之、殿下御成于鷹山、詩聯一冊渡与少言而帰也」と記述してあり、瑞保は当月あるいは年間を通しての月次聯句会について記された冊子を秀次に献上している。『翰林五鳳集』のなかには、たとえば「文禄二巳正月廿五日、秀次公始五岳詩聯句於南昌院」として熙春以下の句など一連の聯句会で詠まれたものが収められている。

以上の聯句会に関して約諾通り扶持米が支給されており、経済的にもしっかりと援助していたことがわかる。(40)かくて秀次は五山諸寺の最高統轄者である鹿苑僧録の瑞保を介して五山文学（詩聯句会）の復興を企図したわけであるが、このことは秀次の文芸事績のなかでも高く評価できるものである。

（イ）公家衆との交流

秀次は文禄二年以降、公家衆とも近接することになる。その象徴的な事例が、二月四日に秀次の名のもと後陽成天皇に上奏するという形で出された公家衆や禁裏に対する学問に関する詳細な規定を出し、学芸を奨励したことである。(41)『時慶卿記』（以下『時慶』とする）によってその前後の様子を知ることができる。この点については橋本氏によって既に紹介されていることであるが、重要なことと思われるので、改めて『時慶』の内容を要約してみたい。

二月三日に公家衆に対して禁裏に祗候するよう指示があり、翌四日に、「諸家々業衰廃」につき菊亭晴季より摂家・清華衆をはじめ公家衆に、その家々の家業に励むべき旨が伝えられた。そして、時慶は「十二通ノ覚書付」を写している。これは同日に示された規定と考えて間違いないと思う。ついで、三月十日には、公家衆全般に出された先の規定に関して、摂家及び老者衆以外の者に再度それぞれの道を精進すべきことが指示されている。また、同日時慶が秀次のもとを訪れて聞いたところによると、秀次より禁裏へ申し入れ、「諸家道ヲ可勤ノ義」に関して「領知」などについて差配するという体裁がとられたことが知られる。

このように一連の動きを顧みると秀次は公家衆に学問の面において統制をすると同時に経済的な面にまでその影響

力が及ぶ勢いであったと見られる。この背景には、学問に前向きであった後陽成天皇の関係もあったと思われるが、やはり第一義的には秀次の意向が反映されたものと考えられる。

この規定が出されたのは、先に触れた五山衆への学問奨励と同時期であり、まさに、秀次は中世における学問の拠点の一つである五山や伝統文化の享受者公家衆と密接に関わっていくことになる。政権から疎外された秀次は文化の面では頂点に立とうとした。

（ウ）和歌・連歌事績

公家衆に対する学問奨励の規定を出して以降、秀次は和歌会や連歌会を通じて公家衆とより一層行動をともにするようになる。まず、文禄二年三月九日に聚楽第において連歌会を張行している[42]。五月十二日には、同じく聚楽第で当座の和歌会が開かれている。『時慶』によると参会者は五摂家の人々では近衛信輔・九条兼孝・一条内基・二条昭実・鷹司信房の名がみられる。その他では飛鳥井雅春・勧修寺晴豊・中山親綱・日野輝資・高倉永孝・西洞院時慶・三条西実条・下冷泉為親・四辻公遠・烏丸光宣・久我敦通・広橋兼勝・飛鳥井雅枝・園基継・五辻元仲といった公家衆そして聖護院道澄や紹巴もこの場に赴いている。まさに錚々たる顔ぶれである。

その後、秀次は五月二十五日、道澄のもとでの月次連歌会に赴いている。『時慶』によると参会者は秀次・道澄のほか烏丸光宣・日野輝資・広橋兼勝・高倉永孝・西洞院時慶・飛鳥井雅枝・紹巴・昌叱・玄仍・景敏・立安であった。この会は秀次の発句で始められている。関白として当然といえばそうであるがやはり注目してよいであろう。

ついで、八月十日には、聚楽第で会が催された。『時慶』には「十日、天晴、早晨聚楽御会ニ参候、歩行ニテ紹巴・昌叱堂上衆同心候、殿下ハ御不例ノ由ニテ無御出座半テソト御出ニテ御対面候」と見え、秀次は、不例のため会半ばにして登場したようである。また、秀次と親昵の間柄で文化面におけるブレーンであった山科言経の日記の同日条には「殿下へ参了、月次御連哥会有之云々」と記す。当会以降、継続的に会を張行した形跡は見られず確かなことは言えないが、秀次と親しかった言経が「月次会」についてその日記に記録するからには[43]、秀次が月次の会を定期的に催そうとする意志があったとも考えられる。となると更に注視すべきである。

秀次を中心に確たる歌壇ができていたとは断言できないが、和歌・連歌を通じて公家社会と密接に関係を持ち始めたのである。

（エ）金沢文庫本の接収

秀次は関白就任以前から多くの書籍を集めたが、文禄二年以降も様々な書籍に接した。その中でも特に重要と思われるのは、金沢文庫本の問題である。

秀次が金沢文庫本を入手したことについては、早く江戸期近藤正斎によってその事例が指摘されている。正斎はその記録『右文故事』において『駿府記』『本光国師日記』などをもとに紅葉山文庫収蔵の「律令」十九巻（律二巻・令義解七巻・令集解十巻）は秀次から今出川晴季に贈られたもので、金沢文庫本の写本であるとし、秀次から日野家へ遣わされた『侍中群要』は金沢文庫本であるとも述べている。そこで『駿府記』慶長十九年（一六一四）七月二十八・二十九日、八月十九日条を確認すると次の通りである。

廿八日、（中略）今日自菊亭殿於板倉伊賀守遣状到来、是者律令金沢文庫本、往昔自関白秀次被遣於菊亭殿、今
又被進于駿河云々、
廿九日、日野唯心（輝資）被献侍中群要抄、金沢文庫本、先年関白秀次令取之、与日野殿本云々、

十九日、律令到来、是者金沢文庫本関白秀次取之、今出川殿被遣之、今日被進之令廿編内十一篇不足、律二巻在之云々、

近藤正斎が引用した『駿府記』によると秀次から金沢文庫旧蔵の「律令」が菊亭家へ、『侍中群要』が日野家へそれぞれ贈与されたことがわかる。

後に滝川政次郎・関靖・川瀬一馬氏等によって、「律令」の写本の系統等を研究するうえで正斎の『右文故事』などをもとに秀次が金沢文庫から蔵本を入手したことが触れられている。(44) じ来多くの研究者がこの問題について追求したが、その中で石上英一・水本浩典の両氏は『言経』の記事をも用いて「律令」の写本の流れを提示する過程において秀次の介在をより具体的に説明した。(45) ここに『言経』文禄二年四月九・十三日条を掲出すると次のようである。

九日（中略）

一、殿下へ参了、御対顔了、夕湌有之、草子共撿知了、経師四人有之、其外手ツタイ有之、

日本紀、八冊、全三十巻　又同、十八巻、不具、

又三巻、不具、　続日本紀、五巻、全四十巻

日本後紀、一巻、二冊全巻四十巻　続日本後紀、二巻、全此内二文化実録十巻有之

三代実録、四巻、全五十巻

律、二巻、不具、　令、三十五巻、不具、

令、十巻、不具、　同、八巻、不具、

同、一巻、不具、　帝紀、十一巻、

百練抄、十四巻、不具、　女院部類、十巻、

類聚三代格、六巻、不具、　侍中群要、十巻、

清獬抄、十巻、　詩吟集、六巻、重譜、
本朝続文粋、十三、、不巻（具カ）、　中獬略抄、五、、
八講記、一、、　将門事、一巻、
有職巻、九、、　年中行事注、一巻、
　此外唐書
帝王略論、五、、　経論、六、、
白氏文集、一巻、　、、別伝、一、、
小学、七、、　群治要略、一、、
　以上二百十五巻也、
右悉表帋・玉軸・木軸ニ申付了（下略）
　十三日（中略）
一、殿下へ参了、先日信良ヨリ使有之云々、草子共撿知了、夕飡御相伴了、日没已後退出了、
一、殿下ヨリ　禁中へ御草子共被参了、菊亭右府・日野亜相　御使也、目六
日本紀　続日本紀　続日本後紀　文化実録　日本後紀　三代実録　帝紀　百練抄
女院号　類聚三代格　令三十五巻
一、同菊亭ニ被遣之分、
清獬抄　中獬略抄　日本続文粋　律・令ニトフリ不具　日本紀不具、有職色
一、同日野亜相ニ被遣分、

日本紀不具、侍中軍要　年注行事注一巻
以上此分也（下略）

日野家への『侍中群要』および菊亭家への「律令」は『駿府記』の記事と同一である（律二巻については巻数も一致）。これまでの研究成果では、蓬左文庫蔵金沢貞顕自写『侍中群要』（重要文化財）は秀次が日野家に送ったものと言われる。[46] また、水本氏によると禁裏に進上された「令三十五巻」（『令集解』三十五巻）は多くの写本が生じたとし（原本の所在については不明）、菊亭家に伝わった「律」（名例律・賊盗律二巻）及び「令ニトヲリ不具」（『令十巻』は『令集解』十巻・「令八巻」は『令義解』八巻）は内閣文庫に模写本があり、転写本も菊亭文庫に確認できるとしている。[47]

以上のように秀次と金沢文庫本との関係は「律令」や「侍中群要」についての研究者が諸本等を検討するのに際し、秀次が介在したことを説明することが主眼であり秀次を主体とした研究がなされていないのが実状である。

そこで私見では、『言経』四月十三日条に記す禁裏・菊亭家・日野家に贈与された「律令」「侍中群要」以外、さらに言うならば言経が四月九日に点検した書籍の多くが金沢文庫本であったということである。この点を裏付ける記録が『時慶』同年三月十日条に記されており、次のように見える。

十日（中略）
殿下（秀次）御機嫌ニテ夕陽ヨリ亥刻斗迄□（雑）談ス、金沢ヨリ到来ノ抄物等拝見、目録一覧数多ノ義也、其外本一見（下略）

禁裏等に書籍を贈呈する一箇月程前に秀次のもとに多数の金沢文庫本が到来したことがわかる。したがって言経が聚楽第に赴き点検した書籍の多くは金沢文庫本として間違いないであろう。[48]

上出の書籍のすべてが秀次が接収した本とは言えないが、大部分の本が秀次を経由したものと推定される。なお、秀次が様々な本を所持したことは前記の通りであり、『時慶』にも「其外本一見」とあることから、言経が調査した書籍の中には、秀次がこれ以前から持っていた本が含まれていたことも考えられ、逆に言経が見た本以外にも金沢文庫本が秀次のもとにもたらされたこともあったと思われる。また禁裏や菊亭家・日野家以外にも配分された可能性も十分にある。

金沢文庫本が京都に移送されるのにあたっての主導者・介在者等詳細なことはわからないが、秀次の手を経て禁裏などに譲渡された「律令」は、その後多くの写本を生じ、現在でも律令注釈作業等において欠くことのできないものとなっている。その他の書籍も複製本が作られ、公家衆等の学問伸展を助長したと考えられる。結果論ではあるが秀次は間接的に我が国の学問の発展に多大な貢献をしたことになる。

金沢文庫本が配られたのは、秀次が公家衆や禁裏に学芸精進に関する規定を出した直後であり、公家衆とも密接に交流しはじめる時期である。秀次は向学心旺盛であった後陽成天皇や秀次の文芸活動の多くの場面に登場する日野輝資、そして義父菊亭晴季に対して「関白」として学芸を奨励する意味合いをも含めて金沢文庫本を贈ったと考えられる。

（オ）能事績

秀吉は文禄二年のころから熱心に演能するわけであるが、秀次も頻繁に自演し始める。つぎの表は文禄二年以降、秀次が関係した能に関する活動を示したものである。

年月日	場所	演能者・鑑賞者等	出典
文禄2・正・24	聚楽第	春日大夫一番、鑑賞者不明	言経
4・3	本願寺門跡	秀次、本願寺門跡での会に臨む 春日大夫四番、下間少進五番、源丞一番、源太郎一番 鑑賞者……烏丸光宣、日野輝資、広橋兼勝、高倉永孝、飛鳥井雅枝、水無瀬兼成、森三左（忠政か）、前田玄以の子、本願寺光寿、興正寺門跡（佐超）、有節瑞保、南化和尚（妙心寺）、隆西堂（東福寺）、玄策法印、里村紹巴・昌叱、養庵	留帳・言経・鹿苑・時慶
4・17	聚楽第	少進二番（または三番）、春日大夫三番、宝生大夫一番、秀次三番カ、鑑賞者不明	留帳・時慶
4・26	聚楽第	春日大夫一番、秀次六番、金剛大夫一番、少進三番。 鑑賞者……輝資、兼勝、永孝、西洞院時慶、雅枝、六条有広、前田利長、池田輝政、玄以、日野資勝、烏丸光広、冨野小路秀直、阿野実政、西笑承兌、南化和尚、隆西堂、紹巴、昌叱、大和三位入道	留帳・言経・時慶
5・22	聚楽第	少進三番、秀次五番、金剛大夫一番、鑑賞者不明	留帳・言経
10・29	聚楽第	春日大夫二番、秀次四番、少進二番 鑑賞者……菊亭晴季、勧修寺晴豊、中山親綱、光宣、輝資、久我敦通、兼勝、万里小路充房、永孝、時慶、雅枝、有広、資勝、光広、阿野実顕、秀直、山科言経、紹巴、昌叱、休庵、頭三郎、前田（利長か）、木下勝俊か、五郎左衛門、瑞保、玄人、細川幽斎、友閑、諸医衆	留帳・言経・鹿苑・時慶

11・7	曲直瀬道三邸	秀次、道三での会に臨む 少進三番、秀次四番、玄以の子の一番、春日大夫一番 鑑賞者……道澄、輝資、光宣、兼勝、雅枝、有広、実顕、永孝、紹巴、昌叱、休庵、施薬院全宗、浅野長政	留帳・鹿苑・時慶
11・25	聚楽第	春日大夫二番カ、秀次五番（または六番）、玄以の子一番、少進一番カ、 鑑賞者不明	留帳・駒井
12・3	玄以邸	秀次、玄以での会に臨む 少進二番、秀次五番、金春大夫一番、玄以一番、玄以の子一番 鑑賞者……昭実、鷹司信房、晴季、親綱、光宣、輝資、兼勝、永孝、時慶、雅枝、敦通、徳川家忠、伊達政宗、紹巴、昌叱、玄仍、速水右衛門尉	留帳・時慶・駒井
12・5	聚楽第	虎屋立巴一番、金春大夫三番、春日大夫一番、鑑賞者不明	言経・駒井
文禄3・2・1	大坂城西の丸	金春大夫一番、秀次二番、豊臣秀俊一番、少進一番、豊臣秀保一番、宇喜多秀家一番、秀吉鑑賞する	留帳・駒井
2・2	大坂城西の丸	秀吉、会を催す。秀次参会したか確かなことは不明、鑑賞者も不明	留帳・駒井
2・9	大坂城本丸	秀吉五番、秀次見物する、鑑賞者不明	駒井
2・21	聚楽第	春日大夫一番、秀次四番、少進二番、細川忠興一番、鑑賞者不明	留帳・駒井
3・1	吉野	能有り、秀次も参会か	駒井
3・3	大和郡山	豊臣秀保二番、秀次三番、豊臣秀俊二番、少進一番、鑑賞者不明	留帳・駒井
3		＊秀吉、参内した場合の計画 初日　秀次二番、織田信雄一番、秀保一番、秀家一番、忠興一番、蒲生	駒井

		氏郷一番、金春大夫 二日　秀吉三番、家康一番、秀保一番、秀俊一番、利家一番、暮松新九郎一番 三日　金春大夫一番、観世大夫一番、金剛大夫一番、宝生大夫一番、少進一番、立巴一番、春日大夫一番	
4・15	聚楽第	信雄二番、秀次六番、家康一番、利家一番、少進一番、玄以の子または立花宗茂一番、鑑賞者不明	留帳・言経・駒井
4・16	聚楽第	春日大夫一番カ、少進一番カ、信雄一番カ、秀次三番、忠興一番、玄以の子、または立花宗茂一番、金春の子一番鑑賞者不明	留帳・言経・駒井
9	聚楽第	秀次四番、少進二番、春日大夫一番、民法左近一番、鑑賞者不明	留帳
11・2	聚楽第	春日大夫二番、金春大夫三番、秀次四番、少進二番 鑑賞者……晴季、晴豊、親綱、輝資、敦道、兼勝、永孝、時慶、雅枝、言経、光寿	留帳・言経・鹿苑
11・12	尾張清洲	秀次六番、池田丹後（武蔵殿内）一番、少進二番、鑑賞者不明	留帳
12・4	遠江横須賀	秀次三番、少進二番、金剛大夫二番、鑑賞者不明	留帳
12・7	浜松	少進二番（または三番）、秀次一番（または二番）、鑑賞者不明	留帳
12・8	吉田	秀次四番、少進二番、金剛大夫一番、鑑賞者不明	留帳
文禄4・3・26	聚楽第	前田利家、秀次の病気見舞いに際し所望 宝生大夫一番、少進一番、金剛大夫一番、鑑賞者不明	留帳
4・2	聚楽第	前田利家、所望、番組は利家好み、少進五番、鑑賞者不明	

4・10頃		日時及び実行されたかは不明 初日聚楽 　秀吉四番、秀次二番、信雄一番、家康一番、利家一番 二日聚楽 　秀吉五番、利家一番、少進一番、秀次二番、家康一番 初日伏見 　秀吉四番、利家一番、秀次二番、信雄一番、家康一番 二日伏見 　秀吉四番、秀次一番、利家一番、家康一番、信雄一番	駒井
4・12	徳永法印	少進三番、秀次四番、金剛大夫一番、鑑賞者不明	留帳
5・16	伏見・浅野長政	秀次三番、少進一番、長政の子一番、鑑賞者不明	留帳
5・21	伏見城	秀吉、少進を召して指導をさせる　＊駒井4・12の記録と関連するか 秀吉四番、秀次一番、利家一番、鑑賞者不明	留帳・言経
5・24	伏見城か	秀吉、再度少進を召して指導をさせる　＊駒井4・12の記録と関連するか 秀吉五番、秀次二番、少進一番、利家一番、鑑賞者不明	留帳

秀次は秀吉と数度にわたって共演するなどその一員としての姿を垣間みることができる。その一方で聚楽第では頻繁に会が興行されるが、そこには秀吉と一定の距離を置いた能を享受する集団が認められ、秀吉の存在は確認できない。演能者は下間少進のほか金剛大夫・宝生大夫・金春大夫・春日大夫といった人々であり、特に秀吉に対する独自性は見られないが、鑑賞者としては日野輝資や広橋兼勝といった先に触れた和歌会や連歌会にも登場する秀次と親し

かった公家衆が主体となっている。

次に茶の湯についてみることにしたい。文禄二年以降における活動は次の表に示す通りである。

年月日	場所	参会者等	出典
文禄2・4・3	本願寺	秀次、光寿のもとに茶の湯に赴く	鹿苑・言経
6・25	聚楽第	西洞院時慶・六条有広・阿野実政	時慶
12・7	浅野長政	秀次、長政の許に茶の湯に赴く	言経
文禄3・2・3	大阪城山里	秀吉、秀次等に茶を振る舞う 一番、秀次・宰相（宇喜多秀家カ）・織田長益 二番、豊臣秀保・豊臣秀俊・池田輝政・有馬則頼 三番、山内一豊・西尾光教・武藤長門守 四番、渡瀬繁詮・松下之綱・曲直瀬正琳	駒井
2・5	津田宗凡	秀次、宗凡のもとに赴く	駒井
2・9		宗凡に金子一枚を下す	駒井
2・21	伏見城山里	秀吉、秀次等に茶を振る舞う 一番、秀次・前田利家・長益 二番、織田信雄・金森長近・則頼 三番、佐久間正勝・滝川雄利・伊達政宗 四番、施薬院全宗・長谷川嘉竹・寺西正勝 五番、かうゑもん・木下祐慶・新庄直頼・光教	駒井
2・27	吉野	秀吉・秀次、吉野において、「茶屋」に赴く	駒井
3・9		宗凡に合力米百石下す	駒井
7・7	聚楽第	瑞保、茶を賞玩	鹿苑

11・3	伏見	秀次、伏見に茶の湯に赴く、徳川家康参会 ＊『史料総覧』では、秀吉が招いたとする。	言経
文禄4・4・18		住吉屋宗無に米百石下す	駒井

秀次は関白就任以降も秀吉の一族として種々の茶会に参席した。たとえば太閤秀吉が、関白秀次を大坂城や伏見城に招いた会などである。大坂城の会では豊臣秀保・秀俊等豊臣一族のほか、織田有楽（長益）といった数寄者が参会した。伏見城の催しでは東北の雄伊達政宗や秀吉の盟友前田利家をはじめとして有楽・佐久間不干斎ら茶の湯に長じた人々が参集している。

その他で秀次は聚楽第において瑞保・時慶等に茶の湯を振舞ったり、本願寺光寿や浅野長政のもとに赴いたりしている。

また、関白就任以前に頻繁に交流していた今は亡き宗及の息子宗凡を庇護しており、秀次は宗及に対する恩義を忘れられなかったのであろうか。

（三）文禄四年における活動

秀次は引き続き文芸活動に執心したが、当年七月十五日、高野の地で世を辞すことになる。その生涯における文芸活動で最大の功績と評すべき能の謡本の注釈作業が三月ころから敢行される。

この一連の所作および諸本の研究については、すでに寛五百里・伊藤正義両氏らによって検討されているので[49]、本稿では「秀次の文化圏」という視点に基づいて、参画者について整理しておきたい。

その行程の大略は『言経』によって、知ることができる。三月二十六日に注釈作業の中心人物が鹿苑院の瑞保のもとに集まり、第一回目の会が持たれている。『言経』によるとこの時の参会者としては、瑞保のほか五山衆は南禅寺玄圃霊三・相国寺西笑承兌・同清叔寿泉・東福寺惟杏永哲・同月渓聖澄・建仁寺英甫永雄・同古澗慈稽である。五山衆以外では、言経や秀次の内衆鳥養道断のほか、謡衆四人が含まれている。また、知恩寺長老（奉誉聖伝）・日蓮党久遠院日淵は別の間に集まっている。これ以後、それぞれの分野において作業が進められたが、紹巴・昌叱・吉田兼見・大和宗如や烏丸光宣・日野輝資・広橋兼勝もその要員として加わっている。

『言経』以外で注釈作業に参加した人物については算氏や伊藤氏の論文でも紹介された『興福寺諸記録抜萃』（東大史料編纂所蔵）によって把握することができる。これによると道澄・飛鳥井雅康・小笠原民部少輔・九蓮社奉誉・泰蓮社琴誉・昌叱の名も見られる。以上のように構成用員は、瑞保ら秀次が保護・統制した五山衆、秀次の連歌会・和歌会・能の会などに名を連ねた烏丸光宣・日野輝資等公家衆、秀次と親しかった紹巴・昌叱・道澄である。したがってこの注釈作業は秀次が関白になって以来、緊密に文芸交流を営んだ人々を結集しての大規模なものであった。

この事業は完成半ばにさしかかった時、秀次が没したため作業は中断されたが、それから間もなく草稿本をもとに再度注釈作業が進められた。したがって現存するいわゆる「謡抄」の古写本・古活字本の源流は秀次の存意によって創始された事業に端を発するものである。秀次は死を予期し後世に残る事業を進めた可能性も十分に考えられる。

おわりに

本稿では、秀次の活動のうち従来全く顧みられなかった事柄、すなわち彼の生涯を通じての総体的な文芸事績について検証した。秀次は、相応の地位についてから即席的に文化に接したのではなく、三好一族を代表する文化人康長のもとに養子入りしていたころから時の風流人と緊密に接し、文化的な素養を身に付けた。康長のところを離れた秀次は、以後政権の一員として文芸活動を展開することになる。関白就任以前で特に注目されることは、利休と交わったことである。これまで両者の関係については具体的な研究がなされていなかったが、小稿では利休が秀次の茶の湯に関して細かな指導をしてきたことを明らかにした。かくて秀次は千利休・津田宗及という一大茶人と交流したことになる。

関白任官以降は前代にも増して積極的に文芸活動を催した。秀吉の一族としての活動も垣間みられるが、一方で独自の文化集団を形成していった。秀次が文芸活動に傾斜した理由は、政治的な面では政権の圏外に位置し、疎外された状況であったが、それがため文芸活動に活路を見出し、文化の面では（秀吉の権力を後ろ盾にしつつも）自らがその頂点に立とうとした。早くから文化の価値を理解していた秀次は掌握すべき方面とし五山・公家という学問における二大拠点に照準を据え、彼等に対して学問を奨励するとともに経済的な援助を加えることによって自己の掌握下に置こうとした。五山叢林を統括する最高責任者である鹿苑僧録の瑞保を介して五山文学の再興を企図したことは特筆すべきものである。

秀次の権限はやがて政治的な領域にまで伸展しようとしていた。秀次の切腹の要因については様々なものがあったと思うが、その一つとして秀吉は秀次が五山や公家と深く関係を持ち始めたことに対して政権運営や秀頼の将来にとって不信感あるいは危機感を抱いたことが挙げられる。その象徴的な出来事が文禄四年になって秀次の文化集団を動員して大規模に実施された謡本の注釈作業である。秀吉の怒りは頂点に達したのであろう。作業が終了に差し掛かったころ秀次は高野の地に葬り去られた。秀吉は秀次を追放した後、五山や公家との関係を再構築しようとした。そのことは秀次が没した直後に出された掟の追加の一・二条目に集約されている。

秀次と言えば文化など解さない人物、さらには風信帖を切断するなど文化の破壊者という印象がするが、そうではなく三好信吉時代から本格的な文化に接したまさに織豊時代屈指の文化人であった。殊に五山文学の復興（詩聯句会の開催）や謡本の注釈作業は日本文化の興隆という点でも高く評価できる。

註

（1）諸書にその記述は見られるが、たとえば太田牛一著『大かうさまくんきのうち』には「ゐんの御しょたむけのためのかりなれは、これを、せつせうくはんはく《（殺生関白）》といふ」と記されている。

（2）『岩波講座日本歴史』9、近世1（一九六三年九月）に所収。その後、三鬼清一郎氏「太閤検地と朝鮮出兵」（『岩波講座日本歴史』9、近世1、一九七五年七月）・北嶋万次氏「幕藩制国家の成立」（『講座日本近世史』一九八一年八月）・宮本義己氏「豊臣政権における太閤と関白」（『國學院雑誌』九八〇、一九八八年十一月）・中野等氏「太閤・関白並立期の豊臣政権について」（『歴史評論』五〇七、一九九二年七月）・池亨氏「戦国・織豊期の朝廷政治」（『一橋大学研究年報　経済学研究』33、一九九二年七月）・下村效氏「豊臣氏官位制度の成立と発展—公家成・諸大夫・豊臣授姓—」（『日本史研究』三七七、一九九四年一月）等の研究が見られた。

（3）粟野秀穂氏「豊臣秀次を回想して」（『史蹟と古美術』八四、一九三六年十月）・河合正治氏「豊臣時代の武家社会と文化」（『広島大学文学部紀要』二四—四、一九六五年三月）・井上宗雄氏『中世歌壇史の研究』室町後期（一九七二年十二月）など。

（4）秀次のこのころの動向については拙稿「織豊政権と三好康長—信孝・秀次の養子入りをめぐって—」（『米原正義先生古稀記念論集戦国織豊期の政治と文化』一九九三年三月）で論述。

（5）宮内庁書陵部蔵「連歌集」によると連衆は御・秀次・紹巴・昌叱・心前・其阿・兼如・良三・宗勢・了喜・紹与・紹清・古為である。

（6）奥田勲氏「連歌作品年表稿」（『東京大学教育学部人文科学科紀要』三二、一九六四年四月）および同氏「紹巴年譜考（一）」

（『宇都宮大学教育学部紀要』一七、一九六七年十二月）による。

（7）小高敏郎氏『ある連歌師の生涯』（一九六七年十二月）では、紹巴自筆の発句書抜き中には「三好孫七郎殿御父御興行」「和州順慶、夢中に花一枝を見せ給へるとて」などの詞書が見えることから紹巴と秀次の関係も秀次が孫七郎と名乗っていたところから始まったとしている。

（8）『天王寺屋会記』のうち、以下『自公記』と記す。なお『宗及茶湯日記他会記』は、以降『他会記』と記す。

（9）『自会記』。

（10）『小川信先生古稀記念論集日本中世政治社会の研究』（一九九一年三月）に所収。

（11）「織田政権下における堺衆―津田宗及の従属をめぐって―」（『國學院大學大學院文学研究科紀要』一七、一九八六年三月）。

（12）「鳴海」については磯野風船子氏は「宗旦　追憶茶会」（『茶道雑誌』三五―三、一九七一年三月）で次のような史料で右筆「鳴海」の存在を指摘している。

あわ餅被下、忝。はや〳〵賞翫いたし候。
あわもちのめくみそうれしきさゝの雪
（利休オケラ判）

なるみといふ物書の手にて候。

〆　勘兵へ殿　より　ふしん

ついで、桑田忠親氏は「利休書簡の自筆と代筆について」（『茶道雑誌』三五―十二、一九七一年十二月）で右記の史料および表千家四世江岑斎千宗左がしたためた『江岑夏書』などをもとに「鳴海」について論述している。

（13）下村效氏「天正　文禄　慶長年間の公家成・諸大夫成一覧」（『栃木史学』七、一九九三年三月）によるなお、『公卿補任』では天正十五年十一月二十二日に権中納言になり、同十九年二月十一日に権大納言に任官したことが記されている（ただし、『公卿補任』の天正十六年の秀次の項には「月日任権中納言」と見える）。

（14）『宗湛日記』。

（15）『天正記』。

（16）『貞要集』によると秀次のほか木村常陸介・蒲生氏郷・細川三斎・高山右近・瀬田掃部・芝山監物が秀吉から利休相伝の台子の作法を伝授されたという。

（17）桑田忠親氏『千利休研究』（一九七六年十二年）、米原正義氏『天下名人千利休』（一九八三年三月）。

（18）桑田忠親氏『定本千利休の書簡』（一九七一年三月）所収七六号文書。

（19）桑田氏註（18）所収二五二号文書、小松茂美氏『利休の手紙』所収四七号文書、『利休大事典』（一九八九年十月）、米原正義氏註（17）などに所収。

（20）小松氏註（19）所収一八〇号文書。

（21）桑田氏註（18）所収二二五号文書。

（22）小松氏註（19）所収八九号文書。

（23）徳川義宣氏『茶壺』・小松氏註（19）所収二〇三号文書。

（24）「文化人としての如水」（『黒田如水のすべて』一九九二年十月）。

（25）『言経卿記』。以下『言経』と記す。

（26）『兼見卿記』。

（27）川瀬一馬氏「わが国における書籍蒐蔵の歴史」（大東急記念文庫『かがみ』一九八七年七月、特別号）でも紹介されている。

（28）『大東急記念文庫貴重書解題』第三巻　國書之部。

（29）木藤才蔵氏『連歌史論考』下（一九七三年四月、増補改訂版は一九九三年五月）では、神宮文庫本「称名院追善千句注」の奥書をもとに天正十五年九月八日に宰相中将の命で紹巴が校合したと述べており、宰相中将を秀次としている。私も秀次と考える。

（30）川瀬一馬氏『足利学校の研究』（一九四八年三月）に詳述されている。

(31)『鹿苑日録』。以下『鹿苑』と記す。
(32)『鹿苑』『言経』。
(33)『鹿苑』『能之留帳』。以下『留帳』と記す。
(34)『留帳』『鹿苑』。
(35)今枝愛真氏『中世禅林史の研究』（一九七〇年八月）によると天正十九年から瑞保が五山・十刹・末寺等五山派を統括する最高責任者である鹿苑僧録に就いたといわれる。
(36)辻善之助氏『日本仏教史』七巻（一九五三年九月）。
(37)『南禅寺文書』所収三〇四号文書。
(38)宮内庁書陵部蔵「三十六人歌集公忠集」復製本。
(39)『言経』。
(40)『鹿苑』の文禄二年十月十四日条および同三年六月十九日条にはそれぞれ「十四日、殿下聯句衆中御下行八木、於宮木請取之、自七月加閏月十二月迄也」「十九日、自殿下聯句衆中御扶持、自松勝切手来、於薬院代官所請取也、自正月至六月也」と書記されている。
(41)橋本政宣氏「豊臣政権と公家衆の家薬」（『書状研究』十一、一九九三年六月）でこの規定について紹介されている。
(42)『時慶』。
なお、奥田氏註（６）「紹巴年譜考（一）」では、「連歌年立」をもとに参会者は秀次以下、里村紹巴・昌叱、曼殊院良恕、聖護院道澄、広橋兼勝、高倉永孝、新三位（西洞院時慶か）、飛鳥井雅敦・玄仍・景敏・立安等としている。
(43)山科言経は天正十三年六月に勅勘を被り、大坂に居たわけである。このころから秀次と言経は親しく接していた。秀次が関白に就任してからは、言経は連日のように聚楽第に祗候するなど秀次のブレーンとして活躍した。
(44)瀧川政次郎氏「裏書の研究」（『法學新報』四一―八、一九三一年八月、後に『日本法政史研究』一九四一年三月に所収）、関靖氏「訪書のために京洛に旅して」（『書誌学』二―五・六、一九三四年五・六月、後に『金澤文庫本之研究』一九八一年十二月に所

収）、川瀬一馬氏『日本書誌學之研究』（一九四三年六月）等。
(45) 石上英一氏「『令集解』金沢文庫本の行方」（『日本歴史』三七一、一九七九年四月）、水本浩典氏「『令集解』諸本に關する基礎的研究」（『法政史研究』二九、一九八〇年三月、のちに「『令集解』諸本の系統的研究」として『律令註釈書の系統的研究』一九九一年二月に所収）。
(46) 『名古屋市蓬左文庫善本解題図録』第一輯（一九六七年三月）等による。なお、渡辺直彦氏「蓬佐文庫所蔵旧金沢文庫本『侍中群要』について」（『國學院雑誌』七三―五、一九七二年五月）でも「侍中群要」について述べている。
(47) 水本氏註(45)論文。
(48) ちなみに『言経』に記された書籍のうちで当時金沢文庫本として存在したとみられるのは次のとおりである。
「続日本紀」（蓬左文庫蔵、巻一〜十は慶長十九年補写、十一〜四十は金沢文庫旧蔵本、巻数は『言経』と一致）。
「本朝続文粋」（内閣文庫蔵、十三巻、金沢文庫旧蔵本、『右文故事』にもその記述があり、駿河御譲本の一、巻数は『言経』と同数）。「帝王略論」（東洋文庫蔵、三巻三軸、各巻金沢文庫印記を切り取り、第四巻の終わりに僅かにその一辺をなす）。
「白氏文集」（久原文庫・田中忠三郎氏・三井源右衛門・保阪潤治氏の旧蔵が知られるが、確定はできない）。
以上四書関靖氏編『金沢文庫本目録』上・下（一九三六年五月）等による。
「百練抄」（水戸彰考館蔵、十四巻十四冊、転写本、巻数は『言経』と同数）。
「類聚三代格」（東山文庫蔵、二巻二軸）
「日本書紀」（水戸彰考館等に蔵、詳細不明）
「清獬抄」（内閣文庫蔵）
以上、四書関靖氏『金沢文庫の研究』（一九五一年四月）、『金沢文庫古文書』（識語編）等による。「女院部類」（「院号定部類記」、宮内庁書陵部、江戸後記の金沢文庫本の写本、六冊）、『圖書寮典籍解題』による。
(49) 寛五百里氏「謡鈔に於ける新・古二鈔の存在と林羅山撰述説とを疑ふ」「謡抄の撰者に関する異説について」（『国語と国文学』五―十二・六―十二、一九二八年十二月・一九二九年十二月）・伊藤正義氏「謡抄考」上・中・下（『文学』四十五―十一・十二、四十六―一、一九七七年十一・十二月、一九七八年一月）。また、慶長三・四年に書写された現存する最古の写本が『うたいせう―諷誦鈔』一・二・三（龍国大学善本叢書二一・一九八一年六・七・十二月）として刊行されている。

V 豊臣秀次事件と金銭問題

遠藤珠紀

はじめに

文禄四年（一五九五）七月十五日、時の関白豊臣秀次は高野山において切腹を遂げた。この秀次事件は、叔父の太閤豊臣秀吉との関係もあり古くから著名である。特に近年は矢部健太郎氏により詳細な検討が進められている(1)。しかし秀次の失脚の原因、事件の流れ、その後の処置と論点は多様であり、事態が輻輳していることがこの事件の実態解明を難しくしているように思われる。そこで本稿では秀次事件中に見える金銭問題二件を取り上げ、整理したい。

まず事件の経過を簡単にまとめておく。七月三日、秀次のもとに秀吉から前田玄以らが遣わされ、謀叛に関する尋問が行われる。八日、秀次は居所聚楽第を出て高野山に向かい、十日に到着した。十二日、秀吉から前田玄以が禁裏に遣わされ、秀次の高野山追放を報告する。一章で検討する献金が行われたのもこの時である。十五日、秀次は切腹した。二十五日、右大臣菊亭晴季の遠流が奏開される。八月二日、秀次の妻子三〇余人が三条河原で斬首された。約ひと月にわたる事件であった。この間七月二十日付で前田利家ら諸大名、八月三日付で前田玄以ら、六日付で宗義智ら朝鮮在陣の武将による豊臣秀頼に忠誠を誓う起請文が提出されている。また八月三日付で「御掟」「御掟追加」が出された(2)。

一、禁裏への献金問題

一つ目の金銭問題は、七月十二日の禁裏への銀子献上である。禁裏女房が記した『御湯殿上日記』同日条には、

くわんはく《関白》とのかねしろかね三千まい、この御所へしん上のよし御申、ふしのうへはしれぬ事とて、三てんそ《伝奏》してひろう《披露》あり、（後略）(3)

との記事がある。後陽成天皇への三〇〇〇枚をはじめ、良仁親王（後陽成天皇息）・智仁親王（後陽成天皇弟）・准后勧修寺晴子（後陽成天皇母）・女御近衛前子・聖護院（道澄カ。興意法親王が入室する）にあわせて五三〇〇枚という多量の銀子が献上された。『兼見卿記』七月十三日条にも献上があった旨の記載がある。この銀子は十五日に京都所司代前田玄以の配下村井播磨守長勝が参内し分配した。ところがひと月もたたない八月五日この銀子は回収される。同じく『御湯殿上日記』には、

大かう《太閤》より七月三日にまいり候かね（中略）みなゝゝとりにまいり候て、五千まいなからくるま《車》にてほうゐん《法印》まいり候てうけとりて大かうへまいる、てんそしゆ《伝奏衆》御まいりありて申さるゝ、御心えあり、

とあり、京都所司代前田玄以が回収に訪れ、豊臣伝奏(4)が天皇への説明にあたったようである。献上の日付が「七月三日」となっている点が気にかかるが、『御湯殿上日記』当該条は後世の写本でしか知られず、「三」は「十二」の誤写の可能性が高い。

この献金は秀次が失脚した直後の微妙なタイミングであり、「ふしのうへはしれぬ事とて」という、意図も明瞭ではないことが問題となってきた。従来、この献上は秀次によるものと考えられてきた。斎木一馬氏は、前途の希望を

絶った秀次によるご恩報じとし、謀叛の証左ではないが、これが秀吉の不興を買い切腹に至ったとする[5]。宮本義己氏・藤田恒春氏は事件での皇室の助言を頼んでの献金と指摘する[6]。これに対し、秀吉による献金という説が小高恭氏・矢部氏によって提起されている。小高氏は、秀吉が朝廷への取り繕いのため秀次に属する銀子を献上したとする[7]。矢部氏も秀吉からの献金とし、謀叛の行為ではないと指摘する[8]。

　また「ふしのうへはしれぬ事とて」という文言の解釈についても「無事の上は（自分秀次の運命はこの先どうなるかわからないから。斎木氏説）」「武士の上は（武士のことはわからないから。小高氏説・『愛知県史』）」「父子の上は（父子の事情は分からないが。矢部氏説）」「不自由の上は（不自由のことははかり知れないので。藤井讓治氏説[9]）」などの諸説がある。

　ところで八月十六日、摂関家近衛前久は子息信輔に書状二通を送っており、その書状中には、秀次事件に関する記載も見える。信輔はこの時勅勘により薩摩に在国中だった。二通のうち一通は「竜山（前久の法名）」から「前左大臣（信輔）」宛（以下書状一とする[10]）、一通は「東入（東山入道前久）」から「三木公（信輔）」宛（以下書状二[11]）となっている。差出・宛所の書き方の差異は、比較的公的な書状と内々の書状という使い分けであろうか。書状二の方がやや生々しい記述となっているが、従来注目されていない。ここで注目したいのは、書状二の「太閤御煩以外之刻、銀子共禁裏をはしめ悉へ被レ進候へ共、御本腹ニ付悉被二取返一候」との記述である。前久は、献金を受けた女御近衛前子の父、聖護院道澄の兄である。その情報の信憑性は高かろう。

　ではこの時期秀吉は煩っていたのだろうか。七月十三日には、秀吉が煩っているため、北政所より禁裏に盆灯籠が届けられた[12]。また八月六日付で朝鮮在陣の諸将が作成した連署血判起請文にも「今度太閤様御煩御大事之由承候、千万一ツも御不慮之時者」という文言がある[13]。前久の情報を考え合わせると、七月ごろ秀吉は病を得ていた。そして重篤となった七月十二日、秀次の財産のうちから禁裏に銀子を献上した。しかし本復に伴い八月五日に再び取り返した、という経過になる。また諸説ある「ふしのうへは」は、「不死の身で先も知れぬ」というような意味ではないだろうか。一度快復したとは言え、秀吉の体調は同年冬にもすぐれなかったようである。十一月には病により参内を取りやめ、宮中では病平癒のための不動法や内侍所御神楽が行われている(14)。

すなわちこの献金は、秀次の謀叛行為と直接は関係していないと推測される。ただし前久は同年十二月五日付の信輔宛書状でも「禁裏へ銀子、其外宮達・女中へ進上候を悉被二取返一候」と記しており(15)、秀吉の行動はかなり特異なものであったことがうかがえる。そうした曖昧な献金、また一度献上した銀子を回収するような秀吉の状態が、秀次との関係悪化に影響を与えた可能性はある。

二、行方不明となった秀次の財産

二つ目の金銭問題として、これまでほぼ注目されていないが、もう一つ事件が起きている。七月二十五日、秀吉より「色々と丶《（届）》かさる事」につき、菊亭晴季を越後国に流罪とするとの奏上があった(16)。菊亭晴季は、右大臣という高官にあり、朝廷と豊臣政権の間をつなぐ豊臣伝奏、秀吉のブレーンとしても活動していた。また娘は秀次の上臈女房として一の台と称されていた。吉田社神主吉田兼見が「当時此一人公儀諸事取沙汰之也、公私大切之仁也」と評するように、当時権勢を振るっていた人物である(17)。その晴季が失脚したのである。同二十六日に京を出発し、越後に至るが、道中で殺害されたとの噂もあったようである（書状二）。この失脚は、秀次の岳父であるためと考えられてきた。

しかし晴季は秀次事件の発覚後、直ちに咎められたわけではない。七月十五日には参内し、事件に伴う内裏の穢れについて奏聞するなど、豊臣伝奏としての役目を果たしている(18)。また後述する伝『大外記中原師生母記』の記主播磨局も盂蘭盆の挨拶に菊亭の屋敷に参っている。すなわちこの時点では晴季に関する疑惑は発生していない。

では二十五日までの間に何があったのか。十八日、兼見は晴季の娘一の台が「金子、其外殿下御道具之儀ニ付而」秀吉より糾明されているとのことで、晴季を見舞った[19]。十九日には長岡（細川）幽斎も晴季を見舞っており[20]、この頃娘一の台に問題が生じたようである。その事情は伝『大外記中原師生母記』という日記からもう少しうかがうことができる。

伝『大外記中原師生母記』は正親町院の女房だった播磨局（中原師生姉）が記したもので、文禄四年は日次記と別記の二つが残され、どちらにも秀次事件の記載がある。播磨局は宮中内侍所に勤める妹や織田秀信に仕える義兄、自身の女房時代の人脈から情報を得ているようである。播磨局によれば「くはんはく《関白》とのかうや《高野》へ御はしりのまきれ」に「かね」が無くなり、反故が焼き捨てられた[21]。これは晴季の娘で秀次の上臈である一の台によるもので、城を退去する折に反故を焼き、金は実家菊亭家に運び込んだという[22]。そのため一の台は「おそろしききうめい《糾明》に御あい」と厳しく追及された。

父晴季の失脚についても、播磨局はこの件により「御子ゆへに」と記し、兼見も「今度息女一ノ台之儀ニ付」き流罪となったと認識している[23]。近衛前久は「菊亭は数年表裏者にて、剰今度盗人仕候間、当座に可ㇾ有㆓御成敗㆒と思召候へ共、公家之事候間」と述べている（書状一）。すなわち表裏のある人物で、今回は盗人をしたが、公家であるために死罪は免れ遠流となったという認識である。この「盗人」も秀次の財産に関するものと考えられる。一の台については、「菊亭息女は、かまにていられ候、はた物にあけられ候なと、申候つるか、惣次車ニテ被ㇾ渡候て三条にて河原之者いつれも切申候」と記している（書状二）。釜炒りあるいは磔になるとの噂もあるほどに、秀吉の怒りは大きかったのであろう。晴季は、秀次退去後に発生したこの事件により失脚したと考えられる。

秀次が聚楽第を退去したのち、女房衆は散り散りとなった。(24)その後、残された財産が改められたのであろう。一章で検討した禁裏への献金もその財産からなされたと推測される。ところが財産の一部が不明瞭になっており、少なくとも一の台が関与していることが発覚した。二十一日、長岡（細川）忠興は秀吉に、前年秀次から金子一〇〇枚を借用していたと申し出、返済するが、秀吉は機嫌よくその金子を忠興に与えた。(25)八月十六日には禁裏に対し、秀次から献上された道具の目録を提出するよう秀吉から求めてきている。(26)これらも秀次の財産の全貌が不明瞭であり、その探索が続いていたのではないだろうか。

金銭・道具類の紛失以上に「ほうご《反故》」の焼却は問題であろう。実際にどのような内容の書類であるかは不明だが、「謀叛」の嫌疑がかかっている以上、ただの反故とは思われず、何らかの不都合な文書が焼却されたとの疑いを招くことは必然である。前述の忠興の行動からすると、秀次が大名たちに貸し付けた借金証文も行方不明になっていた可能性もある。

もともと秀吉に秀次殺害の意図はなかったが、秀次が切腹した後、その対応は著しく変化したと、矢部氏は指摘している。(27)諸大名に急遽上洛が命じられ、二十日には秀頼に忠誠を誓う起請文が作成された。二十五日付の石田三成書状では「関白殿御逆意顕形」と謀叛であることが明記され、厳しく非難された。(28)さらに秀次の重臣たちに切腹が命じられ、八月三日には、秀次の妻子が三条河原で処刑された。矢部氏はこうした対応の変化は秀次の「想定外」の切腹により、秀次の罪状を声高に宣伝する必要性に迫られた結果と推測する。

ところで妻子の処刑の時、秀次正室（若政所）の池田恒興女は咎めを受けず他所にいた。一方で右大臣の娘でありながら一の台は斬首される。それは「何たるほうこ《反故》やらん、やきて御すて候により（中略）かやうにきつきうめい《糾明》」されたのだと播磨局は記す。(29)秀吉の対応の変化には、この一の台の件も大きかったのではないか。不明瞭に消えている財産、焼かれた書類、謀叛の嫌疑としては充分である。秀次の「謀叛」はこの件によって固まってしまった可能性もあろう。

おわりに

以上本稿では、秀次事件の最中に行われた禁裏への銀子献上、残された財産に不審点が生じた件の二点を検討した。従来、秀次の「謀叛」との関係が指摘されてきた献上であるが、秀吉の病に伴う行為であったことが明らかになった。また秀次が高野山に移った後に、一の台は金子などを隠し、反故を焼き捨てた。秀次の指示による行為であるか、秀次が果たして謀叛を企んでいたかは不明である。しかし秀次の死、さらにこの一件により秀吉の嫌疑はかき立てられ、秀次の「謀叛」は明らかなものとされたのではないだろうか。

註

（1）矢部健太郎「『御湯殿上日記』と秀次事件」（天野忠幸ほか編『戦国・織豊期の西国社会』日本史史料研究会、二〇一二年）。同「関白秀次の切腹と豊臣政権の動揺」（『国学院雑誌』一一四―一一、二〇一三年）。同『関白秀次の切腹』（KADOKAWA、二〇一六年）など。

（2）八月三日付起請文については、文禄五年五月頃に日付を豊臣秀頼の誕生日に遡及して作成されたと矢部氏は指摘する（「前田玄以の呼称と血判起請文」山本博文ほか編『豊臣政権の正体』柏書房、二〇一四年）。

（3）『続群書類従』所収の御湯殿上日記には「年しろかね」と見える。しかし東山御文庫収蔵の写本、東京大学史料編纂所所蔵の写本で確認したところ「かね」と推測される。字母は「可年」であり、「可」は仮名によくあるようにごく小ぶりに記され、「年」は大きく書かれている。そのため「年」と漢字で翻刻したのであろう。しかし例えば直後の「しろかね」と比較しても類似した字形である。矢部前掲註（1）著書、七八頁参照。以下、『御湯殿上日記』は両写本にて検討を加えた。

（4）豊臣伝奏については拙稿「「豊臣伝奏」の成立と展開」（『東京大学日本史学研究室紀要別冊　中世政治社会史論叢』二〇一三年）。

（5）斎木一馬「関白秀次の謀叛」（『斎木一馬著作集二　古記録の研究下』吉川弘文館、一九八九年。初出一九四九年）。

（6）宮本義己「豊臣政権における太閤と関白」（『国学院雑誌』八九―一一、一九八八年）。藤田恒春『豊臣秀次』（人物叢書、吉川弘文館、二〇一五年）。

（7）小高恭『『お湯殿の上の日記』ほかの言葉をめぐって』（岩田書院、二〇〇二年）。

（8）矢部前掲註（1）著書。

（9）藤井讓治『天皇と天下人』（講談社、二〇一一年）。

（10）陽明文庫一般文書目録三九一八三〜八六。東京大学史料編纂所所蔵写真帳『近衛文書』九〇（請求記号六一七一・六八―二三―九〇、以下同）。

（11）陽明文庫一般文書目録三九一七六。東京大学史料編纂所所蔵写真帳『近衛文書』九〇。「三木は信輔の一字名「杉」を分解した呼び名である。信輔の自称、あるいは前久からの呼称としてもよく見られる。名和修陽明文庫長のご教示による。本史料は秀次事件の関係史料を網羅した『愛知県史』織豊三（二〇一五年）の特集「秀次事件」には未収である。

（12）『御湯殿上日記』文禄四年七月十三日条。刊本は「御かつう御申」とするが、嘉通は六月の行事であり、また全体は盆灯籠献上に関わる記事である。あるいは「ひろう御申」の誤写か。

（13）大阪城天守閣所蔵「木下家文書」（『ねねと木下家文書』山陽新聞社、一九八二年所収）。

（14）『親綱卿記』文禄四年十一月七日条、八日条、十四日条、十二月十三日条など（拙稿「『中山親綱卿記』の紹介」「東京大学史料編纂所研究成果報告　室町後期・織豊期古記録の史料学的研究による政治・制度史再構築の試み』二〇一六年）。『孝亮宿禰記』文禄四年十一月十七日条、二十七日条、十二月一日条（宮内庁書陵部所蔵）。伝『大外記中原師生母記』文禄四年別記十一月二十六日条（東京大学史料編纂所所蔵。請求記号〇三七三―五）。『兼見卿記』文禄四年十一月十二日条、十四日条（史料纂集）など。

(15)　陽明文庫一般文書目録三九一八二（東京大学史料編纂所所蔵写真帳『近衛文書』九〇）。前久はこのほか陽明文庫一般文書目録三五三二〇（東京大学史料編纂所所蔵写真帳『近衛文書』六五）でも事件に触れている。
(16)　『御湯殿上日記』文禄四年七月二十五日条。伝『大外記中原師生母記』文禄四年日次記七月二十五日条。この日記の性格については推稿「中世後期の女性の日記　伝『大外記中原師生母記』について」（『日本文学研究ジャーナル』二、二〇一七年）参照。
(17)　『兼見卿記』文禄四年七月二十六日条。
(18)　『御湯殿上日記』文禄四年七月十五日条。十五日に村井長勝が秀次家臣の切腹による触穢の状態で参内したため、宮中も触穢となった。
(19)　『兼見卿記』文禄四年七月十八日条。「一の台（一の対）」は上級の女房名の一つ。
(20)　『兼見卿記』文禄四年七月十九日条。
(21)　伝『大外記中原師生母記』文禄四年別記七月記。
(22)　伝『大外記中原師生母記』文禄四年日次記七月二十五日条。
(23)　『兼見卿記』文禄四年七月二十六日条。
(24)　伝『大外記中原師生母記』文禄四年日次記七月九日条。若政所と男子二人、一人の母は同年五月に伏見に移徙している（同記五月二八日条）。
(25)　『兼見卿記』文禄四年七月二十一日条。
(26)　『御湯殿上日記』八月十六日条。
(27)　矢部前掲註（1）著書、一〇三頁など。
(28)　『大日本古文書　伊達家文書』二、六六四号。
(29)　伝『大外記中原師生母記』文禄四年日次記八月三日条。

【付記】　本稿はＪＳＰＳ科研費一七Ｈ〇〇九二六、一六Ｋ一六九〇一の助成をうけた。

Ⅵ　羽柴秀勝の入国と支配

平山　優

豊臣秀吉は、徳川家康を関東に転封させると、その旧領国に相次いで新たな大名を移封し、本格的な東国経営に乗り出し、甲斐国には秀吉一族である羽柴秀勝を入国させた。秀勝（小吉・少将）は、秀吉の実姉（瑞竜院日秀）と三好吉房の第二子で、秀次の弟に当たり、この頃秀吉が養子としていた甥である。

秀勝が正式に甲斐国を秀吉から与えられたのは、天正十八年七月のことである。そして、八月三日には、秀勝は甲府の桶大工職に対して、伝馬役免許の代替に、城での用事に際して動員を命じる印判状を発給していることから、家康が関東に出国した直後から、甲斐の支配を開始したことが知られ（『山梨県史』資料編8巻領主、史料一。以下、『山梨県史』資料編8巻所収の史料を示す際は、『山』＋史料番号で記す）、当初から甲斐に入国し、領国支配に当たっていたと推察される。

また羽柴秀勝は、甲斐入国直後の八月下旬から検地を開始した痕跡が認められる。秀勝検地の実在については、天正十九年四月に加藤光泰家臣西田一相らが、都留《つる》郡大石《おおいし》郷（富士河口湖町）の年貢納高のなかから四割の損免を認めた、名主百姓中に宛てた証文において、その納高が羽柴秀勝の検地によって決定されたものであると明記していることから判明する（『山』四四、なお詳細は『山梨県史』通史編3近世1、第四章第一節参照）。しかし、秀勝が実施した検地については、検地帳も残っていないため、全国で実施されていた太閤検地との関係や、内容の精査の状況、施行された地域など、未確認の部分が多い。だが、現在残されている史料をみると、いくつかの事実を指摘することが可能である。

まず、検地が施行されたと思われる地域について確認しておこう。既述のように郡内領《ぐんない》（都留郡）のほかには、河内領《かわうち》下山《しもやま》・帯金《おびかね》・下部《しもべ》（身延町）で、秀勝の奉行衆長谷部次郎兵衛・渥美権六郎が、天正十九年八月二十七日から九月六日にかけて証文を発給していることが判明している（『山』四・六・七）。それによると、その証文は百姓衆より社領の指出を提出させ、その結果を各社の社家衆に通達したものである。この指出は、各村の村高を決定するために、村内の耕地や名請人を書き出させ、その集計高を把握するためのものであったと推定される。そして村高のなかから、社領を抜き出し、その高を証文にして通達したのが、長谷部・渥美の連署証文であろう。なお、管見の限り、秀勝が国中地方《くになか》の諸村に対して指出を命じた事実は検出できず、それが河内領・郡内領に限定されることから、秀勝検地の施行範囲は、国中地方を除く二領のみであった可能性が高い。また社領高は、貫高表示になっており、石高への転換は行われていない。

これらの事実から、羽柴秀勝検地は、河内・郡内二領において実施され、その目的は百姓衆の指出による貫高表記の郷村高把握であったと推察される。なお、こうした検地が、国中地方で実施されなかった理由については判然としないが、あえて推定が許されるならば、天正十七年に徳川氏の奉行伊奈忠次によって実施された検地（熊蔵縄）との関連が想定される。徳川氏の五か国惣検地は、甲斐でも実施されたが、河内・郡内二領ではその痕跡が残されていないことから、これは国中地方に限定された検地であった可能性が高く、羽柴秀勝検地は、その不備を埋めるためのものであったと考える余地もある。

さて、秀勝の甲斐支配については、今日残されている史料が少ないため、その詳細は明らかではなく、独自性も見いだし得ない。検地政策のほかには、寺社への禁制と寺社領安堵、諸役免許の通達が集中して多く、そのいずれもが「如前々」と記述されるように、徳川氏が認めてきた特権の安堵である。また、在地支配では、都留郡鳴沢郷《なるさわ》（鳴沢村）に対して、巣鷹の保護を指示し、その生息地である山にみだりに立ち入ろうとする者に対しては成敗してもよいと認定している（『山』三〇）。さらに、河内領早川筋の支配については、戦国期武田氏の一族穴山氏の家臣で、また代官をも務めた経歴をもつ薬袋《みない》郷（早川町）佐野七郎兵衛の地位を引き続き認め、支配に関する諸事を委託するとしている（『山』二七）。このように、豊臣大名として入国した秀勝ではあるが、武田・徳川両氏の支配システムを大幅に変更する意図はもたず、むしろそれを利用して、支配を維持する方向性を示していた。

最後に、羽柴秀勝の家臣団について述べよう。その家臣団の全貌については、史料が残されていないため、はっきりしないが、甲斐支配にかかわった家臣は、発給文書などからある程度推定することが可能である。すでに『甲斐国志』は、秀勝家臣として三輪近家・加藤清政・入江左近・葛岡左介・山田八右衛門吉成の実在を記し、このうち三輪近家については郡内を支配していたと指摘している（『甲斐国志』人物部第九）。これを秀勝期の発給文書によりながら検証していくと、家臣による地域支配の分掌が成立していたことがうかがわれる。それは、郡内領では三輪近家のみによる寺社領安堵証文などがみられ、その他の家臣の関与は認められない（『山』二四～二六）また巣鷹保護などの重要案件については、秀勝自身の印判状で指示が出されていることから（『山』三〇）、『甲斐国志』が指摘するように、三輪が郡内領支配の中心を担っており、福田三郎右衛門尉・伊藤賀右衛門尉実吉らがその配下の代官として活動していたと想定される（『山』二二・二三）。次に、河内領支配については、佐藤長介重次が中心を担い、その代官として安福氏元・加藤清政・浅野可政が活動していた（『山』一一・一二・一九五・二四六）。また、前出の長谷部次郎兵衛・渥美権六郎も河内領支配の史料に登場するが、両人は河内領検地に関与したもののみにみられ、他にまったく管見されないので、検地奉行という地位にあったと推定するほかない。

これらに対して、国中地方の支配については、山田吉成と三輪近家のほかに、入江左近・葛岡左介が活動していたことがわかる（『山』二一）。このうち、入江左近は代官として行動していたようであり、山田・三輪はそれぞれ単独で証文を発給しているほか（『山』二・一〇・二一）、両人が連署で禁制を与えている事例もみられるので（『山』五）、この二人が秀勝を補佐する家老職に位置していたと考えられる。なお入江左近が、国中地方以外で文書に登場する事例は管見の限り知られていない。このように、秀勝家臣団による甲斐支配は、山田・三輪を筆頭に、厳密な地域分担がなされていたのである。

だが、秀勝の甲斐支配は、わずか八か月余をもって終わりを告げた。天正十九年三月頃、秀吉は秀勝に美濃国岐阜（岐阜県）へ国替を命じた。その理由は、秀勝生母の嘆願によるものといわれている（『甲府市史』通史編第一巻原始・古代・中世）。

Ⅶ 三好吉房

山田彦郎

一、三好吉房（弥助）の前身

（1）『武功夜話』に登場する三輪氏

豊臣秀次公三輪氏の事、小坂孫九郎尉の室は三輪氏の事、蜂須賀彦右衛門尉《（正勝）》の室は三輪氏の事

一、関白秀次公御出生は、尾張国海東郡乙之子村三輪武蔵守《（吉房）》の子なり。後入道して三位法印一路といえり。三位法印の嫡子孫七郎殿太閤殿下の御養子と成り関白秀次公と相成る。本姓は三輪氏なり。三輪五郎《（吉高）》左衛門尉は始め勢州国府北畠氏の被官なり、先祖代々勢州河内若江に居住仕る。織田信雄公北畠氏を襲うにより信雄公に奉仕戦功あり、犬山城を賜り出雲守と成る。祖父孫九郎尉始めの室は丹羽勘助《（氏識）》の女なり、子無く死去仕る後添えは犬山城主三輪五郎《（吉高）》左衛門尉の女なり。また妹御は蜂須賀彦右衛門尉《（正勝）》の室なり。三輪五郎左衛門殿の御舎弟次郎兵衛殿海東郡乙之子村に居住、次郎兵衛三位法印殿にて候。関白秀次公尾張の御領主に成られ候、秀次公に奉仕の五郎左衛門殿嫡子内記殿犬山に居城仕るところ、関白殿太閤殿下の勘気を蒙り御自害の後牢人と相成り、在所尾州丹羽郡宮後村に蟄居仕る。蜂須賀蓬庵《（家政）》様の御生母の家にて候も、差し当り子細有縁を隠し置くは、色々機遣わし候事にて候。（『武功夜話拾遺』）

上掲の『武功夜話拾遺』（新人物往来社、一九八九年）によると、関白秀次の父は次郎兵衛、又は弥助と称して三輪氏の出身であり、後の長尾武蔵守吉房である。入道名を三好法印一路、又は三位法印常閑と称した人である。

三輪氏は奈良の名族の流れで先祖代々勢州河内若江（長島支城）に居住し、勢州国府北畠氏の被官であった。織田信雄が北畠氏を襲撃した時に信雄に奉仕して戦功があり、後に尾張に移り住んだと考えられる。

兄五郎左衛門の長女が小坂孫九郎の後室で、小坂助六尉の母「善恵女」である。その妹が蜂須賀彦右衛門正勝の室「大匠院」であり、阿波藩祖家政の母堂である。この三輪松の方は、小六正勝に嫁ぐ前に伊勢国司北畠具教の側室となり、一子をもうけていた。後に阿波藩政を助けて「黒衣の宰相」とまで呼ばれた東岳禅師がその人で、尾張曼陀羅寺で剃髪した当時は、長存と称していた。

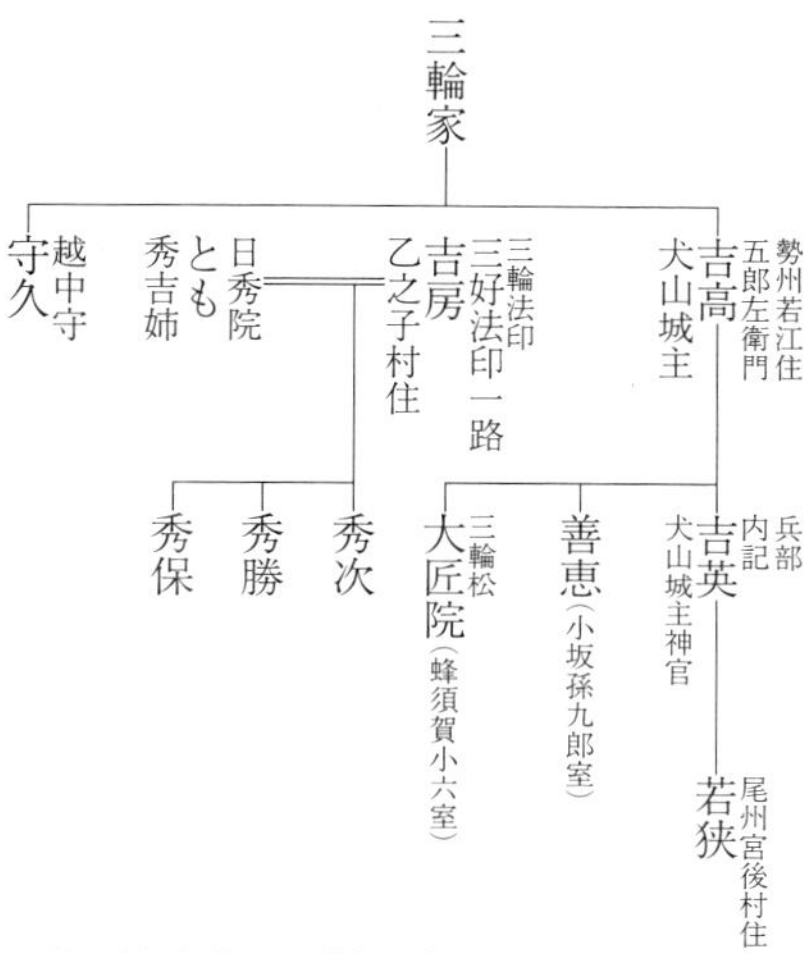

尾張三輪氏系図1『武功夜話』

（2）『尾張志』に登場する農民弥助

中島郡

三位法印宅址

萩原村にあり豊臣太閤の姉婿長尾武蔵守吉房老年に剃髪して三位法印一路と号す此地に住し又海東郡乙子村にも移り住せしよしくはしく知多郡人物の条に記す合せ見るへし

海東郡

三位法印宅

乙子村にあり長尾武蔵守豊臣吉房入道三位法印一略の宅の跡也法印微々たる農民にて当村に居し弥助といひて豊臣秀吉公の姉を妻とす後知多郡大高村に移りて関白秀次公をうめり武功とてもなく独家を興し関白の実父と称せられし古今にめつらしき幸ひ人也

知多郡

長尾武蔵守吉房

大高村の人にて秀吉公の姉聟也後年入道して従三位法印一路と号すはしめ海東郡乙子村に在られし頃は無下に下賤の田夫也し也朝日物語に信長公濃州堂の洞と申処へ御出陣ありし時藤吉に汝が一門のうちにて馬をかりてのれと仰られけれは畏候とて海東郡の内乙子と申所に弥助といふつなさしあり（縄さしとは馬を曳ありく下人也）是は藤吉郎が姉婿也彼が処に行て栗毛なる雑役馬をかり出しけるが鞍はあれとも鐙なし但かな鐙の損したるが左片しあり一方には細引をしたりけり弥助乱妨とは思いなから我つきて行むとて藤吉郎の供しける各務のはらにて手柄して帰りけれは美濃国にて七千石知行を下されける馬を借したる姉聟の弥助に五百石とらせける後に三位法印と申ししはこの弥助が事なりと見えたり

前関白正二位内大臣豊臣秀次

大高村の人父ハ長尾武蔵守吉房入道なり忠義士抜書に関白秀吉公の嫡男秀次公は武蔵守三位法印一路の男たりしを猶子として天正十九年に関白職を譲り給ひて尾張国に居置その身は聚楽に居ます然るに秀次公官職に応せす朝夕逸遊を事とし其行せきあら〳〵しく我意のみありけれハ諸民悪き様に諷し後には逆謀という沙汰もありしかは秀吉の家臣増田右衛門尉長盛石田次部少輔三成等日来不和なりけれは幸に讒を構へ時々呫囁しけれは秀吉

公 頷《ウナツキ》レ之給ひて謀反人に極りたり秀次公無レ誤の旨以二神文一歎き給ひしかとも姦者猶不レ止して終に文禄四年七月十五日に高野青巌寺にて自害と見えたり

（3）名族三輪氏の出身

『尾張志』は、徳川時代になってから尾張藩の手によって編さんされた尾張の官撰記録である。『朝日物語』・『清須物語』・『尾張徇行記』・『尾張名所図会』等の諸書も同様な記述があり、『武功夜話』とはイメージが全く異なる。すなわち、

『武功夜話』では勢州国府北畠家の譜代衆で、れっきとした武士。

『朝日物語』・『尾張志』では無下に下賤の田夫で馬曳きをしていた。同一人物の記述であるにもかかわらず雲泥の差があるのはなぜだろうか。学識もないが、考察してみると次の諸点が考えられる。

① 石田三成一派のざん訴により、関白秀次は非業の最後を遂げている。叛逆の刑罰は一族郎党に及び妻妾子女ことごとく三条河原で斬首され、実父である吉房も讃岐に流されている。前掲の『武功夜話拾遺』豊臣秀次公三輪氏の事末尾にも「差し当り子細有縁を隠し置くは、色々機遣わし候事にて候」と記述されている。

② 天下の権が豊臣氏より徳川に移り、外様大名はことごとく掣肘を受け、藩の取潰しも容赦なく断行され、安芸（広島）藩の福島正則もその好例である。天下の実権が移れば、迎合する情報は歓迎され、不利な情報は抹消されるのが、古今東西の常識である。

③ 『武功夜話』は、享保年間（一七一六～三六）に秀次といとこ関係の女を妻とする小坂孫九郎の孫が記録した古文書であり、血縁地縁で結ばれている。加えて筆者と同族の前野氏一門のうち、前野長康親子は関白秀次の重臣

であり、前野兵庫、生駒利豊らも江州八幡城以来、秀次に仕えており、長尾武蔵守吉房については詳しく知りつくしている関係である。

なお、この古文書は昭和五十二年（一九七七）に公開されるまで四〇〇年間、前野家の土蔵に眠っていた史料である。伊勢湾台風で土蔵の壁が崩れ世に出ることとなった。さらに、この前野家文書の各巻首に「貸出しの儀平に断るべし」と書かれ門外不出扱いにされたのには次のような事情があった。

Ⓐ　前野家一門は、キリシタン宗門であった。前野但馬守長康はキリシタン大名（出石城主一一万石）で、子前野出雲守長重の妻は、細川忠興とガラシヤ夫人の長女、於長であり、母ガラシヤと共にキリシタン宗門であったことが古記録に残っている。

『武功夜話』編者、吉田孫四郎雄翟《かつかね》の娘千代は、寛文七年（一六六七）、多くの一族とともに殉教している。十八代吉田雄利は、寛文七年キリシタン宗門の詮議を免れて、「自分一札免」を尾張徳川家より承け、「当家は吉利支丹宗門に非ず」と石に刻み、今も当家の庭石として残っている。

Ⓑ　但馬守長康父子が秀次事件に連座し、また、編者の祖父孫九郎の妻善恵は、秀次の父吉房の兄三輪五郎左衛門の娘であることから、両名ともに秀次に関係深く、後世の歴史書より抹殺されたものと思われる。

種々の諸説があるが、『武功夜話』の記述の方が、信憑性があるように考えられる。雑役馬を借りた謝礼に弥助吉房に五〇〇石の領地を美濃で与えたというのも、後世の作り話ではなかろうか。所領は美濃、住所は乙之子村であるのになぜ、大高に移住したのか大きな謎である。『朝日物語』以下の諸書が大高居住説を唱えているが、確たる資料もいまだ見当たらない。

『尾張人物志略』には、次のような記述がある。

大高の産なる由、記しけれど、当村（乙之子村）に今もなほ士（さむらい）屋敷と称する地ありて当村にちなみければ、ここにあげて後考に備ふ。

最後に姓名のことについて考察しておく。『戦国人名事典』には次のように記載されている。

みよしよしふさ　三好吉房　？～一六〇〇？（？～慶長五？）

（武蔵守・三位法印常閑・一路）豊臣秀次・秀勝・秀保の実父。室は豊臣秀吉の姉。長尾氏。また羽柴氏を称した。天正十八年（一五九〇）、尾張国犬山城主十万石。のち清洲城に移る。文禄二年（一五九三）、一万二二〇〇石を加増された。同四年、秀次事件に連座して所領没収のうえ讃岐国に追放された。慶長五年（一六〇〇）、下野国足利で没した。没年は同十七年八月十五日とも伝える。

これによると、生年月日も死没年月日も場所も不詳である。秀吉の姉「智」と結婚し、秀次の父親となったことによって人生も展開し、種々、流転の生活をして姓名もつぎつぎと替えたようである。

秀次とは叔父と甥の関係にあった秀吉は自分に子もない関係もあって、甥の秀次を自己の策略のために利用し尽くした。織田信長の一将として、近江の浅井氏を攻略したとき秀次を浅井方の驍将、宮部継潤へ養子（質子）として入れ小谷城を潰している。また、四国の三好康長のもとへ養子に入れて三好一族の力を手に入れた。秀吉が京都奉行としてその職責を全うし、京畿の地に政治的の地歩を固め得た功績は大きかった。また、山崎合戦の時、一人でも多くの将兵の欲しい時に池田信輝の娘と秀次を婚約させ、信輝を我が陣営に引き入れて明智軍を破り、秀吉が天下人への道を駆け上がるスタートとなった。これらすべて秀次があってこその歴史的展開であった。

世は戦国時代、努力して武功を樹てれば立身出世は思いのままであるが、いかに努力しても金銭で買えないものが氏素性である。一族のキャップである秀吉も、家柄、血統を人一倍、気にかけていた。公家にせよ、武士にせよ、そうした家柄や血統が、有形無形にものを言った時代である。秀吉が、甥の秀次を一時は湖北攻略に利用するため、宮部家へ養子縁組させたが、宮部継潤に実子長熙《ながてる》が生まれるに及んで、一転、四国の名族三好康長との養子縁組を持ち出して成功した。以後、秀吉自身もしばしば三好姓を使い、父親長尾武蔵守も三好姓を常用するようになったものと考えられる。

三好家は、元信濃国守護大名小笠原家一族で、鎌倉時代に四国阿波に所領があって居住中、足利時代に入って同国が細川家の所領になったため細川家に仕え、代々その家宰（後世の家老職）を勤めた。

細川家は足利一族で足利幕府三管領《かんれい》（首相格）だから在京が多く、従って三好家も在京し、或る時期は主家細川を凌ぐ勢力を持ち幕政を左右した程の名族である。

吉房の姓名について順序のほどは確かではないが、列挙すると次のようである。

①　三輪次郎兵衛『武功夜話拾遺』
②　三輪武蔵守吉房『同』
③　弥助（弥介）『朝日物語』
④　長尾武蔵守吉房『尾張志』・『尾張名所図会』
⑤　木下弥助『武功夜話』
⑥　羽柴筑前守一路『本圀寺年譜撮要』
⑦　三好武蔵守吉房『戦国人名事典』他
⑧　三位法印一路・常閑

天正十八年（一五九〇）三位法印に叙任、入道して一路あるいは常閑と号した

二、妻「智」の前半生

(1) 幼少女時代の苦労

後掲の系図は豊臣一族の関係を表わしたものである。智は図で見る通り秀吉の実の姉で、長尾武蔵守吉房の妻である。秀次のほか二人の男子を儲け、思いもよらぬ栄華に恵まれた。

この智は、少女の頃（九歳）に家を出されている。貧しい家に生まれて父を失い、家を出た彼女が歩いた前半の人生は、尋常のものではなかったであろう。

「智」の名は後年のものだが、「智子」とも読ませるところに、秀吉流の臭みが感じられる。義妹の朝日姫にあってはなおさらであるが、ともあれ「とも」とでも名づけたものを、ことさら美しく立派に「智」と書き、さらに子の字を付したのではなかろうか。秀吉より二つ年上、天文三年（一五三四）生まれであるが、その月、日はわからない。

もともと貧しい家庭ではあったが、両親のもとで育てられているうちは、それなりに幸せであったと思えるが、天文十二年、父の弥右衛門が病死をして、一家の柱を失ったために母は途方にくれ、姉も秀吉も家を出なければならなくなった。当時の常として、一家の口べらしのためにはよんどころなく、二人の子を手離したものだろう。男の秀吉はまだ身の置きどころ（近村の光明寺）もあったが、女の智が、どこでどうして成長したのか諸説がある。

一説によれば、母方の祖母に当たる里人《りじん》与大夫を頼って、当時の海東郡乙之子村、現在の美和町大字乙之子字元柳四二番地に住んだといわれ、かつては、「侍屋敷」と呼ばれていたという。

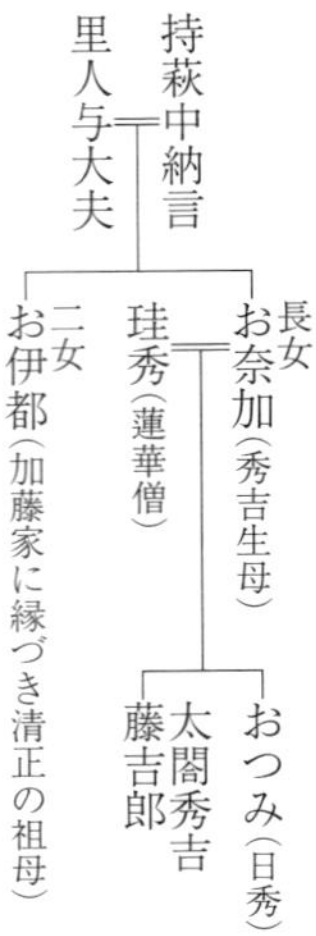

藤川清（郷土史研究家）説

（2）結婚、三男児出生

『朝日物語』には「夫の弥助は入婿」とあり、これから察すると、智は乙之子村のどこかの家で養われて成長、年頃になって弥助を婿に迎えたのだろうか。

弥助と智は同年である。後年、その栄達とともに史上に登場するようになると、その死亡時の年齢は諸書が伝えている。したがって死亡時の年齢から逆算すると、二人は同年である。

なにはともあれ、一七歳同士の若夫婦が乙之子に出来た。しかし二人は、新婚の甘い夢に浸っているわけには行かなかった。まずなにより、二人は働かなければならなかった、と想像される。幸いするものがあるとするなら、それは智も夫の弥助も、ともに健康で、また弥助がいたって律気な、よく働く男であったことだろう。農業のみでは収入が少なく、『朝日物語』に記述されているように「馬曳き」に精を出して働いたものと思われる。

時は移り、桶狭間で今川義元を討った織田信長が、京都への上洛を志したが、それを阻む美濃の斎藤軍勢を打倒すべく準備した。信長幕下の木下藤吉郎（妻智の実弟）に頼まれて、夫弥助は戦闘に参陣することになる（後述）。

両人の間には、彼らの将来を左右する男の子が次々に生まれた。

一七年間の長い間、子供に恵まれなかったが、やがて永禄十一年（一五六八）に長男、秀次が生まれ、同十二年に次男、秀勝が生まれた。秀次を産んだのは彼女が三五歳の時である。それ以後の消息はしばらく絶える。その後天正七年、彼女が四六歳のときに三男、秀俊（秀保）が生まれた。

うになった。

（3）戦国時代の夫婦生活

戦国の時代は、あわただしく変遷し、織田軍団は京都をめざし、勢いの赴くところ近江の浅井長政と事を構えるようになった。

元亀三年（一五七二）七月、浅井攻略戦に秀吉は、精根を尽くして活躍しており、おそらく武蔵守吉房も従軍したであろうと思われる。しかし、智がどうしていたかは判然としていない。多くの場合、夫の従軍中、妻女は留守を守っている。けれども秀吉と智の姉弟は、ことのほか密接な間柄だったから、秀吉の身近くにいたと思われる。これは幼いときからの境遇がそうさせたと思われるが、彼女も身近なところに頼るところがなかったことも、また一因となる。それにもまして、理由になるものがある。それは秀吉が甥である秀次（四歳）を浅井方の武将宮部継潤のもとへ養子に出したことである。これは秀吉の意図であって、両親の意志ではない。そうなればなおのこと弥助よりも智が、幼い秀次のまま近いところにいなければならない。四囲の状況を勘案すれば、このころ両親ともども近江のどこかへ引越したと、みなければならない。

これから先は秀吉の行くところ、かならず弥助、智の夫婦は影のようについて廻る。ともあれ秀次の消息はこの元亀三年を境として知れるのである。

天正二年（一五七四）三月、信長は秀吉の浅井攻めの功を賞し、近江の地において二〇万石を与え、長浜に城を築かせる。それで智夫婦もまた長浜に移ったものと思われる。これについての確証はないが、一段と手広くなった秀吉の身辺は、その経綸遂行の上からも、智、弥助の二人を長浜に置いて、何かの用に役立てていたと考えられる。

これは秀吉の性格上からの想像である。

秀吉は後年、小田原役にて武功をあげた秀次の弟秀勝に甲斐・信濃を与えた。この秀勝が、まだ子供だったため、

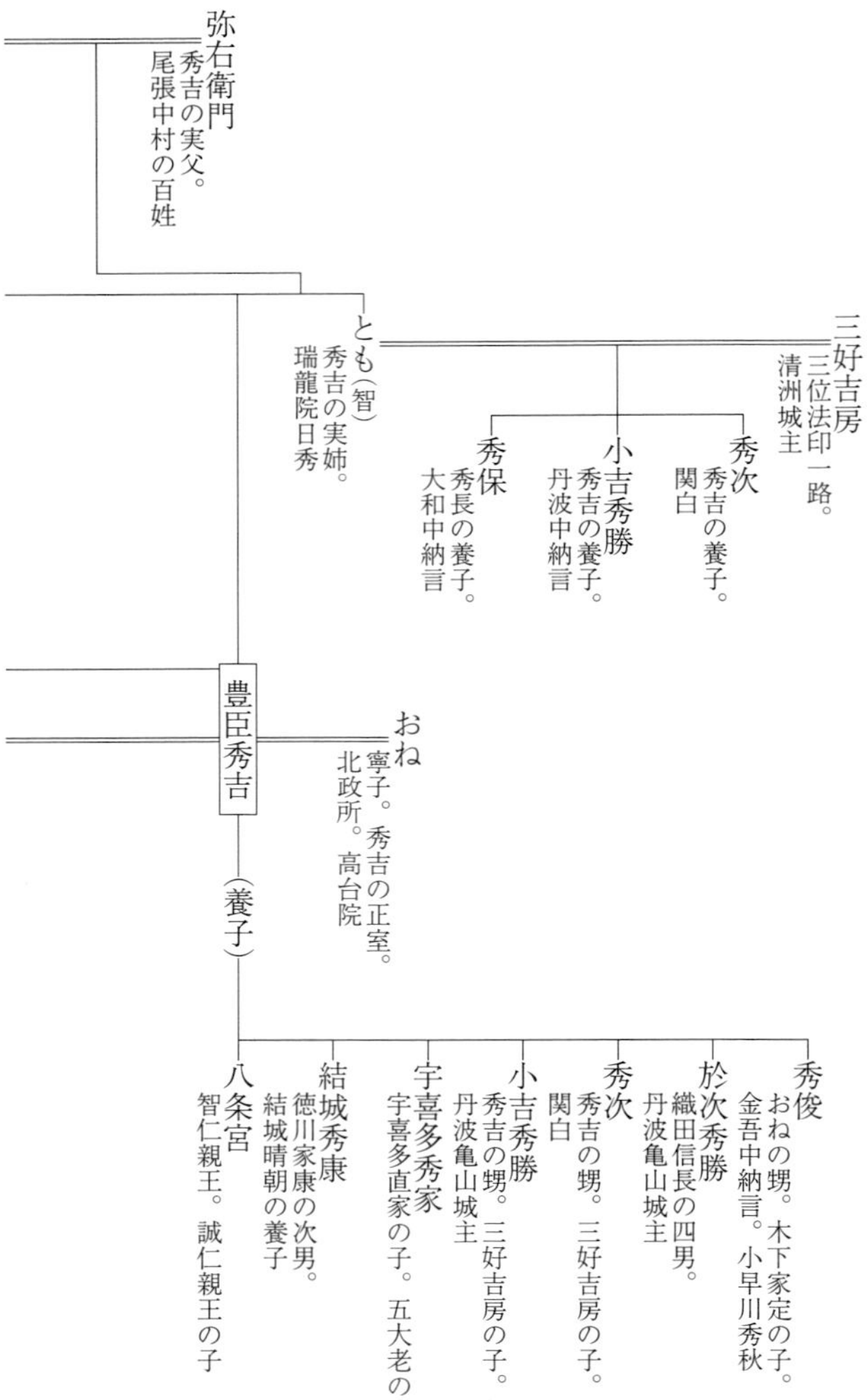
弥右衛門
秀吉の実父。尾張中村の百姓
三好吉房
三位法印一路。清洲城主
とも（智）
秀吉の実姉。瑞龍院日秀
秀次
秀吉の養子。関白
小吉秀勝
秀吉の養子。丹波中納言
秀保
秀長の養子。大和中納言
豊臣秀吉
おね
寧子。秀吉の正室。北政所。高台院
（養子）
秀俊
おねの甥。木下家定の子。金吾中納言。小早川秀秋
於次秀勝
織田信長の四男。丹波亀山城主
秀次
秀吉の甥。三好吉房の子。関白
小吉秀勝
秀吉の甥。三好吉房の子。丹波亀山城主
宇喜多秀家
宇喜多直家の子。五大老の一
結城秀康
徳川家康の次男。結城晴朝の養子
八条宮
智仁親王。誠仁親王の子

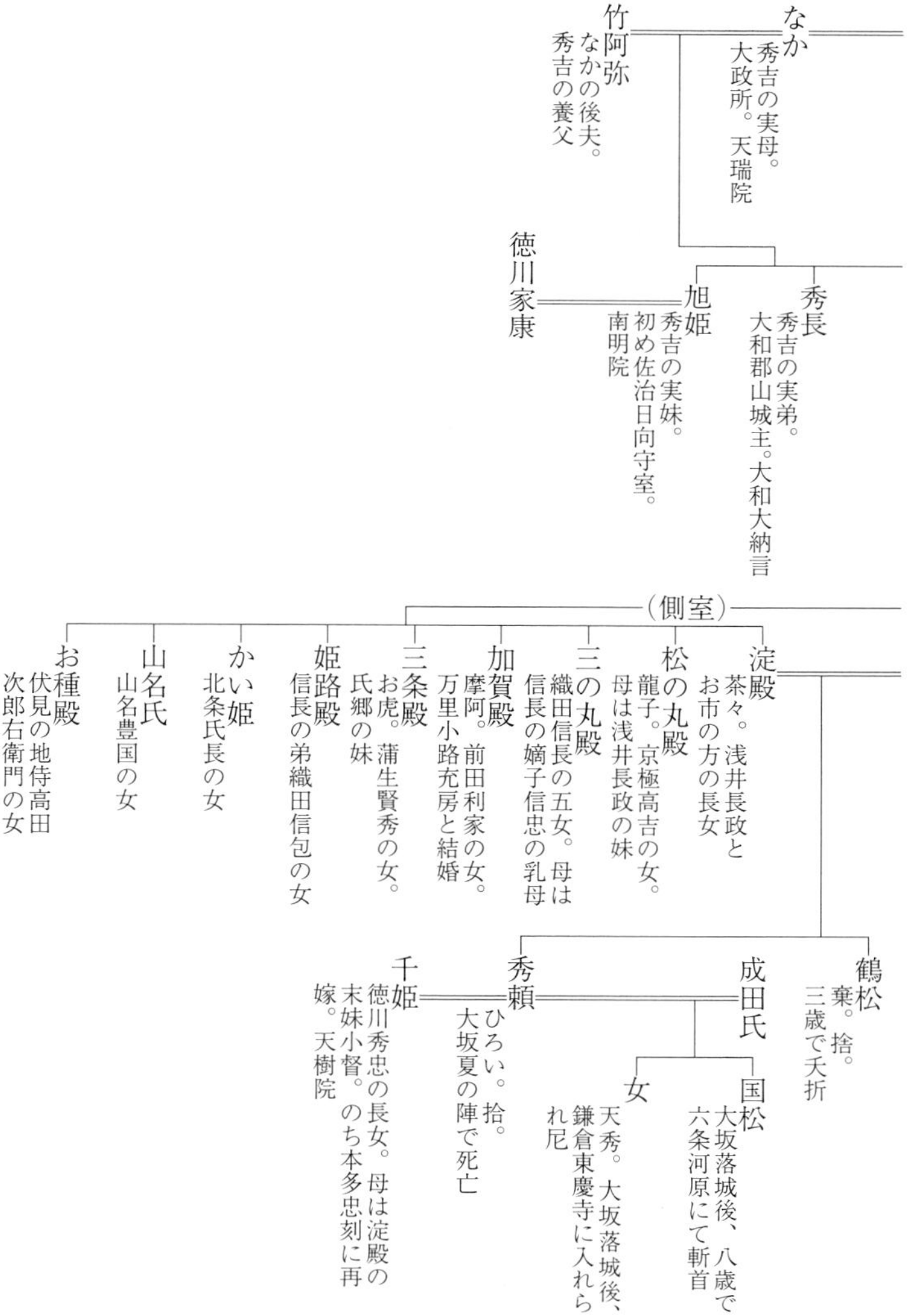

豊臣秀吉の家族関係（桑田忠親編『豊臣秀吉のすべて』）

そのとき智は秀勝について甲府にくだり、一緒に暮らしていたこともある。しかしこのときは長くはなく、頼山陽の『校正日本外史』によるとその理由は、「甲府は雪多く、都に不便である」と言って、智が秀吉に国替えを慫慂、秀吉は姉の言葉をいれて、美濃の岐阜に遷してやったとある。姉の智には、甘いほどやさしい秀吉だったに違いない。

くだって、天正五年（一五七七）ごろの智は、秀吉とともに播州の姫路に移り住み、秀吉の西国経綸の手助けをしていた。この期間は相当長く、天正十年（一五八二）の本能寺の変がおこり、それ以降は秀吉とともに京に住んだものと思われる。

天正十八年（一五九〇）、東北、奥羽を平定した秀吉は、秀次を尾張に封じた。智は、弥助とともに尾張に帰り、犬山城に居住、弥助こと、三好武蔵守吉房は清洲の城代を兼ねる身となった。

いずれにしても智の詳細は、わからないことの方が多い。もっともこれは、ひとり智だけにかぎらない。この時代のすべての女性がそうである。当時の女性の社会的地位は低く、この当時の女性が書物に取り上げられるのは、しごく特殊なときに限られたようで、まずその一つは、信長の妹お市の方の悲劇にみられるとおり、女性が、男たちの野心の生贄となり、政略結婚の具にされた場合である。その二は、女賢しうして家を滅ぼした淀君のような愚かな女の場合である。その三は、山内一豊の妻のように、内助の功の引例として修身の教材に使える場合である。その四は、たとえば女ながらに男以上の武勇を働いたとか、男たちが舌をまいたとか、の類の、言うならば話題性に富んだ女性である。ある意味では現代にも言えることであるが、こうした特例でないかぎり、女性が史上に登場するはずがなく、もちろん、その詳しい消息のわかろうはずもない。

三、初陣、鵜沼城調略・堂洞合戦

(1) 織田信長の美濃攻略

永禄三年(一五六〇)五月、桶狭間の戦で、東海の旗頭であった今川氏を倒した信長は、永禄四年(一五六一)三河の松平氏(徳川氏)と和を講じ、背後の憂いを除くと一転して西進を企図した。その彼の上洛の途に立ちはだかる美濃を攻略することは、最も重要な戦略であった。父の信秀のころからたびたび攻め入ったが、いつも勇敢な美濃衆に遮られて、その目的を達することができなかった。また、木曽川という天然の障害が用兵を困難にしていた。

天文十八年(一五四九)、道三の娘濃姫《のうひめ》と信長との縁組によって、尾張と美濃は一時小康状態を続けたが、弘治二年(一五五六)、道三が子義竜に害されてからは両国間は険悪な空気となっていた。斎藤二代目の義竜はまもなく永禄四年に三五歳で急死して、義竜の子竜興がわずか一四歳で美濃国主となった。竜興は父に似ず暗愚で、戦国の主将の器ではなかった。しかし重臣の働きにより隣国からの侵攻を防いでいたが、年経るに従い漸くその団結が乱れたのもやむを得ない当時の事情であった。西美濃三人衆として斎藤氏を支えていた者は安藤伊賀守(本巣北方城主)、氏家卜全《ぼくぜん》(安八郡大垣城主)、稲葉一鉄(安八郡曽根城主)であった。しかし主君の器にその将来を見限って信長に内通するようになり、離反して行った。加治田城主佐藤紀伊守もそれに続いた。

永禄七年(一五六四)二月、不破の菩提山城主竹中半兵衛重治が、竜興に反抗して、主従わずか一八人で奇策をもって稲葉城を占領した。竜興は逃れたが、重治はいくばくもなく竜興に城を返還した事件もあった。

信長は西濃方面からの侵攻の鋒先を東濃・中濃地区に向けてきた。永禄七年に清洲から小牧に本拠を移し、同八年

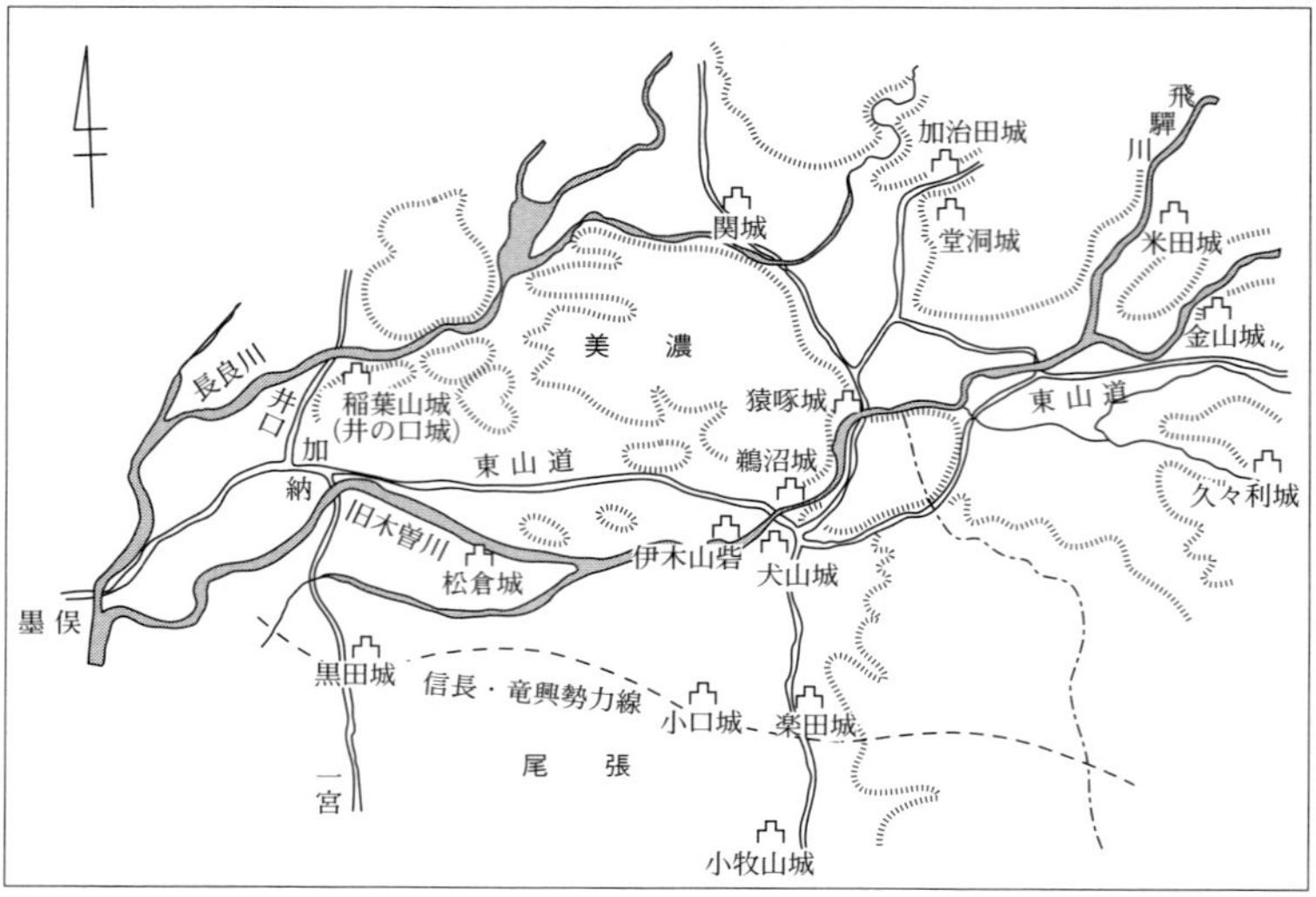

永禄６年９月の犬山付近（伊木山砦のみ永禄８年）勢力図

には犬山に進み、八月には対岸の鵜沼城を攻略し、引続いて坂祝の猿啄《さるはみ》城を取り、堂洞城に岸勘解由を攻めた。加治田城主佐藤紀伊守は信長側に内通して、堂洞城を攻めた。この戦の経過は後に詳述する。

こうして東濃・中濃地区を手中に収めた信長は、永禄十年八月十五日、稲葉城を攻略した。城主竜興は逃れて伊勢長島に退去し、道三系斎藤三代は二五年ばかりで滅びた。竜興はその後越前の朝倉氏に身を寄せていたが、天正元年（一五七三）の信長の朝倉攻めにあい敦賀で戦死した。時に二六歳であった。

この前後の事情及び様子を『武功夜話』では次のように記述している。

織田上総介信長公、尾州犬山御取り詰めの事

一、ここに織田上総介信長様、去年壬戌（永禄五年）、濃州州俣《すのまた》御引き払い、尾州於久地中島豊後方一辺の御取り懸りあり。以後《いご》御手を遣わず、清須御城御引き払い春日部郡駒来山《こまきやま》へ御城御移しになされ候。急拵《こしら》えの御普請、夜に日をつぎ進めなされ候。於久地二十町目睫《もくしょう》の間なり。南風に乗って木遣哥《きやりうた》、槌音東浦に鳴り渡り、小久地衆耳騒し

く、中島左衛門尉、豊後、父子閉口、丹羽五郎左衛門（長秀）、和田新助へ越訴申し出で候。信長様、大量をもって御《お》咎《とがめ》相なし、御威光のほど、いよいよ上郡内あまねく候。甲子（永禄七年）陽春三月日御陣触を国中の御家人に発しなされ候。戊年（永禄五年）以来休息、為に肥馬強兵、旗幟《のぼり》薫風になびかせ小牧山南麓の御馬場へ参集、熾んなる事未だ嘗てなきなり。甲子（永禄七年）御陣触。

一、此度の御陣触に先立つ事五日。木下藤吉郎様、上総介様へ御献策あり。すなわち犬山十郎左衛門（織田信清）御退治に付き、川向う宇留間の大沢次郎左衛門（正秀）の居城、節所に城を構え険阻の岩山なり。繋城《つなぎじろ》伊木山これも高山なり。伊木清兵衛（忠次）、川筋衆と年来昵懇の間なり。清兵衛を誘引せずば、東美濃乱入の足懸り覚束なく候。未曾有の陣立て、猛勢五千有余騎犬山の小城一つ物足りずなり。一気呵成《かせい》に東の美濃取り抱え候え、美濃関、上有知《こうずち》は長井の領地なり。これを掠め取り追い落し候わば、左兵衛尉（斎藤竜興）の片腕もぎ落したるも同然なり。先ずは伊木山を抱え、大川打越え舟橋懸《か》け、何卒某《それがし》に仰せ付けなされ候え、と一途に言上候ところ、信長様御心動かされ、伊木清兵衛（忠次）調略の儀、汝に任せるなり急度《きっと》落度なく仕れと、御馬五疋、足軽百人のところ、これに三十の人数を加えなされ、御鉄炮六十余挺、御鑓六十、〆て人数百三十、藤吉郎殿御舎弟小一郎殿（羽柴秀長）、浅野又右衛門・林孫兵衛・木下弥助、五人の者御馬乗、隊伍を揃えて松倉表へ御乗り込み。

甲子年（永禄七年、一五六四年）木下藤吉郎宇留間責めの事

一、木下藤吉郎様の出立《いでたち》は、黒かわ尾張胴、黒鹿毛の馬に跨《また》がり、御馬印は麻一枚、薄萠黄《うすもえぎ》、御印《みしるし》は無し。坪内又五郎、この人旧前野又五郎（忠勝）尉、門前に罷り出で、丁寧に挨拶を申しのべ、御馬の轡《くつわ》を取って屋敷内へいざない候。坪内又五郎尉申し上げけるに、某《それがし》すでに老い来たり、近頃は腰骨をいため、殿様の晴ケ間敷御

陣に御伴出来兼ね、無念の極みなり。しからば、今日をもって躮《せがれ》宗兵衛（坪内為定）へ家督を相譲り、高野島へ罷り退く心積りに候。某共一類の者、粉骨の覚悟を相定め扣え居り候と申し上げ、当日に御引き合せ候の面々は、

一、坪内宗兵衛尉（為定）　一、喜太郎（宗兵衛舎弟（坪内利定））
一、蜂須賀彦右衛門尉（正勝）　一、前野将右衛門尉（長康）
一、蜂賀小十郎　一、稲田大炊介（稙元）
一、稲田大八郎　一、前野勘兵衛（豊成）
一、土田甚助（生駒親正）　一、土田次郎左衛門
一、坪内玄蕃（宗兵衛舎弟（勝定））

明の日、松倉表へ駆参じ候主なる面々は、

一、青山新七郎　一、同　躮《せがれ》小助門
一、松原内匠頭　一、板倉四郎
一、野々村大膳　一、同源左衛門
一、日比野六太夫　一、三輪若狭
一、高田中務尉　一、坪内惣左衛門
一、和田新左衛門　一、五十《ごとお》覚左衛門
一、草井長兵衛尉

等々究竟《くっきょう》なる者三十有余人、郎党家の子併せ四百有余の人数異議なく、藤吉郎様の御下知に相随い、松倉瀬を打ち越え向岸、摩免戸《まえど》へ進出候なり。南窓庵記写し。

松倉城主前野又五郎が、城門前で木下藤吉郎軍団を出迎えた様子が鮮やかに記述されている。秀吉・秀長（異父弟）、浅野又右衛門長勝（ねねの養父）、林孫兵衛（後の木下家定、ねねの兄）、弥助（長尾武蔵守吉房）の五人は信長がプレゼントした軍馬にまたがって、松倉城入城、無印ながら馬印を翻して威風堂々たる入城ぶりである。

前掲の『尾張志』・『朝日物語』に記述してある様子とは天地の差である。鞍はあれども片鐙、やむを得ず一方を細引で鐙がわりにした。弥助は乱暴とは思いながら「我つきて行む」とて雑役馬の口取りをして藤吉郎の供をした。この雑役馬を貸した謝礼に五〇〇石を賜ったと述べているが、何か意図的におもしろおかしく表現しているように思われる。その意図がなへんに有ったかは判然としないが、前述の吉房（弥助）の前身の項で述べた諸事情の範ちゅうに属すると思う。それに較べ、『武功夜話』では一三〇名もいる軍団の幹部（乗馬）五人の中の一人で颯爽たる武者ぶりである。

（2）中濃三城の盟約

信長の侵攻に備えるため、永禄六年（一五六三）に三城は反信長の盟約を結んだ。その三城とは、まず関城（現在の岐阜県関市の安桜山）で長井隼人正道利がこれを守り、加茂・武儀・可児にわたり勢力をもっていた。

二は、堂洞城（当時は蜂屋地内、現在は加茂郡富加町夕田北洞地内）で岸勘解由信周がこれを守る。一名掻上城《かきあげ》（土をかき上げた土塁による城）ともいう。高さは海抜一九一メートルである。

三は、加治田城（現在の富加町加治田上之屋敷）で佐藤紀伊守忠能がこれを守り、古城山という。海抜二七〇メートル、一名却敵城《きゃくてき》とも呼ぶが、砦の城で、屋敷城はその麓にあった。

関城主長井隼人正道利は、執権長井利隆の子で、武勇があり、土岐の系統を引き斎藤二代義竜と三代竜興を擁護する重臣である。長井はこの三城の盟主であった。

『堂洞軍記』（元禄年間の作、著者不詳）によると、永禄六年ごろになると、竜興輩下の武将の中に動揺が起きて信長に内応する者があるようになった。佐藤紀伊守もその一人であったが、その決意を容易に他に洩らすことはなかった。長井隼人正は堂洞城に出向いて三者の会談を開いて結束を固めた。そして佐藤の娘を岸方に養女（表面上、しかし実際は人質）として出すようにという長井の勧めを佐藤は断ることはできなかった。

『堂洞軍記』ではこの辺の佐藤の心理を次のように描いている。

佐藤殿、かねて信長公へ内通ありければ、其の色をさとられじと思ひ、兎も角も仰せにや背き候はじと、なをざりならぬ心ざしの娘一人、勘解由かたへ送られる心の中、如何とぞ思はれける。さてまた、長井隼人正は両城堅く示し合はせたまひ、翌日関城へ帰り給ひける。

1、佐藤紀伊守内応に傾く

斎藤二代の義竜は体格魁偉で、坐れば膝の高さが二尺もあったという偉丈夫で、英雄の素質があった。そして土岐頼芸の血を引いていたので表面上道三の嫡子とはいえ、土岐の本流として国人の信望があつかった。このため信長も手の下しようがなかった。それが永禄四年五月には三五歳の若さで急病で逝《な》くなった。信長にとっては無上の好運であった。後を継いだ三代竜興は年一四歳の弱冠であり、かつどもりで暗愚であったという。到底戦国時代の国守としての人物ではなかったらしい。

『堂洞軍記』では、その間の状況を次のように描いている。

然るに竜興酒宴遊興に長じ、楊桃の春を惜しめるよそほひ、毛嬙西施《もうしょうせいし》と（二人とも中国古代の美女）をあざむくべき遊君を集め、朝暮遊びたはむれ舞ひうたふ。上は君の礼に背き政道正しからねば、これによって氏家常陸介・稲葉伊予守・伊賀伊賀守（西美濃三人衆）各々書付を以って御諫め申し上げ候へ共御取上げなければ是非なく織田信長公へ内通して別心をおもひ立つこそ口惜しけれ。

このように美濃の大勢は竜興から離れ、桶狭間に勝って威勢のあがる信長に心を寄せる武将が多く出たことはやむを得ない時の流れであった。

2、梅村（岸）良沢内応に働く

信長は永禄八年七月、犬山城の反信長派の織田信清を降して、丹羽五郎左衛門長秀をして守らせ、東濃侵攻にかかった。この時加治田城主佐藤紀伊守は秘かに梅村（岸）良沢を犬山へ遣わして、丹羽長秀を介して信長に内通の意のあることを伝えた。

梅村（岸）良沢というのは加治田城下に住む人物で、有名な南化《なんげ》国師とも交際のある隠士であった（一説には鵜沼城主大沢次郎左衛門基康ともいう）。この人物が佐藤紀伊守に対し、大勢を説いて内通をすすめたものと考えられる。この時、信長は大いに喜んで黄金五〇枚を与えて兵糧を用意するように伝えた。このことは太田牛一著わすところの『信長公記』に、次のように書いてある。

加治田と云ふ所に佐藤紀伊守、子息右近右衛門と云ひて、父子これあり。或る時岸良沢を使として差し越し、上総介信長公へ偏に憑《たの》み入るの由、丹羽五郎左衛門を以て言上《ごんじょう》候、内々国の内に荷担《かたん》（内応）の者御所望《ごしょもう》におぼしめす折節の事なれば、御祝着《ごしゅうちゃく》斜ならず先《まず》兵粮調《ととの》へ候て、蔵《くら》に入れ置き候へと御諚《ごじょう》候て、黄金五十枚、岸良沢に渡し遣はされ候。

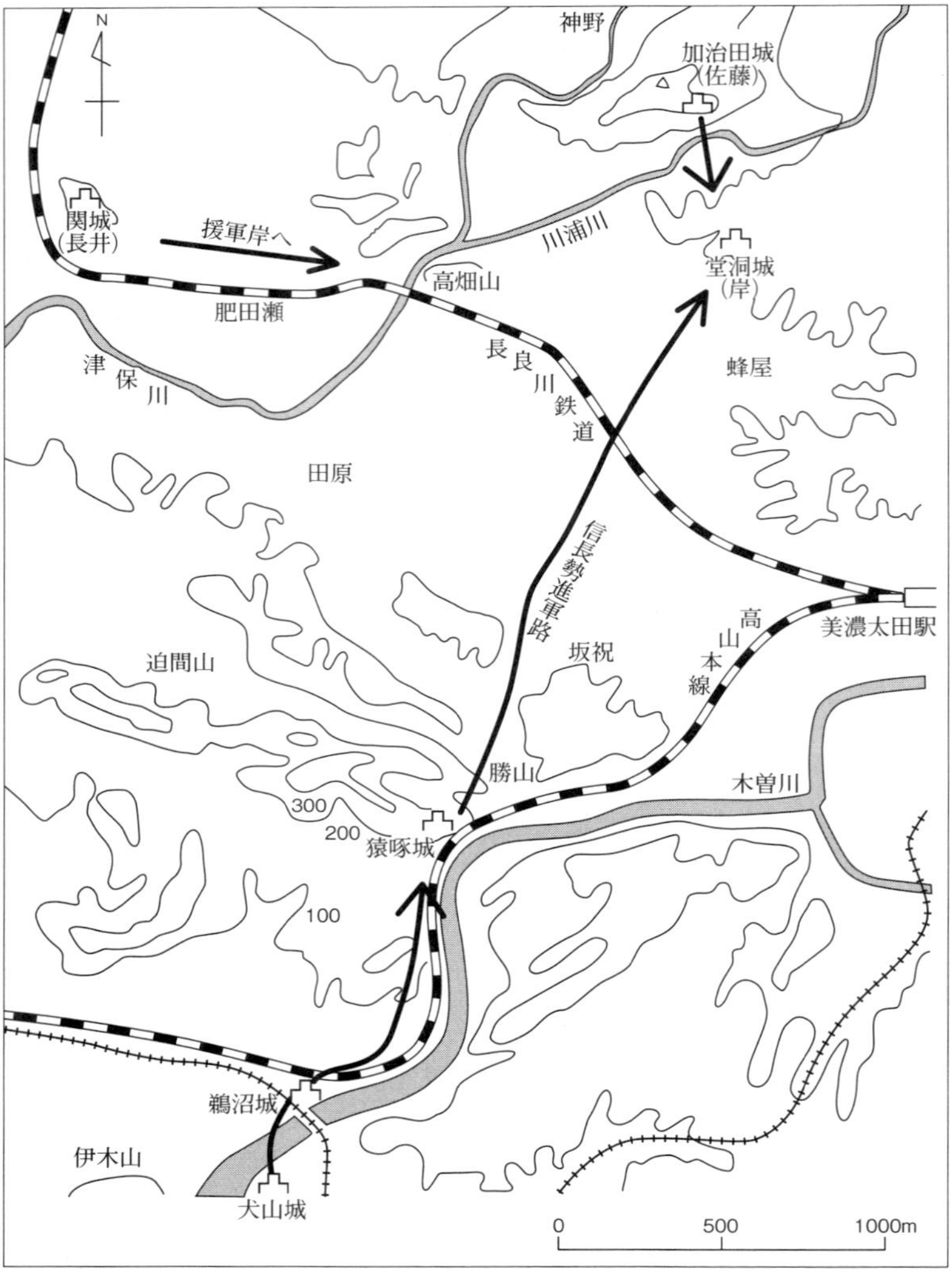
N
神野
加治田城
(佐藤)
関城
(長井)
援軍岸へ
川浦川
堂洞城
(岸)
高畑山
肥田瀬
津保川
長良川鉄道
蜂屋
田原
信長勢進軍路
高山本線
美濃太田駅
迫間山
坂祝
勝山
木曽川
300
200
猿啄城
100
鵜沼城
伊木山
犬山城
0
500
1000m

信長侵攻中濃要地図

信長の喜ぶ様子が見えるようである。

（3）鵜沼城調略

犬山城を攻略した信長は永禄八年八月、木曽川の対岸の鵜沼城（宇留摩城。今の犬山橋北岸の岩山で城山《じょうやま》という）の攻撃にかかった。この城には竜興方の大沢次郎左衛門基康という剛の者が守っていた。信長軍はその下流を渡り木曽川の岸に聳えている伊木山（海抜一七三メートル）の頂上に登りそこに陣を布いた。ここから鵜沼城を眺めると、眼下にちかぢかと見下すことができる。信長軍はまず城下の民家を焼き払って攻めよせた。その状況を見て基康は、到底長く城を持ちこたえることのできぬのを知って、木下藤吉郎の説得を受け入れ、城を捨て逃れ去った。こうして木曽川北岸の要害は信長の手に落ちた。この間の事情を『武功夜話』では次のごとく述べている。

鏡野巾上木下藤吉郎様、宇留間大沢治郎左衛門調略の次第

一、ここに木下藤吉郎、坪内党併せ川筋衆、惣勢子四百有余人、鏡野六町原の東方へ働き巾上なる所に御着陣。すでに川向う犬山表に黒煙天を覆い、鉄炮の音百雷の如し、しばし形勢如何にと実否たしかめ、物見を差し遣わさんと候所へ、衆中の者頻りに注進に及び候。すなわち織田十郎左衛門城を捨て退散なり。

宇留間(摩)大沢治郎左衛門降参の次第

一、大沢治郎(正秀)左衛門の躮《せがれ》(基康)主水、坪内惣兵衛(為定)、喜太郎(坪内利定)兼て昵懇の間に候。犬山落去、猿啄の城も織田先手衆乱入の注進、治郎左衛門身体相塞がり、躮《せがれ》主水儀、木下藤吉郎殿御陣所へ遣わし、起訴の状を差し出し降参開城の旨申し来たるなり。すなわち藤吉郎城中へ迎え入れ、親治郎左衛門の一命御助け下されとの越訴に候。差し

たる手間入らず城山を取り抱えんと、一も二もなくて了承なされ、坪内惣兵衛尉始め、林孫兵衛（木下家定）・三輪若・前野勘兵衛等究竟《くっきょう》なる川筋衆六十有余人引具、城山へ罷り向い、坪内喜太郎を犬山織田上総介様御陣所へ遣わし、信長公御威光恐れ入り速かに城明け渡し候上は、彼の者の親子の一命御助け下さる様注進に及ぶところ、信長様案の外大層の御逆鱗。大沢治郎左衛門の儀、犬山十郎左唆《そそのか》し我に色を立つる事、二度三度なり。為に無益の人馬の損亡数限り無く、此度の騒乱を醸《かも》し出す張本人、為に後の世の見せしめに直ちに治郎左衛門の首打ち落し進上候え、と喜太郎返す言葉も相無く追い返し候。

一、右子細南窓庵記に曰く。

宇留間（摩）大沢治郎左衛門親子、助命の顚末《てんまつ》にいう。坪内喜太郎城山開城、治郎左衛門降参の上は、何卒彼の者の一命御助け候様に切願。しかるところ、信長様大沢治郎左衛門儀、御嫌い遊ばされ助命の儀御容赦相無し。坪内喜太郎、治郎左衛門躮《せがれ》主水は、日比《ひごろ》昵懇の間、此度の事主水とよくよく談合して申し諭《さと》し、木下藤吉郎殿城山へ入城の上は、万一違乱の刻は、御主藤吉郎一命の安否計り難し。首尾なる様御前を追い返され候も思い止り、生駒八右衛門の陣所を相尋ね、宇留間表の子細逐一申し語り相談候ところ、八右衛門尉御重臣衆に相計り御意見これある由に候なり。

一、御重臣、歴々衆御意見、すなわち東方加治田の急変の刻、一端の御憎しみのために大事を招く事愚策に候。木下藤吉郎儀、大沢治郎左衛門を調略候といえども、彼の城は、四百有余の人数堅固に候。猿啄も落去候上は、速かに和談あって然るべきと存ずる次第。徒らに治郎左衛門の首一つ抱えて、加治田・堂洞の佐藤紀伊守（忠能）右近尉を見殺しも成り難し。丹羽五郎左先発、猿啄を取り抱え大ぶてへ進み出で、幸先好《さいさきよ》き戦、一端の御怒りのために大機を失う事、唐国の諺に曰く、九仞《じん》の功も一簣《き》に欠くというたとえもあり。治郎左衛門の一命、木下藤吉郎へ御任せあって然るべきと申しけるとぞ。信長公、一旦は御逆鱗、大沢治郎左の一命御助けの儀、御容赦相なきところ御聞き分けなされ候。坪内喜太郎、成り行きを案じ心中宇留間城山の木下藤吉郎安否の程気遣い、気もそぞろ足も地につかざる思い、行きつ戻りつ待ち居る間、生駒八右衛門尉より、信長様の御諚《ごじょう》を承り韋駄天に城を駆け下り、小舟に飛び乗り信長様大量の御取り計らい注進に及び候由。右罷り立って、明の日一日経ての帰陣なり。

覚悟を決めた大真面目の藤吉郎は、輩下の郎従を城外に置いて宇留摩の城門に立った。藤吉郎ただ一人、しかも身には寸鉄も帯びてはいなかった。藤吉郎は捨身で城将大沢治郎左衛門と対決した。彼は全智を傾けて、治郎左衛門を我が織田陣営に籠絡せんと必死に掻き口説いた。尾張の殿様は天下一の英雄で、やがては天下すら期待の出来る大将である、といい、今に井ノ口城は負けるであろう。その上、大将が犬山を足がかりにここへ大軍を繰出してくれば一たまりもないであろう。今大将は小牧山の周辺に大軍を集結させているが、井ノ口は守りに手が一杯、とてもここまで助けには出られまい。戦って利はなく、尾張の大将に降れば家も安泰、身も安全、領地は安堵、と弁じたてた。そしていうだけいうと、大沢治郎左衛門の心に任せて、後は吉左右を待つ、ということにして宇留摩の城をあとにした。

藤吉郎が帰ったあとで、次郎左衛門基康は考えた。斎藤方か、織田方かと、降伏勧告の使者のようでもあり、使者というには見すぼらしい。武人のように見えても丸腰の姿。城門の外に数十人の家来らしい者を待たしてあるところを見れば、低い身分の者とも思われない。

名を木下藤吉郎と名乗っていたが風采の上らぬ小男の反面眉宇に漲る決死の眼差と、我を恐れぬ大胆さ、そして一言、半句の中に籠った誠意の忠告と条理を尽くした損得勘定。基康は裸のままの藤吉郎に心を傾けていった。どうやら彼が思う存分に吹いた法螺が、図に当たりそうになった。

日ならずして宇留摩の城門を叩いた藤吉郎は、治郎左衛門基康の意向を糾し、吉報を手にすることができた。彼の心を動かしたものは、歯に衣きせぬ親身の忠告と、一族の興亡である。今を時めく尾張の大将と、斎藤竜興の将来を考えて藤吉郎の言に従った。

ここで藤吉郎の真価が認められ、彼の度胸と誠意が成功をもたらしたのである。

こうして基康はすべてを藤吉郎に任せ、織田方の軍門に入ったのである。しかし降伏したのではなく、戦って敗れたのでもないから、なんらの犠牲もなく無傷のまま、織田陣営に組みこまれたのであった。

これいらい藤吉郎は、いっそう主君信長の信頼を得ることになり、面目を施した。同時に信長も「濡手で粟」以上の一兵も損ずることなく、しかも敵斎藤方の気づかぬうちに東濃の要衝を我が拠点に丸めこみ、あわせて宇留摩の城兵まで抱えこむという利点を得たのであった。やがてこの宇留摩の招降が東濃の占領となり井ノ口城の攻撃から陥落へとつながっていく。

藤吉郎が無疵の宇留摩城を招降した手柄は大きい。後年になって中仙道といわれる道筋に当り、前は大木曽の流れに面し、背後は山。美濃を二分して東濃と西濃に分けるその分岐点に位置した要衝に当たる鵜沼である。織田方にとっては喉から手の出るほど欲しい所であった。

鵜沼から北東へ約四キロ、迫間《はさま》山が東へ伸びて木曽川に接するところに猿啄城があった。けわしい断崖上二四〇メートルの高さの、急な山である。この要害を守っているのは多治見修理亮の一党である（多治見氏の前には田原左衛門が居城）。

西の迫間山の峰伝いに迫った丹羽長秀の軍は上から攻め立て、東の麓からは河尻与兵衛鎮吉の一隊が攻め上がった。こうして上下から攻められ、水源を押さえられ降参した。城将多治見修理亮は城を忍び出て後、甲州にゆき武田氏に仕えたという。その敗兵は北約八キロにある堂洞城に入って岸勢と合流した。
信長は幸先よしとてこの地を勝山と名づけ、一帯を河尻与兵衛に与えた。

（4）堂洞合戦

1、勧降使（金森五郎八）

永禄八年（一五六五）八月、中濃侵略の軍を進めた信長は、鵜沼・猿豚の両城を陥れ、蜂屋堂洞城の攻略に向かってきた。ここは豪勇をもって鳴る岸勘解由父子が守りを固めている。信長は無用の戦を避け、味方として用いようと、八月二十七日腹臣の金森五郎八に命じて、投降をすすめた。

ここで金森の人物について少し触れる。金森氏は土岐氏の流れで土岐成頼の孫、大畑定近の三男として、大永四年（一五二四）美濃に生まれた。信長より一〇年早く生まれたことになる。父は江州野洲郡金ヶ森に移り住み、この地名をとって金森と改姓した。

一八歳の時尾張にかわり、信長の父信秀に仕えたが、その人物を見込まれて、八歳の少年信長の近侍を命ぜられた。天文十六年（一五四七）九月に、信秀は美濃に攻め入ったが、道三のため加納口で大敗を喫した。この戦に道三方の岸勘解由は戦功があって感状をもらったが、二四歳でこの戦に従軍した五郎八は敵ながらあっぱれの勘解由の武者振りをあるいは見たかもしれない。

信秀の死後、信長に仕え、桶狭間の戦に参加して武功があったので、信長は自分の名の一字長を与えて、金森五郎八長近と名乗らせた。このように五郎八は信長の最も信頼する家臣の一人であった。そこを見込んで勘解由に投降をすすめる重要な役目を与えたと思われる。この時五郎八は四二歳であった。

その後、戦功を積み、越前大野城主となり、秀吉の天下となってから、飛騨高山城主となった。関ケ原戦には家康方について功労があって、大垣城主一〇万石に封ぜられることになっていたのを断って、武儀《むぎ》郡上有知《こうずち》城（現岐阜県美濃市）二万五〇〇〇石に別領三〇〇〇石を含めて二万八〇〇〇石を領した。そして高山城三万八〇〇〇石を養子可重にゆずった。慶長十三年（一六〇八）八五歳で没した。墓は美濃市清泰寺にある。五郎八は深謀遠慮の重厚な性格で、武勇に勝れていた。

この五郎八が鵜沼城から堂洞城へやってきた。そして勘解由の武名を称え、信長側につけば高禄を与えて重用するとの主命を伝えて、心をこめて投降をすすめた。しかしこの五郎八の説得を、勘解由は受入れることなく、主家と共にこの身は終わるという一徹の姿勢を崩さなかった。子、孫四郎の意志を尋ねたところ、その愛する子の首を斬って、城を枕に一族もろとも討死の悲壮な決意を示した。さすがの五郎八もこの上説得の言葉はなく、ただ、「明日の戦陣でお目にかかろう」の言葉をのこして引き下がるより仕方がなかった。この時孫四郎の斬った子の数は、『堂洞軍記』と『永禄美濃軍記』、『南北山城軍記』で見ると、七歳と五歳の男の子二人となっているのに対し、『堂洞落城記』では五歳の男の子一人となっていて一致しないが、系図を見ると、五歳の男の子一人となっているので一人説が妥当のように思われる。前記の軍記ではこの時の状況を、「金森の面前で水もたまらず打ち落とす」と描写しているが、戦の非情さに胸を打たれる場面である。

2、佐藤紀伊守娘、八重緑血祭り

軍使金森五郎八が帰ってから、明日の合戦に備えて諸準備がされた。その中で最も悲惨を極めたのは、人質の養女にきていた佐藤紀伊守の娘のことである。盟約を破って信長方に内通したことを怒った岸方は、まず血祭りにとその

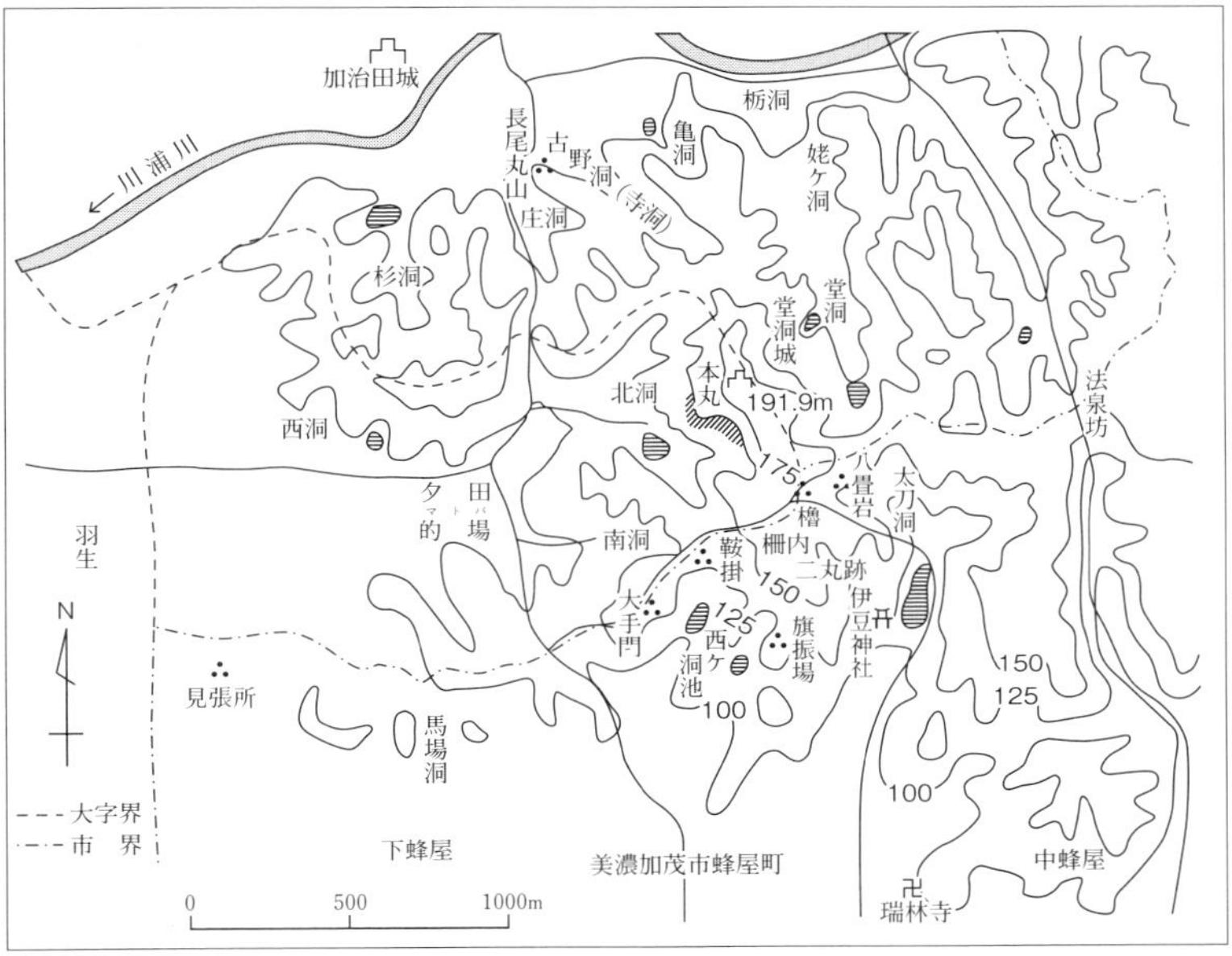

堂洞城要図

夜この娘を刺殺し、竹の串に貫いて、加治田城に面した長尾丸山にこれを立てたという。その夜、佐藤の家臣西村治郎兵衛という者が、忍んできてその死骸を奪いとり、竜福寺（岐阜県富加町《とみかちょう》加治田、佐藤家菩提寺）に葬ったと伝えられている。その娘を八重緑というと伝わっている。

３、戦の経過

明けると永禄八年八月二十八日、旧暦であるから秋も半ばの九月の終わりである。満山の紅葉をなお、血で染めての激戦が展開された。その戦は午の刻（正午）からはじまって酉の刻（午後六時）まで六時間にわたる戦闘であった。その状況は『南北山城軍記』や、ほかの軍記にもくわしいが、これらの書物ができたのは元禄以後で、一三〇年以上もたっている。しかし、『信長公記』は作者太田牛一の自分が従軍しての体験記であるから、信憑性が高いと思われる。次にその全文をのせることにする。

　猿ばみより三里奥に、加治田の城とてこれあり。城主は佐藤紀伊守・子息右近右衛門《うこんうえもん》とて父子御身方

（味方）として居城候、長井隼人正（関城主）、加治田へ差し向い、廿五町隔て堂洞と云う所に取出《とりで》を構え、岸勘解由左衛門、多治見一党（猿啄城残党）を入れ置き候。

さて長井隼人、名にし負う鍛冶の在所関と云う所五十町隔て、詰《つ》めの陣（本陣）これあり。さ候えば、加治田迷惑に及ぶの間、九月（八月の誤りか）廿八日、信長御馬を出だされ、堂洞を取り巻き、攻められ候、（堂洞は三方谷にて、東一方尾（峰）つゞきなり。其の日は風つよく吹くなり。信長駈《か》けまわし御覧じ、御諚には（仰せには）塀ぎわへ詰め候わば、四方より続松《たえまつ》（松明《たいまつ》）をこしらえ、持ちよって、投げ入るべきの旨、仰せ付けられ候、然れども長井隼人後巻《あとまき》として、堂洞取出の下廿五町山下（高畑）まで懸け来たり、人数を備え候えども、足軽をも出ださず。信長は諸《もろ》手（二方面）に御人数備えられ、攻めさせられ、御諚のごとく、たえ松を打ち入れ、二の丸を焼き崩し候えば、天主構《てんしゅかまえ》（本丸の上に築いた物見櫓）へ取り入り候を、二の丸の入口おもてに高き家の上にて、太田又助（牛一）ただ一人あがり、黙矢《あだや》もなく射付け候を、信長御覧じ、きさじに（気味よく）見事を仕り候と、三度まで御使に預り、御感ありて、御知行《ちぎょう》重ねて下され候キ午剋《うまのこく》（正午）に取り寄せ、酉《とり》の刻《こく》（午後六時）まで攻めさせられ、既に薄暮に及び、河尻与兵衛天守構え乗り入り、丹羽五郎左衛門つゞいて乗り入るところ、岸勘解由左衛門・多治見一党働きの事、大形《おおかた》ならず（すばらしい働きであった）。

しばらくの戦に城中の人数乱れて、敵身方見分《わ》かず、大将分の者皆討ち果たし畢《おわ》んぬ。

其の夜は信長、加治田へ御出で、佐藤紀伊守・佐藤右近右衛門両所へお出で候て、御覧じ（面会され）則ち右近右衛門所に御泊り。父子感涙をながし、忝《かたじけな》しと申す事、中々詞に述べがたき次第なり。翌日、廿九日、山下の町にて首御実検なされ御帰陣。（以下略）

これが堂洞合戦の大体である。その大要は

①　この日は風の強い日であったこと。信長は松明に火をつけて塀の中へ投げ入れるように命令したこと。
②　関の長井隼人勢は高畑辺まで助けに来たが足軽をも出さず引き上げたこと。
③　太田牛一（又助）は弓が上手で高い家の上から射《い》つけて、むだ矢もなく当てたのを信長は見て、三度も使をよこして賞められ、後に知行を増していただいた、と牛一の功名談がある。
④　戦闘は六時間にわたる激戦であって、岸・多治見一党の働きはすばらしいものであったこと。
⑤　信長方の河尻与兵衛や、丹羽五郎左衛門長秀も働いたこと。
⑥　その夜信長は加治田屋敷に泊り、佐藤父子はこの上なく感激して喜んだこと。
⑦　翌日二十九日は加治田の町で首実検をして帰ったこと。

4、美濃武士の鑑、岸一族

前記の『信長公記』をもとに、他の『堂洞軍記』などの軍記を参考にして、戦の経過をまとめると、次のようである。

堂洞城攻撃連合軍
西、夕田口と南蜂屋口より織田信長軍丹羽長秀、河尻与兵衛、森長可約三〇〇〇人（堂洞軍記）
北、加治田より佐藤紀伊守軍四隊に分かれて約一〇〇〇人（永禄軍記、南北山城軍記）

堂洞城守備軍
南・西方面守備、岸勘解由
北方面守備、嫡子岸孫四郎

信長は高畑山に本陣を置いて、堂洞・関の連絡を分断して、関城長井隼人の援軍が肥田瀬から津保川を越して、高畑の松林に侵入したのを撃退した。

信長は馬に乗って、諸部隊を指揮した。西の正面夕田方面から進撃した部隊は、地形が険阻である上、西洞の伏兵に悩まされ、防禦線が堅固のためその進撃をはばまれた。

北の加治田方面からの攻撃軍は、佐藤紀伊守・嫡子右近右衛門が陣頭に立ち、長沼藤治兵衛・田野七郎右衛門・清水九兵衛・西村治郎兵衛・吉田弥三・小森半平・佐藤勘右衛門・白江庄右衛門の屈強の諸将三八騎、その外足軽鉄砲の者一騎につき雑兵二五人ずつ都合一〇〇〇人あまり、杉洞・庄洞・古野《こや》洞（寺洞）・亀洞など勝手を知った山道をえいえいと攻め上った。

この手の防衛軍の大将、岸孫四郎信房は諸将を指図して、決死の勢ものすごく、寄せくる敵を何度も撃退した。しかし、戦闘が長びくにつれ味方の軍勢も多く傷つきまた討たれた。自分も三ヵ所の傷を負い、もはやこれまでと松原に駆け入り、腹十文字に掻き切って自害した。時に孫四郎三二歳であった。

南の蜂屋方面からの攻撃軍は、太田又助が高い家の上にあがり、得意の弓で敵に矢を射かけて手柄を立てた。勘解由は一八ヵ度の蒐《かけ》合いに兵卒も手負となり、また討死したが、一足も退かずに戦った。妻は女ながら長刀を振りまわし、男に負けぬ勇戦で、その昔の板額《はんがく》を思わせる働きであった。だんだん日は西に傾いた。河尻与兵衛・森長可の軍勢は天主構へ乗り入り、つづいて丹羽五郎左衛門も本丸に攻め込んだ。

勘解由は傍の妻に、「孫四郎はどうしているか」

と聞くと、「北の方は、打ち破られて孫四郎は討死と思われます」と、答えた。それを聞いて勘解由は思わず涙を落とした。妻は声をはげまし、「武士が戦場で命をおとすは常の習い。さあ私たちも討死を急ぎましょう」といって辞世の歌を「先立つも暫し残るも同じ道、此の世の隙をあけぼのの空」と詠んだ。勘解由は「待て暫し敵の波風きり払い倶にいたらん極楽の岸」と詠んだ。こうして黒煙上がる本城を見上げ、夫婦は刺しちがえて堂洞の露と消えた。勘解由の弟三郎兵衛信貞も兄勘解由と必死の防戦につとめたが遂に討死した。

さきの『信長公記』には、「城中の人数入り乱れて、敵味方見分けられず、大将分の者は皆討ち果たしてしまった」とあるのを見ると、この軍記の描くような激戦であったことがうかがわれる。岸一族が城を枕に義に殉じた壮烈な最期は、長く人の心に感動を与えてやまない。

［註］

（1）『濃陽志略』（宝暦六年発行）に「其の糧倉の址に焼米有り、石と為《な》る、之を拾得する者有り、水にて一粒を服すれば、瘧《おこり》を截《た》つ、霊と謂《い》ふ可し」と記され、城の米倉の跡から黒く焦げた焼米が出た。今でも注意すれば拾うことができるかもわからない。

（2）天保年間に夕田村の浅野浅右衛門という人が、一五七センチの高さの石に「南無阿弥陀仏」と刻した岸氏供養碑を城址に建て、昔の悲劇を今に伝えている。

（3）「堂洞の昔語りや松の風　丙辰」と書かれた句碑が城跡地主、堀部米夫氏によって建てられている。

5、信長帰陣

永禄八年八月二十八日に堂洞城を陥れた信長は、その夜は佐藤紀伊守の家に一泊した。佐藤父子は感激して喜んだ。翌二十九日には加治田城下の町で打ち取った岸方の首実検をやった。『信長公記』によると、それから犬山へ帰るべく残っている部隊をつれて出発した。途中で関城長井隼人勢に加えて、井の口（岐阜市）からの竜興の軍が加わってその数三〇〇〇人余が信長軍にかかってきた。信長軍は手兵八〇〇ばかりで死傷が出、とうてい合戦は無理であった。

そこでひろ野に退いて体制をととのえ、かるがると引き取って鵜沼に引退いた。この有様を見て関勢は、信長は大軍をもって攻め寄せると思っていたのに、あっさり帰陣したので、思いがけない仕合わせに城兵は喜んだとしてある。

６、関・加治田合戦

『堂洞軍記』によると、関城主長井隼人正道利が八月二十九日に加治田に攻め寄せる様子であったので、加治田方からの連絡により信長は急に斎藤新五を将として、兵五〇〇余をつけて派遣した。加治田方では弓鉄砲の者共都合一〇〇〇余人を二手にわけ、西大手口絹丸へは斎藤新五と、佐藤右近右衛門の両大将をもって固め、裏の東北の搦手へは佐藤紀伊守が当たることにした。

長井勢は一丸となって絹丸の捨堀（現在の絹丸橋の北方）に押し寄せた。佐藤右近右衛門は馬に乗り、縦横にかけまわって指揮をとっているうちに敵の矢を冑にうけ、馬から落ちて遂に討死。そのため味方の旗色が悪くなった。そこで斉藤新五の指揮する槍隊が、敵の側面から一せいに突きかかった。その時加治田勢の中から湯浅讃岐《さぬき》と名乗り、槍を振るって敵陣へ駆け入り関勢を突き崩した。そして肥田瀬の川端まで追いつめて味方を勝利に導き、大きい戦功をあげた。戦の後斎藤新五はその功名を賞して、自分の名の新の一字を与えて、湯浅新六と名乗らせ、賞として刀を与えた。この湯浅新六は山之上（現岐阜県美濃加茂市）の出身で、後、村に帰り入道して、湯浅新六入道道牧と号した。これが口述して伝えたものが、元禄十三年に『永禄美濃軍記』と名付けられて今日に遺っている。子孫は山之上町に現存する。

７、関落城

斎藤新五は翌日は人馬を休め、信長に対して、この際関城を一挙に占領しないと後々まで美濃攻略のさまたげになるから、援軍を派遣されるよう申し出た。信長はその意見を入れて、急遽援軍を派遣した。こうして九月に入ると関城の攻撃にかかった。斎藤新五は加治田勢を率いて東から攻め、信長からの援軍は南と西から攻めた。この攻勢に長井隼人正も遂に敗れ関城を捨てて落ち去った。それ以後関は廃城となり、可児郡兼山の支配下に入った。兼山城は森武蔵守長可が城主になった。加治田城は道三の近親の斎藤新五が信長の命によって佐藤紀伊守の養子となり城主を嗣いだ。

8、木下藤吉郎軍団の行動

弥助の属する藤吉郎軍団の戦闘行動は不明で、諸軍記にはその名を見出すことができない。ただ、当時の戦陣における習わしとして降伏した将兵は挙げて勝者の軍下に組み入れられ、その指揮下で最も危険な先鋒を勤める掟になっていたから、おそらく宇留摩の城兵は藤吉郎が指揮し、猿啄城（猿啄は落城とともに勝山城と名が変わる）の将兵は丹羽長秀の指揮によって先鋒を承わったであろうと想像される。

『武功夜話』の次の記事を見ると、堂洞城落城後、鵜沼・猿啄の両城を木下藤吉郎に預けられたようである。なお、年号で一年のずれがあり、永禄七年が正しいか。あるいは前記したように永禄八年が正しいか判然としない。

織田信長様、猿啄、堂洞、鏡野陣の事、永禄甲子年（七年、一五六四年）、御帝より勅使賜る事

一、織田上総介信長様、宇留間（摩）城山を御取り抱えなされ、大島茂兵衛猿啄へ御案内候なり。これより佐藤右近先導なり。丹羽五郎左衛門に先手仰せ付けなされ、美濃可児郡の蜂屋村岸勘解由（信周）、長井の軍勢楯籠る洞堂（ママ）の城を御取り囲み候なり。この人数二千有余騎堂洞を取り囲み繰り上げ責め立て落去候。宇留間、猿啄の両城は、木

下藤吉郎に御預けになり。祖父孫九郎尉《（小坂雄吉）》は、佐々内蔵助殿《（成政）》と御同陣、大ぶて山へ討ち懸け多治見衆追い崩し大井戸渡し取り囲み候由。

一、付たりの事（略）

四、犬山・清洲城主時代

戦国時代は、目まぐるしく推移する。

永禄九年（一五六六）　秀吉墨俣築塁・翌年稲葉山城（岐阜城）落城
天正二年（一五七四）　筑前守秀吉長浜城主
天正十年（一五八二）　本能寺の変
天正十一年（一五八三）　賤ヶ岳追撃戦
天正十三年（一五八五）　秀次近江八幡城主
天正十八年（一五九〇）　秀次清洲城主・吉房犬山城主

前述の信長美濃攻め以後、吉房が犬山城主になるまで約三〇年間、諸文献を漁っても長尾武蔵守吉房の名前は発見できない。しかし、身内の少ない秀吉は、三輪衆一族と共に味方に従えて、戦場を駆使したことだろうと思う。息子秀次が一方の旗頭になるにしたがって、親子で行動を共にしただろうと想像される。

天正十八年（一五九〇）二月、関東の雄、北条氏討伐のため秀次は、近江八幡の諸将を指揮して出陣した。三月、箱根の山中城を陥して緒戦に戦功を挙げた。七月、小田原城は落城し北条氏は滅亡した。

秀吉は論功行賞の名目で諸大名の配置転換を指令した。北条氏の旧領関東七ヵ国を徳川家康に与え、家康の旧領東海五ヵ国を織田信雄《のぶかつ》に与えた。しかし、信雄は本領尾張の維持を望み転封を拒んだため、改易されて下野《しもつけ》那須に追放され、佐竹氏に預けられた。信雄の旧領尾張・北伊勢一〇〇万石は、秀吉の甥で近江八幡に四三万石を領していた羽柴秀次に与えられることになった。また家康の旧領駿河・遠江・三河には、駿府に中村一氏、掛川に山内一豊、浜松に堀尾吉晴、吉田（現愛知県豊橋市）に池田輝政、岡崎に田中吉政など、近江衆として秀次に属していた豊臣系大名を配し、秀次与力《よりき》の国として関東の家康に備えさせた。なかでも岡崎の田中吉政は、その後も秀次老臣として尾張支配を補佐させている。

関東制覇をなし遂げた秀吉は、残る奥羽諸大名平定のため小田原城内で秀次をその総大将に任命した。

重大使命を受けた秀次は、近江八幡山城や新領地の尾張清洲城へも帰れなくなり、一柳直盛と雀部《ささべ》淡路守の二名を近江と尾張へ急派して家族や家臣留守家族の尾張移転を取りはからせた。

奥州路へ向かった秀次は、十月に大崎・葛西の一揆を討伐、会津で越年。翌天正十九年（一五九一）三月、九戸乱を鎮圧した。九月には出羽の反乱軍を平定し、十月に入って一応検地も終わり、奥・羽両州とも平静になり、凱旋の帰途についた。中旬に山形出立、途中会津で蒲生氏郷に奥羽全般の監視を命じ、東海道に入ったのは十月二十日ごろである。新領地の清洲城では実父母や妻らの出迎えを受けた。先年転封の際に老父母へは尾張犬山城で老後を過して貰うようにと一〇万石を与えている。

(1) 犬山城主時代

1、尾張三輪氏と犬山城

『国宝犬山城と城下町』（昭和五十四年九月十五日犬山城史研究会発行）に次のように記載されている。

長尾武蔵守吉房

三位法印入道常閑

（天正十八年七月～天正十九年十一月）

尾張知多郡大高の出身といわれ、元の姓は三輪。秀吉の養子になった秀次や秀勝の実父に当たるというので急に勢力を持って行った。

天正十八年信雄に代って三好秀次が尾張を領するや、実父の常閑が犬山城主となった。そして九月十一日付で犬山の町医北川烝賀に町役（町民税など）免除の書状を出し、同十九日には城下妙海寺へ寺領寄進状を出した。

「妙海寺文書」犬山里語記所収

熊野町法花宗寺屋敷東西四十間余、南北三十間余、地下以下永代令寄進事、全不可有相違者也

天正十八年九月十九日　武蔵入（花押）

法華宗寺惣坊中

翌天正十九年（一五九一）秀次が秀吉の養子となり関白に進み聚楽第へ移ったので、常閑も十万石を領して清須城へ栄転して行った。しかし文禄四年秀次が秀吉によって自害させられるに及び、実父というので連座し、讃州へ流され、慶長五年に京都本国寺でさびしく一生を終えた。七十九歳。

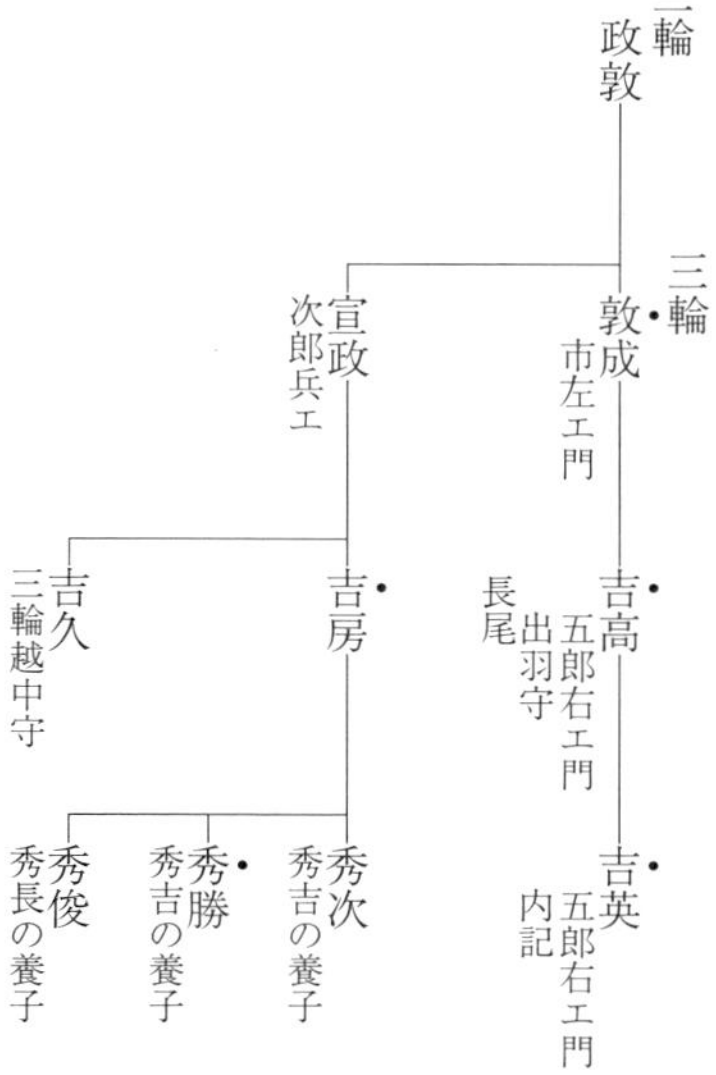

三輪（高宮）系図『姓氏家系大辞典』による
・印は犬山城主または城代

〔註〕冒頭『武功夜話』の系図では、吉房と吉高は兄弟であるが、この系譜では「いとこ」の関係になっている。いずれが正当か判然としない。

羽柴宰相秀勝

（天正十九年十一月〜天正二十年九月）

信長の四男で秀吉の養子となっていた丹波亀山城主秀勝が天正十三年十二月、一八歳で没したので、次いで吉房（常閑）の実子秀勝が養子となり亀山城に居て、天正十九年の暮に岐阜城主となった。

この頃丁度常閑が清須へ移り、犬山城は無城主となっていたため、秀勝が当城を兼領したようである。城代は野見三郎兵衛、代官は松岡味安と遠藤宗善であったという［犬山里語記］。

翌年二月には秀勝の重臣佐藤長助と入江左近が連名で犬山町医師北川烝賀に書状を送って、町役免除の旨を伝えている。

「北川文書」犬山里語記所収

貴老父子居屋敷分町役除申候、田畑之儀は諸役等堅可被申付者也

（天正二十年）二月十五日

佐藤長助（花押）

入江左近（花押）

烝賀老

またこの免除について、天正二十年十二月に田中兵輔は北川氏に送った書状の中で「天正廿年に宰相様（秀勝）御免除なさるについて、佐藤長助・入江左近両人よりの墨付これあり」と述べているので、前掲文書に年号を欠いているが天正二十年に相違ない。

秀勝は同年九月朝鮮出陣中に二十四歳の若さで没してしまった。

三輪出羽守吉高

（天正二十年九月～文禄四年七月）

犬山里語記では秀吉の臣としているが、吉高は秀次や秀勝の実父常閑とはいとこの関係にあるのでおそらく常閑か秀次の家臣であったろう。一万三千石を領し、入城後間もなく九月五日付でやはり北川烝賀に町役免許状を出し、翌文禄二年十月には遠藤宗善へ書状を与えている［犬山里語記］。

「遠藤文書」犬山里語記所収

寺本喜左衛門屋敷

一ヶ所之事、宰相様分より御扶助被成候由今以無相違候並役義等之事、不可有別儀者也

文禄二年拾月二十八日

三輪出羽守（花押）

遠藤宗善殿

なお高宮系譜では吉高の子五郎右衛門吉英も犬山城主としており、前掲文書と同日の十月二十八日付で三輪五郎左衛門から松岡味安に宛てた書状が犬山里語記に見えるので、この五郎右エ門又は五郎左エ門が城主か城代であったことは想像される。ここでは城主として別掲はしない。

文禄二年秀頼が生まれて成長して行くにつれて、秀吉の後継者に確定していた関白秀次の地位がぐらつき始め、文禄四年七月についに秀次は高野山へ追放されて、十五日には自殺させられてしまった。このためその一族もことごとく罪を受けており、三輪吉高・吉英父子へも罪科が及び退城を余儀なくされた。

前後の城主をまとめると次のようである。

順位	城主名（城代名）	在城年次	年数	所領高	備考
一一	土方勘兵衛雄利	天正十五~天正十八	三	四万五〇〇〇石	信雄家臣
一二	長尾武蔵守吉房	天正十八~天正十九	一	一〇万石	秀次実父
一三	岐阜宰相豊臣秀勝	天正十九~天正二十	一		秀次弟、兼領
一四	三輪出羽守吉高	天正二十~文禄四	三	一万三〇〇〇石	秀次家臣
一五	石川備前守光吉	文禄四~慶長五	五	一万二〇〇〇石	秀吉家臣

尾張三輪氏、すなわち武蔵守吉房・次男の秀勝・兄（いとこ）の吉高・その子吉英と犬山城とが深い関係にあることがよくわかる。

２、吉房と妙海寺

三好武蔵守吉房は、出家して常閑と称していた。犬山城入城直後の天正十八年（一五九〇）九月一日付で、犬山の町医者北川烝賀に町役（町民税）免除の一札を与え、九月十九日には、城下の熊野町にある法華宗（日蓮宗）の妙海・本光両寺へ境内一二〇〇坪の寄進をしている。

『日蓮宗寺院大鑑』に次のように記載されている。

妙海寺（山号）竜運山（犬山市大字犬山字東古券五七四）

住職　三十一世田中諦遠

寺宝　犬山城主常閑公筆曼荼羅（准宗宝）

沿革　文亀二年（一五〇二）の創立。開山本法寺三世本行院日澄［永正十二年（一五一五）十一月四日寂］。親師法縁。天正十八年（一五九〇）に豊臣秀次公実父長尾武蔵守吉房入道常閑公が犬山城主となり当寺に帰依。元文四年（一七三九）に城下火災のため類焼、仮堂を建設した。

寺宝曼荼羅図は元文四年に焼失して、現存するのは一四世目義上人の模写したものである。

①　名号書体が「カボチャ形」をしているのが特色である。

②　花押が明記してある。

三一世住職、田中諦遠（北側に隣接する本光寺住職兼任）は由緒沿革を次のように述べる。

元文四年（一七三九）類焼、堂宇並びに諸記録を焼失した。日光上人仮堂を建立して現在に至る。

長尾氏は元来法華宗なり、就中常閑公は法号を建性院日海と称し、同宗の熱心なる信者にてありき、天正一八年（一五九〇）入城以来当寺に帰依し、在城中菩提寺とせられ、その証として天正一八年九月一九日附の御墨付を授与された。その後、文禄四年（一五九五）秀次公御生害ありたる時、連座して讃岐に配流され、慶長五年（一六〇〇）八月二五日、病の冒かすところとなり遂に長逝された。配所に臨むに際し、当寺に参詣し「余は将に配せられて讃岐に行かんとす。故に当寺参詣の終りならん。たとえ身体は他処にて死し、如何なるところに葬らるると雖も魂魄は長く当山に残り供養を受くべし」と遺言され、秀次公の霊位と共に位牌を納められた。「希くば余が死去を聞きたる時は、その日を命日となし、長く弔祭を乞う」と、依頼されて出立された。位牌は今なお存す。建性院殿前乾山《いぬやま》大主三位法印一路常閑日海大居士を以て中興の組とした所以である。

なお、寺伝によれば、三好吉房自筆とされる扁額「法喜殿」が本殿に掲げられている。さらに曼荼羅の特色ある名号文字を転写して門前に石碑が建立されている。右側面には、「宝暦十二年（一七六二）五月十三日建立」と刻まれている。

（2）清洲城主時代

秀次は、天正十八年（一五九〇）に続いて翌十九年も、奥州の一揆鎮圧と検地のために出陣している。また、天正十九年八月に秀吉の実子鶴松が夭折したため、十二月には秀吉の養子として関白職を譲られている。その間、新領国主として尾張に滞在する期間は短く、有名な太閤検地の実施も天正二十年にずれ込んでいるのもそのためである。

関白に就任した秀次は、京都の聚楽第《じゅらくだい》で政務をとるようになり、天正二十年（文禄元年・一五九二）四月に始まった朝鮮出兵では、留守居として京都の警護に当たっている。したがって、秀次の家臣団の多くの者は在京する場合が多かった。

このように不在がちの秀次に代わって、清洲に在城し尾張の支配に当たったのは、犬山で一〇万石を与えられていた、秀次の父三好吉房（常閑）である。当時、尾張地方では第一次の大閤検地や治水工事、新田開発などが行われているが、実際に指揮したのは三好吉房だといわれている。

1、吉房と貴船社

秀吉の嗣子になった長男は、名も豊臣秀次と改め、天正十九年（一五九一）十二月二十七日、弱冠二四歳にして関白の宣下を受けた。

翌二十年四月には朝鮮出兵が開始され、出陣中の次男小吉秀勝は九月九日、朝鮮唐島（巨済島）にて戦病死した。吉房自身も病気（詳細後述）勝ちにて体調をくずしていた。内外ともに多事多端の折柄、一族、就中関白秀次の武運長久を神仏に祈らざるを得なかった。秀次誕生地の乙之子村貴船大明神の社殿は、幾度か大地震に見舞われて倒壊したままに放置されていた。吉房は、我が子の関白就任を祝い、かつまた武運長久を祈願して社殿の造営に着手し、念願かなってその竣工式を天正二十年（一五九二）九月二十八日に開催した。当日は、数万の人が集り前代未聞の盛大な遷宮式になった。吉房自身は直接参列するのが本意であったが、諸事万端整え終って遷宮の日延べも出来ず、急病のため飯沼半三郎を代参に命じて派遣している。『尾張徇行記』・『尾張志』に左の記述があるので転載しておく。

(1)　由来書

抑〻乙之子村大明神の由来ハ、太閤秀次公の御父三位之《ノ》法印、故ありて此所にとゞまり給う。武運長久のために、当所の氏神とならセ給う。依リレ之ニ三位之《ノ》法印ハ郷の戌亥にかたどり、明神ハ辰巳に社を構え給う。遷宮の当日にハ美く敷厳《シクカザ》りて、近辺へ御触出けれバ、諸人指を折リ日をかぞえて、前日より男女老少、夥敷《オビタダシク》数万の人寄リ前代未聞の事ニ候。時ニ三位之《ノ》法印、代参として、飯沼半三郎に被ル二仰付一。此人者《ハ》、加賀の家中千石之《ノ》主飯沼半左衛門之《ノ》舎弟にて、故ありて当国に来たり、妙興寺に居住し給う。三位之《ノ》法印お（を）尋ね来りて常随給仕し給う。宮の北に当《アタッ》テ居宅お（を）構え給いて、国本（元）より三百石の与お（を）以て、家相続し給うなり。時に遷宮導師、長野万徳寺の良秀別当、西光寺之《ノ》院主秀長、大壺村金壺寺之《ノ》道秀、相弟子之《ノ》好ミによりて、棟札之《ノ》筆者幷ニ当日之《ノ》餝物《カザリモノ》之《ノ》役お（を）仰付られ、遷宮事終りて、三位之《ノ》法師仰せとして、此氏神由来お（を）後代に残さんがため、棟札お（を）書写し、三ヶ寺へ与ェ給う。誠に前後稀なる霊社ゆえ、如クレ是ノ記し畢《オワ》ル。

天正廿年壬辰九月廿八日

［註］この文は『尾張徇行記』と若干の相違がある。

(2) 棟札

一切日皆善、一切皆賢仏、皆威徳

羅漢皆断レ漏　以ニ此誠実一言レ願ニ常吉祥一

奉レ造ニ立貴船大明神社頭一右祈念者

夫当社大明神者《ハ》、依リレ為ルニ二当関白様秀次封公御氏神一

父三位法印為シニ御願ヲ一御神躰幷仁兕※（兕か）同金殿玉楼之《ノ》社頭、

悉ク皆御造営成就シ畢《オワ》ル。仍チ撰ビニ嘉辰一貰《カザ》リニ開眼供養ノ

法儀ヲ一給ウ、誠ニ依リニ信力甚深ニ一神徳厳重ニシテ※（而カ）西守ニ護御スル

武運長久ヲ一耳《ノミ》己封

南無堅牢地神為ニ諸眷属一

南無立帝竜王侍ニ眷属等一

当リ二其運ニ一、遷宮之導師者ハ　長治万徳寺良法印、
于時ニ、三位法印之ノ代、于時ニ天正廿年壬辰九月廿八
日大法主敬白、時之ノ院主西光寺秀長仁井舜造建立之大愚
宥（侑か宥か不明）海東群（郡）乙ノ子村庄

［註］①　梵字、雑字は略し、□印の字は判読したものである。
※印二ヵ所『尾張志』により修正、なお『尾張志』の本文と若干の相違がある。
②　弘化年間（一八四四～四八）に社殿焼失、棟札も灰になった。

２、太閤の朱印状（病気見舞状）

三好一路常閑（五九歳）は、天正二十年十月に入ってから、原因不明の熱に冒され病床に伏せるようになった。『山科言経卿日記』によれば、三河賀茂郡狭（猿）投大明神の社領に濠を掘った祟りであると伝えられ、安鎮法、祈禱なども行ったが効験はなかった。病名は瘧《おこり》（間歇に高熱を出す尾張地方の風土病。マラリア蚊が媒介、長く続くと肝臓障害を起こし黄疸症状が発生する）であった。京都の秀次にも遣いが出された。実父の急病と伝えてきたので秀次は、取るものも取りあえず出発し、近江の大津港から早船を仕立て、琵琶湖を東航し、湖東の朝妻港へ上陸、美濃から尾張へと駕籠と馬を乗り継いで犬山城に入った。

秀次は、病状を見て早速、京都へ急使を飛ばし、名医の名が高い延寿院玄朔、及び側妾「一の台」も呼んで看病にあたらせた。また、大和郡郡山の弟秀保（三男）も呼んだ。位人臣を極めた関白秀次の親孝行ぶりが如実に実感できる。

なお、秀次は、父の症状と京都を暫く留守にする諒解を得るため幸い大坂に滞在中の秀吉へ便りを出したところ、折り返し大閤から病気見舞状が届けられた。

わづらい少しよく候よしの御返事候へば、一だんと心やすく候。関白殿（秀次）精を入れ候よし、よき事にて候。左様のわづらいは心の養生肝要なるものにて候まゝ、いかにものどのどと心しづかに御養生候べく候。何ようの御用にても、御心をうすらげ給い候べく候。かしく。

中納言（秀保）も、ふだん側に候ての馳走よし、左様になくて叶わぬ事にて候。又、おこりのなきように、養生御油断候まじく候。くわしくは、幸蔵主《コウゾウス》申すべく候。

正月九日（文禄二年）

朱印

いぬ山とのへ。

［註］「幸蔵主」は北の政所ねね付の老女。「馳走」とは、かけまわってあれこれと父のためにつくすこと。

この手紙を読みかえすと実に愛情こまやかで人情味が溢れている。昨年九月に次男秀勝が朝鮮で戦病死、現在常閑自身病床に伏してはいるが、一家の親子四人にとっては一番幸せな時であった。前年実母を失ない、淋しい秀吉は、三好一家を羨やましがっているようでもある。

看病で犬山城に越年した秀次は、父の症状が好転したのを見届けて往路と同じ経路で二月、京都へ帰った。

3、駒井日記と三位法印

『駒井日記』は、豊臣秀吉に仕え、秀次の右筆であった駒井中務少輔重勝の日記で、『文禄日記』・『駒井重勝日次記』・『駒井中書目次記』ともよばれている。

この日記の中から三位法印（建性院）と関係する記事のみを抄録して、清洲城代としての活躍ぶりを追憶する資料とする。なお、実兄（いとこ）の三輪五郎右衛門の氏名もしばしば出てくる。兄弟ともに秀吉や秀次に重要視され、重宝がられていた様子がよくわかる。

駒井日記

文禄二年

十二月十一日

一、三位法印様江、先年拾万石之内、御検地ニ而不足分一万二千二百石之分、則、尾州御蔵入之内を以、被レ進。帳面仕立、御朱印之儀申上。

十二月十四日

一、三位法印様へ、最前拾万石之内へ分為レ足、尾州御蔵入之内を以、一万二千二百石被レ進。則、為レ持進上。

十二月廿四日

一、三位法印様へ清須之儀ニ付而、御使ニ致レ祇候。

一、河口久助知行馬場・木田村と井口物成替之様子事。

一、木曾より出御材木奉行日比野下野・池田丹後・宮部勘兵衛、右三人、人数共に千五人之役を御かけて候て可レ被レ置之間、三位法印様へ被二仰出一。

一、右御材木お、ひの入用八木、前野兵庫手前より、右之奉行衆指紙次第、可二相渡一由、被二仰出一。

一、馬場・木田当物成之改、日比野下野・前野兵庫・三輪八蔵ニ被二仰付一。
一、清須町中ニ有レ之在々百姓改町奉行衆江被二仰出一。

文禄三年
三月十二日

三位法印様江為二御諚一申遣書状案文

一、為二御諚一致二言上一候。仍、尾州荒地分ニ被レ遣候所々陰陽師之事。時分柄御座候所々より罷下候陰陽師共ニ、尾州荒地被レ懸二御覧一被レ成二御割符一、陰陽師在々へ被レ遣候得と上意候。然間、荒地之所々大破之所被二聞召届一、其内、過半者、清須近之荒地、又者、太閤様御成之刻、切々被レ成二御覧一候所へ、専ニ陰陽師被レ遣候へと被レ仰候。左様之段、能様、可レ被レ成二御計一候間、京都・堺・大坂、右三ケ所之分者、民部法印江、被レ成二御尋一候処、如レ此由、以二書付一申上候。

一、百九人　京之陰陽師
一、十人　堺南北より
一、八人　大坂より
合百弐十七人

右之通、はや其地江被レ下、御請取被レ成由、被二聞召一候。左様ニ御座候哉。何も所々国々より其地江罷下被レ成二御請取一候。陰陽師速荒地江御割符可レ被レ成旨上意候。今度、堺普（マヽ）請物奉行として徳永法印被レ下被二仰付一候。左候得者、荒地分之所々、徳永法印可レ為二案内者一候間、則、徳永法印被レ為レ遂二御相談一、可レ被レ成二御割符一旨、被二仰出一候。徳永方江も右之趣、三位法印様へ可レ得二御諚一旨、為二上意一申遣

候。被レ成二其御心得一可レ被二仰付一旨候。猶以、時分柄之儀候間、早速、陰陽師可レ被レ成二御有付一旨、
宜レ預二御披露一候。恐々。

三月十二日　駒井中務少輔重勝

三輪八景殿

勝田六蔵殿

四月朔日

一、清須町之儀、太閤様江被二申上一民部法印書中。

一、清須町人之事ニ御帳面之趣申上候得者、被二仰付一様尤と御諚候。然者、七百六拾余人之儀、早々本々在々江御返し被レ成、清須町をかたつけさせられ、町之跡少々耕作被二仰付一候様ニと御諚候。此等之旨可レ被二仰上一候。御帳、則返進申候。

明日江、弥可レ被レ成二御上洛一候。恐々謹言。

三月廿九日　民部法印

駒井中務殿

御宿所

右之通、三位法印様江被レ成二御朱印一案

一、清須町中之事。奉行共仕立上候帳面、太閤御方掛二御目一候処、則、尾州之内従二在々一相越、町人に成候者共七百六拾余人事、早々、前々居住之在々所々江返進、耕作以下其在所役相勤候様ニ可二申付一旨被二仰出一候。然間、清須之町を片付可二申付一存候。何方成共、末々町明可レ被レ成候様ニ被二見計一、菟角、

立置候町並明所無レ之様ニ尤候。片付候上、町末々明所分者、耕作申付候様ニ被二仰付一候間、右彼是、被レ得二其意一、入念可レ被二申付一者也。

卯月朔日

三位法印

四月三日

一、清須町中之儀、太閤様被二仰出一通、三位法印様へ従二関白様一被レ成二御朱印一、并上意之趣。拙者書状相副差遣。

清須町之儀に付而、被レ成二御朱印一候。猶以、様子為二御諚一致二言上一候。

一、最前、町奉行衆被二仕立上一候町屋之帳面、太閤様被レ成二御覧一たる事に候間、帳御よこし不レ被レ成様ニ可レ有二御沙汰一事。

一、清須町中ニ尾州在々所々より罷出、町人ニ成有レ之分帳面之内、七百六拾余人御座候。右之者共、前々、在々江被二返遣一、其郷々ニ而田畠・荒地以下令レ耕候。其郷之役相勤候様ニ、何も被二仰付一候様ニと上意候事。

一、右七百六拾余人事。何之町ニ住有レ之其家々、被レ成二御付立一、何方ニ而も候へかし、町末を右之七百六拾余軒之分御明させ被レ成、似相〱ニ右之者共に為二家替一、それ〱御見計被レ成、被二仰付一可レ被レ遣旨候。然間、末々町明所ニ可レ被レ成と思召候。所々家在々へ罷出候者共、こほちとらせられ、其跡明所分、耕作可レ被二仰付一旨事。

一、右明所江被二我仰一候町末々家、善悪見立候儀被二仰付一、弥、町内にても明退候家共、善悪およそ見計次第、片付候者之かたへ被二替遣一候様ニと被二仰出一候事。

一、右之様子、太閤様大方被レ成二御急一被二仰出一候間、聊、無二御由断一可レ被二仰付一旨、上意ニ御座候。太閤様不レ寄二何時一、其国御下向之刻、此衆在々江被レ遣町人之儀、町末片付させられ候明所分、耕作被二仰付一候体、其境目相見候様ニ、何も能々被レ入二御念一可レ然様、可レ被二仰付一通、御諚候。宜レ預二御披露一候。恐々謹言。

四月三日　　駒井中務少輔

三輪五右衛門殿

三輪八蔵殿

勝田六蔵殿

猶以、町屋替之様子江末町明所ニ罷成候跡之耕作之儀、彼是、可レ被レ入二御念一旨、上意ニ御座候。以上。

四月七日

一、清須町人従ニ在々一出分、則、尾州在々江返し可レ被レ遣旨。三位法印様上より、御朱印之御請来。

四月九日

三位法印様并徳永法印より、尾州堤川よけの儀、去六日より申付、月合ニ可二出来一候由、申来。

四月十六日

一、清須町之儀ニ付、三位法印様江、重而被二仰上一通、得二御諚一申上。清須町人之内、在々江罷出候者共之儀ニ付而、御書之趣、則、致二披露一、先度、以二御朱印一如レ被レ入、可レ被レ成二御沙汰一旨御諚候。委曲先日、致二言上一趣、宜レ被二仰上一候。恐惶謹言。

四月十六日　　駒井

三輪五右衛門殿

勝田六蔵殿

三輪八蔵殿

将又、町中端之ニ奉公人小家之事。御書之通、申上候。何共此儀者、不レ被二仰出一候。

四月廿日

一、三位法印様より私江被レ成二御書一、御請申上。

一、御書謹而致二頂戴一候。仍於二清須一、御家中・御奉公人ニ御屋敷被レ下候内ニ、家も無二御座一明屋敷之儀、下々物置、令二耕作一、則、作人ニ付置、年貢納所不レ仕由不二相届一儀候。左様之族有者、年貢納所之儀可レ被二仰付一候。併、有家御座候分者、先、可レ被レ成二用捨一候哉。於二京都一御屋敷をも不レ被二仰付一旨、其他家何も明候へとハ不レ被二仰出一旨、従二最前一上意御座候つか、何も可レ渡様、可レ預二御取成一候。恐々謹言。

四月廿日　　駒井

三輪五右衛門殿

勝田六蔵殿

三輪八蔵殿

四月廿五日

一、清須町人之内、在々江罷帰候者共之儀ニ付、法印様御書、則懸二御目一申候。被二仰出一様、捧二書状一候。

次ニ御手前町人之儀、宮・津島并こまき方之者之事、最前、御帳面へ其様者被レ成二御書入一候処、三五右・日下、無二御書入一之由、如何敷候。貴殿如二御帳面一被二仰出一尤ニ候。為レ其、右御両人江折紙進レ之候。被レ遣可レ給候。恐惶謹言。

四月廿五日　　駒井

池丹入様

人々御中

文禄四年

四月二十二日丑

一、建性院様、二十一日暁より清須被レ成二御立一、御上洛之由、申来。則、為二御迎一、高野越中被レ遣。

4、三位法印常閑に関する古文書

(1)『張州府志』

【上御園陌】在二伏見陌西一。慶長十七年移レ自二清洲一。有二上中下三街一。伝云。在二清洲一名二御簾野町一。有二木辻某者一。昔日在二清洲一時有二市日一。其制札于レ今蔵レ家。其文作二見曽野町一。按。御園則中島宮所レ在。至レ今名曰二御園神明一。古俗不レ知二正字一。姑以二方言一呼レ之。敬公命為二御園一。蓋復二旧号一也。市日制札纔存二其半一。文曰。

見曽野町市日事

八日　十八日　廿八日

右之市日。売買可レ為□法。村質所質不レ可レ執。喧嘩口論儀。勿論御停止被レ成訖。若令違□

以上

又有二三位法印証状一曰。

其町市之事。如二前々一八日。十八日。廿八日。一ヶ月三日可二相立一之状如レ件。

文禄三年午　　三位法印

七月朔日　　常閑花押

みその町

老衆中

(2)

【中御園陌】乃在二上御園南一。事見二于上御園下一。【下御園陌】乃在二中御園南一。事見二于上御園下一。

大杉家（愛知県津島市宇治町）文書

其後（文禄三年）、秀吉公御世に、清須御代に三位法印様御国の内にて、拾万石御拝領遊され、則御国の実給を遊ばしなされ候。此代に宇治村外門境目囲の儀、御訴訟申上候得ば、法印様宇治村と蛭間村両外門境へ御出遊、蛭間村北に渡懸と申処に三枚橋御座候。此所に毛氈敷かせ御座成らせられ候。御見分遊ばしなされ候て、与右衛門（大杉）を御召出し、外門囲の儀御尋成られ、水中御積遊し下され候。是より蛭間村境より六拾間引得、北東に囲出来仕り候。（後略）

宇治村が蛭間村との境界争いを訴えた。法印が自ら来て、渡懸《わたかけ》で検分、蛭間側を六〇間引かせて村境を決定した。宇治村の勝訴である。現在、現地を探訪しても、昔の三枚橋の位置も不明である。ただ、地図の上で、青塚町渡懸と葉苅町綿掛とが現存している。

(3)

『坂井遺芳』（名古屋市舞鶴図書館蔵）

　知行方目録

一　百石也　　尾州東野村内

　　已上

右全可二領知一之状

如レ件。

　文禄三年

　　三月十九日　常閑（黒印）

　　　坂井伊三郎殿

為二扶助一百石宛

行畢。目録別紙

有レ之、全可二領知一状

如レ件。

文禄三年

　三月十九日　常閑（黒印）

　　堺伊三郎どのへ

［註］　坂井文助（伊三郎）　初代は山崎村明島（祖父江町）に住して、織田信長・信雄・豊臣秀次に仕えた。天正年間木曽川小信切れの堤防の修理をはじめとして尾張の道路・橋梁の普請を奉行として取り仕切った。元和九年（一六二三）将軍秀忠の上洛に際し、尾張藩六道奉行である三代目文助（四代目の説あり）の指揮のもと起川に舟橋を架けたが、橋を支えている縄が切れてしまい改易。以降は子孫は眼科医師として現在の三好町に住む。

（4）

田島家文書――熱田神宮宝物・愛知県指定文化財

寄二思召一、汀
鱠《えそ》一桶送給候
御懇志之段
祝着無レ他候
先日者御尋
早々御帰共候
恐々謹言

三位法印
七月廿七日　常閑（花押）
田島殿
人々御中

祝詞師《のりとし》（神官の最高位）の田島家（熱田神宮五社家の内の名家）から鱠《えそ》（細く切った生肉）を贈られたことに対して、感謝の意を表した書状である。

関白秀次が在洛中、実父の三好吉房が、事実上、尾張の支配に当たっていたことがよくわかる。

(5) 性海寺（稲沢市大塚）文書

清須之内七寺、
従二先々一依レ為二
貴寺之末寺一、
不二相替一令二寄
扶一早、全不レ可レ有二
相違一之状如レ件、
　　建性院
文禄四年
　六月　日常閑（黒印）
　　性海寺

五、関白秀次事件以後

(1) 事件前後の経緯

天正二十年（一五九二）　七月二十二日　大政所（智実母）病没、享年七七。

九月九日　吉房二男、小吉秀勝（岐阜宰相）朝鮮唐島（巨済島）へ出陣中戦病死、享文禄二年（一五九三）　十二月八日　年二四。
　　　　　　　　　　　八月三日　文禄と改元。
　　　　　　　　　　　九月　　　豊臣秀頼、大坂城で誕生。
　　　　　　　　　　　　　　　　秀吉側近の奸臣、秀次失格を図って暗躍開始。
文禄四年（一五九五）　四月十六日　吉房三男、秀保（大和中納言）疱瘡をわずらい、大和十津川で事故死、享年一七。
　　　　　　　　　　　七月　　　関白秀次、謀叛の噂流れる
　　　　　　　　　　　七月八日　秀次、豊臣家追放・従二位、左大臣、関白の官位、官職剝奪・尾張並びに伊勢五郡一〇〇万石領地公収・聚楽第召上。
　　　　　　　　　　　　十三日　秀次、高野山へ出立。
　　　　　　　　　　　　十五日　秀次切腹、享年二八、殉死五名。
　　　　　　　　　　　八月二日　吉房孫五人（秀次愛児）並びに秀次側妾、三条河原で斬首。

（2）次男、小吉秀勝文禄の役にて戦病死

織田信長の四男、於次秀勝（秀吉の養子）が死去した直後の天正十四年（一五八六）、小吉一八歳の時に秀吉の養子になり、丹波亀山を領し、左近衛少将となったので、世に丹波少将と称された。天正十五年（一五八七）四月、秀吉の九州征伐に従い、予備隊五〇〇〇を率いて活躍したが、戦後、知行（亀山一八万石）の不足を訴えたため、秀吉の怒りにふれ、蜂屋頼隆の越前の旧領五万石に減封された。

しかし、同十八年の小田原の役において武功をあげたので、同年十一月、徳川家康の旧領の内、甲斐・信濃を与えられ、甲府に移った。実母（智）が、寒冷僻地に置くのは不憫であるとして、秀吉に懇願したため、翌十九年三月に美濃の岐阜に転封され、同年十一月参議になり、岐阜宰相と呼ばれるようになった。わが子を思う親心、智・秀吉の姉弟愛が滲み出ている物語である。

天正二十年（一五九二）三月、朝鮮への渡海命令が出された。太閤は、出兵に際し、朝鮮八道（全羅・忠清・慶尚・京畿・江原・黄海・平安・咸鏡）に一軍団ずつを当て、あとの一軍団は水軍をもって九軍団（九番）を編成し渡海させた。この九軍団は海上輸送を任務としたもので、当然ながら舟操技術にたけた者が選ばれたはずであったが、どうしたものか、美濃の岐阜城主、中納言秀勝が海上輸送の部隊に組み入れられた。

大閤は肥前の名護屋に本営を営み、第一根拠地を対馬に設けた。第二根拠地を壱岐に設営した。秀勝はその第二根拠地、壱岐に配属されたのであったが、その後第三の足溜りとして釜山近くの唐島に出張所を設け、ここを利用して飛石の任務を負った。いうならば唐島は補助的な泊地であったが、水軍に属した秀勝は唐島に駐屯して、出軍の各部隊を順繰りに早く上陸させる役目を受け持っていた。この第九軍団の軍団長は、大和大納言秀長の家老職、藤堂高虎だったから、秀勝の手兵八〇〇〇は高虎に属して輸送の任に当たったのである。秀勝は、慣れぬ気候風土で、水に当たったものか、過労のためか、原因は定かではないが、病床に伏し、数日にして不帰の客となった。二四歳の若さであった。

この戦病死の報は、期を同じゅうして病床に伏す父、吉房（一路）のもとにも届けられた。

秀勝は、細川忠興とともに唐島にあったが、主を失った八〇〇〇の兵は釜山にいた黒田孝高が、その後始末にのり出し、朝鮮にあった奉行衆の手に委ねて、各部隊に分散配属された。

また、秀勝の遺骸は、孝高の配慮によって丁重に後送され、京都嵯峨の亀山に葬られた。法名は光徳院陽厳と諡された。

秀勝亡き後の岐阜は、本来ならその子供が継ぐことになる訳であるが、惜しいことに秀勝には子がなかったため断絶した。

寡婦となった妻の「お督」（信長の妹お市の三女、淀君の妹）は、いったん大坂の太閤の許に引き取られるが、そののち尾張の大野（現愛知県常滑市大野町）の佐治与九郎方に嫁ぐ。さらにまた、数奇な星のもとに生まれた彼女は、太閤の手許に戻り、やがて徳川家康の嗣子・秀忠（二代将軍）の許へ輿入れをする。のちの三代将軍家光は、実に、「お督」が腹を痛めた実の子である。

後年、彼女は随心院と呼ばれ、京都山科区の小野の里（小野小町の居住地附近）にある真言宗の名刹、随心院は「おごう」が建てた寺である。なお、余談になるが、この随心院の奥庭園、池をへだてた築山の対岸に加藤清正が寄進した銘石がある。清正は、この寺の創建を祝い、五〇〇〇石に相当する寄進を思い立ち、この銘石一個を搬入、築山の正面に置いたと伝えられている。

（3）三男、豊臣秀保の事故死

天正七年（一五七九）生、幼名を辰千代といった。秀吉の異父弟、従二位大納言、紀伊・和泉六四万石の領主、豊臣秀長は、姫君二人だけで男子に恵まれなかったので、当時一〇歳の甥に当たる秀保を養子とした。

天正十九年（一五九一）正月、養父秀長（大和大納言）の病状が悪化し危篤に陥ったので、当時ようやく四、五歳になったばかりの息女と祝言をあげ、家督を継ぐことになった。養父秀長は、病気平癒祈願も空しく郡山城で黄泉の客となった。享年五二。秀吉の片腕となって天下統一に貢献した秀長の死は、豊臣家の将来にとって大きな損失であった。家督を継承した秀保は一三歳である。同年十一月従四位下参議に任ぜられ、藤堂高虎を後見役に、紀伊・大和・和泉一〇〇万石を領した。天正二十年（一五九二）一月、従三位権中納言に進み、世に大和中納言と呼ばれた。

文禄の役が始まると、軍代となった藤堂高虎とともに、肥前名護屋まで出陣している。みだりに人を罰するなど、かなりの乱行があったらしく、その振舞は粗暴を極めたと伝えられている。

文禄三年に秀保は疱瘡に罹患した。疱瘡自体は完治したけれど、後遺症が残り、顔がふためと見られないほど変貌してしまい。それを苦にしているうちに強度のノイローゼに陥った。

翌、文禄四年の二月、側近たちが、昔からノイローゼに効くと伝えられている大和十津川温泉へ転地療養を勧めて、出養生をしていたところ、病状が悪化して発狂したと伝えられている。側近の某は、これを見て痛ましさに耐えられず、秀保の身を抱きかかえ、数十丈の断崖上から十津川へ共に身を投げて殉死したと言い伝えられている。享年一七であった。

（4）長男、関白豊臣秀次の冤罪

秀吉に実子、秀頼が出生すると、盲愛に狂った養父の太閤から「謀叛を企てた」という冤罪と、秀吉亡き後に幼主秀頼を擁して豊臣政権中枢の座を占めようとする奸臣らの権謀術数の罠に嵌められて、関白豊臣秀次は、二八歳の若さで悲運の生涯を閉じた。

この波紋は全国に拡がり、奥羽の最上・伊達両家も大混乱し、一触即発の雰囲気になったが、徳川家康の取りなしで隠忍自重した。

とりわけ、領国尾張清洲城の動転ぶりははなはだしいものがあった。秀次の直臣だけでも六〇〇〇名、陪臣を併せて一万数千名の武士が、減封でもなく改易でもない突然の領地公収だから、たちまち全員が生活の基盤を失い浪人になってしまった。彼らと家族らを併せると五万ないし六万人が裸で放り出される形になった。

明日の我が身がどうなるか判らないのに秀次は、密かに小者を清洲へ走らせ、「予のために軍用金を少しも残すに及ばぬから家臣全員その身分に応じて全部分配せよ」と指示したが、血気盛んな若侍達は挙兵を叫んで籠城準備に入ったところ、犬山城から三好一路が急行して必死になだめた。一方、智は秀次に一目逢い、また秀吉にも逢って残る家臣の救済を願うため、美濃・近江国境の柏原までできたが、湖東佐和山城から石田三成の軍勢が出張っていて上洛を阻止され、今は唯一人の子である秀次にすら逢うことを許されなかった。

三位法印常閑は、智と結婚して三人の男児に恵まれたが、二男・三男・長男の順に、わずか四年間に次々と死別し、秀次の愛児（孫）までも一人残らず斬殺されて、老夫婦（六一歳）のみが残された。

（5）老夫婦の後半生

1、善正寺に秀次を葬る

夫の三位法印一路は、秀次に連座して四国讃岐《さぬき》へ流罪にされた。夫とも生別を余儀なくされた妻、智は幸福の絶頂から奈落の底へ一挙に突き落されるという運命の神に翻弄されて、独り淋しく入洛して京都の嵯峨野に佗び住居《ずまい》することになった。

嵯峨野が雪に覆われたある夜、佗び住居をこっそり訪れて秀次の首級を置いて行った者がある。おそらく八月三日の夜、折柄の暴風雨に紛れて三条河原の塚から持ち去った者であろう。秀次の遺臣か、それとも恩恵を受けて敬慕の情に堪えない近江八幡山下町の旧領民の一人であろう。

変わり果てた我が児の首級に老母、智の胸中は想像に絶するものがある。首級は附近の二尊院の僧に依頼して密かに葬り、日鋭上人を呼んで善正寺をそこに建立して秀次の菩提所とした。

「善正寺殿高巌道意大居士」日鋭が命名した秀次の法名である。

『日蓮宗寺院大鑑』には、善正寺について次のごとく記している。

善正寺《ぜんしょうじ》〔山号〕妙慧山《みょうえいざん》

〔所在地〕〒六〇六―八三二一　京都市左京区岡崎東福ノ川町九―五五

〔電話〕〇七五―七七一―〇八五九

〔旧本寺名〕京都本圀寺〔旧寺格〕緋

〔本尊勧請様式〕一塔両尊四士

〔寺宝〕瑞竜院日秀寿像、豊臣秀次像、海中出現釈迦像

〔沿革〕慶長五年（一六〇〇）三月二八日、開基瑞竜寺日秀が、本圀寺求法檀林三世本妙院日鋭〔元和二年（一六一六）二月二三日寂〕を招じ開山とし、創立する。開基檀越は豊臣秀吉の姉で、秀吉に自害を命ぜられた秀次の母智である。智は本圀寺一六世究竟院日禎について剃髪し、妙慧日秀と称した。また秀次の法号を善正寺殿と称し、ために当山を妙慧山善正寺と名づける。達師法縁。四世顕寿院日演〔万治元年（一六五八）一二月一七日寂〕により東山檀林が設立され、京都六檀林の一として、明治初年の廃止まで勉学の僧が全国より集まり盛況であった。境内に豊臣秀次・瑞竜院日秀・三好吉房（秀次の父）並秀次の子五人の墓などがある。付近に平安神宮・吉田神社などがあるが、平安神宮の北へ徒歩一五分。

［註］

⑴　寺宝豊臣秀次木像は、慶長二年（一五九七）二月に智が、有名な仏師に依頼して、秀次生前の姿そのままに似せて彫らせたものである。金箔の厨子に納められた像は、関白の盛装であろうか、烏帽子を被り、笏を持った単座の姿、台座は平安時代そのままの金と紫と赤の縦縞になっている。

⑵　寺宝瑞竜院日秀寿像は、智自身が慶長六年（一六〇一）に作らせた木像自像である。時に六九歳であった。

⑶　同年、嵯峨野より現在地に移築

2、智仏門に入る

文禄五年（一五九六）正月、智は善正寺の沿革で述べたごとく、本圀寺一六世究竟院日禎について剃髪し、当時京都の貴顕の人々や大商人から信仰を受けて、宗勢盛んな法華宗門に入門した。改めて京都今出川村村雲に瑞竜院を建立して移り住み、名を瑞竜院日秀尼と変えた。

秀次の悲惨な最後を後陽成天皇は、忠節の臣・学問上の愛弟子を失ったと深く悲しんでおられた。それを秀吉の生存中は表面に出すこともできず遠慮勝ちに悼んでおられた。慶長三年（一五九八）八月、秀吉が病没するに及んで日秀尼へ御宸筆の「勅額」「瑞竜寺」の称号を下賜され、また、「門跡」の名をも勅許された。

爾来、瑞竜寺は「村雲御所」と呼ばれるようになった。「御所」とは、天皇の御住居の他に皇族・摂関家・幕府将軍などの邸宅をいい、日秀尼は関白秀次の生母だから摂関の者として呼称されたものと思う。

また、「門跡」の名称は皇族あるいは摂関家の者が出家して入った寺院に天皇から賜うものである。紫衣勅許、菊紋拝領、寺領一〇〇〇石と寺記には伝えている。日秀尼の住む村雲御所は、徳川時代になってからも、秀次から恩顧を受けた各大名や秀吉の正室「北政所」一門の者が、時々訪れて物品を贈って慰め、また、京の町衆にも深い尊敬を受けて安らかな晩年であった。

寛永二年（一六二五）四月二十四日、日秀尼寂滅。享年九三。秀次から三〇年。秀勝から三四年。秀保から三一年。夫三好武蔵守吉房から遅れること一三年の後である。徳川幕府も二代将軍秀忠の治世であったが、彼女が誰からも深い尊敬を受けたことが、秀次につながるせめてもの救いであった。

昭和三十七年（一九六二）、日秀尼没後、三三七年経過していたが、当時の近江八幡市長井上孫治郎の奔走で「門跡尼寺瑞竜寺」は京都村雲から八幡山城天守閣跡へ、某電鉄会社の協力を得て移築された。

村雲の跡地には、嵯峨村雲別院が創立されている。次に二寺の『日蓮宗寺院大鑑』の記事を転載する。

瑞竜寺《ずいりゅうじ》〔山号〕村雲御所《むらくもごしょ》

〔所在地〕〒五二三—〇八二八　滋賀県近江八幡市宮内町一九—九
〔電話〕〇七四八—三二—三三二三
〔住職名〕一二世　小笠原日英
〔旧寺格〕門跡寺院
〔本尊勧請様式〕一塔両尊四士拍手印
〔祖像〕説法像〔寺宝〕村雲門跡九世尊日宮尼公、門跡一〇世日栄宮尼公本尊
〔沿革〕村雲御所と称し、本宗唯一の門跡寺院である。開山は豊臣秀次の生母瑞竜院妙恵日秀〔寛永二年（一六二五）四月二四日寂〕。高野山で自刃した秀次の菩提のため、文禄五年（一五九六）正月に創立する。後陽

成天皇より京都村雲の地と寺号を賜い、菊の紋章と紫衣の着用を許される。後継者は皇族・華族から出て、代々尼宮が住持する習慣であった。寛永二年に徳川家光より二条城内客殿と新客殿二棟の寄進があったが、天明八年の大火で烏有に帰した。九世瑞正文院尊の代、天保一三年に堂宇・客殿を再建。現在の八幡山は秀次の居城のあったところで、一一世日浄は京都より山上に移築中、完成を見ずに昭和三七年九月に寂した。その後、台風・崖崩れ等の度重なる災害に遭ったが、一二世日英が四三年六月に入寺し復興する。東海道本線・近江八幡駅下車北へ四粁、バスの便あり。山上へはロープウエイの便あり。

〔建造物〕本堂　木造入母屋造瓦・ひわだ葺　昭和四〇年（一九六五）建造、山門、水屋、お札所、開山塔、菊御殿、宮御殿、書斎、内仏の間、稲荷堂、尼僧部屋二、修行者部屋二、寺務所

〔境内地〕八五〇坪

嵯峨村雲別院《さがむらくもべついん》

〔所在地〕〒六一六―八四二六　京都市右京区嵯峨二尊院門前往生院町二一

〔電話〕〇七五―八七一―三九二〇

〔住職名〕二世　井原浄観

〔本尊勧請様式〕一塔両尊〔祖像〕説法像

〔沿革〕昭和四三年七月、瑞竜寺門跡が今出川、堀川の地より近江八幡山へ移転するに際し、当発祥の地には天拝の鬼子母神を祀る堂宇を移しその他客殿等を増築し、嵯峨村雲別院と号し創立する。開山は小川日進。奠師法縁。境内に豊臣秀次の首塚及び瑞竜院殿日秀尼などの墓地がある。名勝嵯峨野の中央に位置し常に観光客が多い。JR・京都駅より京都バスで四〇分、釈迦堂前下車徒歩一〇分。またはJR山陰本線・嵯峨駅下車徒歩二〇分。

3、三位法印常閑、一音院建立

秀次に連座して讃岐へ流刑になっていた常閑は、慶長三年（一五九八）八月、太閤・豊臣秀吉が病没後、放免されて智が佗び住いしている京都へ帰った。しばらくではあったが、夫婦一緒になり一族の霊を慰める読経三昧の生活をしただろうと思われる。帰洛後二年経てから慶長五年八月に本圀寺の境内に一音院を建立している。『日蓮宗寺院大鑑』には次のごとく記載されている。

一音院《いちおんいん》

〔所在地〕〒六〇〇―八三五七　京都市下京区岩上通五条上ル柿本町六八三

〔電話〕〇七五―八〇一―〇六〇八

〔住職名〕三一世　山下英義

〔旧寺格〕京都本圀寺〔旧寺格〕素

〔本尊勧請様式〕一塔両尊拍手印〔祖像〕説法像

〔寺宝〕本圀寺四五世日禎、身延二一世日乾本尊

〔沿革〕慶長五年（一六〇〇）八月八日の創立。開基檀越建性院殿日海大居士（三位法印）。開山瑞竜院殿日秀。龔師法縁。開基・開山は関白秀次の両親であり、また当院は現に村雲門跡の宿坊寺である。文政年間に本圀寺三六世妙用院日運、明治一三年に同四五世慈妙院日禎が共に当院に閑居された。大正年間、堀川警察署拡張のため現在地に移転、昭和四八年には三一世が本堂兼庫裡を新築した。ＪＲ・京都駅下車、市バス上加茂行九番、堀川五条下車徒歩二分。

〔註〕三位法印常閑の没年については二説があり、一二年も相違しているが、確たる資料もなく断定しかねる。

法名　建性院殿三位法印日海大居士

慶長五年（一六〇〇）八月（一音院霊簿）

慶長一七年（一六一二）八月二五日（本圀寺年譜・日蓮宗年表）

寂滅した場所についても、下野国足利の地とする説と、本圀寺（一音院）にて入滅したとする説の二説あるが、位牌や墓石の現存する一音院説を信用したい。

4、大商人角倉了以、瑞泉寺建立

慶長十六年（一六一一）、現在京都木屋町筋を流れる高瀬川を独財で開鑿《かいさく》して、淀川へ通じさせる河川舟運業を営み、川の大名といわれた嵯峨出身の大商人角倉了以が立空上人桂叔とはかって秀次ら一族の菩提を弔うために建立した。

当時の大商人は、上級公卿や大名たちと非公式の席では交遊するほどの高い見識と教養を持っていたから、彼も時には聚楽第を訪れて秀次の殊恩を受けたのかもしれない。

文禄四年（一五九五）七月、秀次は高野山に追われて自害したが、その首は京都の三条河原に梟し、八月二日、その前で斬殺された秀次の妻妾・子女ら三〇余人の死体と併せて埋め、塚を築いて「秀次悪逆塚、文禄四年七月十五日」と刻する碑が立てられた。京の人は秀吉の威を恐れて、畜生塚と呼んで近づかなかったという。

この塚は鴨川の洪水でいつしか壊れたが、慶長十六年、角倉了以が高瀬川開鑿の時、秀次らを憐れみ、散乱している遺骨を掘り集め、碑の「悪逆」を削り取り、新しい塚を作り、大仏殿の残木や聚楽第の旧材を請け出して、処刑場西岸へ一寺を建立、秀次法名に因み、慈舟山瑞泉寺（浄土宗西山派）と呼んだ。

高野山で殉死した雀部淡路守・小姓の山田三十郎・山本主殿・不破伴作・東福寺の玄隆西堂、それに花園妙心寺で切腹した秀次の家宰木村常陸介重玆・栗野木工頭秀用とも併せて、その霊を厚く弔った。

徳川時代になって天和三年（一六八三）、角倉玄隆（了以の孫）が、前記犠牲者たちの人形を造って納め盛大な法要を営んだ。

昭和に入り、松下幸之助ら有志が財団法人豊公会を結成、昭和十六年（一九四一）八月、墓域を拡張、新しく四九基の墓塔を建立して、秀次一族の追善供養を行った。

第3部

羽柴秀吉一門（次秀勝・小吉秀勝・秀保・常閑）文書集

黒田基樹 編

一、羽柴次秀勝文書集

１　羽柴秀吉・秀勝連署奉加状〔長浜八幡神社文書〕

江州坂田郡八幡宮奉加

羽柴藤吉郎
秀吉（花押）
羽柴次
秀勝（花押）

天正八年庚辰三月吉日

２　羽柴秀勝判物写〔長浜歴史博物館所蔵文書〕

今度小谷（近江国）町長はま（同）江御引被成候間、跡ニ居残者として、其屋敷方ともに作毛可仕候、又北国・東国之たちんに物之儀、先々のことくつけ可申候、公儀てん馬之事、無油断出可申者也、

天正九
二月十日
次（羽柴秀勝）（花押）

小谷惣中へ

＊折紙

３　羽柴秀吉・秀勝連署証文〔鈴木康隆氏所蔵文書〕

親之跡目候間、如此知行申付候、野村（近江国）郷之内、内匠分百五拾石遣之候、全可有知行候、恐々謹言、

天正九
四月廿二日
藤吉郎（羽柴）
秀吉（花押）
次（羽柴）
秀勝（花押）

野村弥八郎殿

４　羽柴秀勝判物〔長浜八幡宮所蔵文書〕

一、来三日より八幡宮遷宮千部経執行付、喧嘩停止之事、
一、殺生禁断之事、

一、植木之枝花折取事、
一、社内江牛馬不可入之事、
一、諸免許之事、
右条数めつらしからさる雖為題目、なを以命違背之族
在之者、理非ニたちいらす、可成敗者也、
天正九
八月　日　　次（羽柴秀勝）（花押）

＊木札

5 羽柴秀勝判物〔舎那院文書〕

当寺領之事、秀吉（羽柴）任折紙之旨、不可有別条候、全可有
寺納之状如件、
天正拾
三月朔日　　次（羽柴）
秀勝（花押）
八幡之内
舎那院

＊折紙

6 羽柴秀吉・秀勝連署覚書〔国立国会図書館所蔵一柳文書〕

覚
山内□（伊）右衛門尉（一豊）
大潮金右衛門尉（正貞）
古田彦三郎
木下勘解由（利匡）
一柳市介（直末）
ひとう甚右衛門尉（尾藤知宣）
いとうかもん（伊藤掃部助祐時）
津田小八郎
以上、　　秀勝（羽柴）（花押）
右見計、人数を相たつへし、　　秀吉（羽柴）（花押）
於虎口うろたへ間敷者也、
六月二日（天正十年カ）

※年次比定は、尾下成敏「信長在世期の御次秀勝をめぐって」（『愛知県史研究』一九、二〇一五年）による。

7 羽柴秀勝制札〔須賀神社所蔵文書〕

すか《（近江国）》の浦惣
制札　中

一、軍勢甲乙人濫妨狼藉之事、
一、陣取放火之事、
一、伐採竹木事、
右之条々堅令停止畢、若於違背之輩者、可処罪科者
也、仍如件、
天正十年六月十七日
秀勝《（羽柴）》（花押）

＊折紙

8 羽柴秀勝禁制〔大阪城天守閣所蔵文書〕

禁制　多賀《（近江国）》社中并町
一、軍勢甲乙人濫妨狼藉之事、
一、陣取放火之事、
一、伐採竹木之事、
右之条々堅令停止畢、若於違背之輩者、速可処罪科
者也、仍如件、
天正十年六月十七日　次《（羽柴）》
秀勝（花押）

＊折紙

9 羽柴秀吉・秀勝連署判物写〔浅井歴史民俗資料館所蔵文書〕

所付
一、四百弐拾石　高山
一、三十五石　かうつはら
一、四拾五石　すいの
合五百石、可有知行也、
今度女房共相越候処、抽馳走条喜悦候、為忠恩五百石令

扶助畢、可有全領知状如件、

次（羽柴秀勝）（花押）

筑前守（羽柴）秀吉（花押）

天正十

六月十九日

広瀬兵庫助殿

10 羽柴秀吉・秀勝連署判物〔称名寺文書〕

今度令赦免召返上者、尊勝寺郷へ有還住、屋敷寺領家来等、如先々可申付者也、

七月朔日（天正十年）

筑前守（羽柴）秀吉（花押）

次（羽柴）秀勝（花押）

称名寺

11 羽柴秀勝判物〔徳勝寺文書〕

祇園之内法花堂之屋敷事、当寺へ寄進申候、自今以後全可有御寺領者也、仍如件、

七月十五日（天正十年）

次（羽柴）秀勝（花押）

八幡之内

徳昌寺

＊折紙

12 羽柴秀勝証文〔安芸市立歴史民俗資料館所蔵文書〕

以多喜郡（丹波国）後河三百石令扶助畢、全可有知行候、恐々謹言、

天正十

九月十五日

次（羽柴）秀勝（花押）

赤堀孫助殿

13 羽柴秀勝禁制〔立政寺文書〕

禁制　立政寺（美濃国）

一、当手軍勢甲乙人濫妨狼藉之事、

一、陣取□□□（放火之）事、

一、剪採竹木之事、
右之条、堅令停止畢、若於違背之輩者、忽可処罪科
者也、仍下知如件、
天正十年十二月日　次（羽柴秀勝）（花押）

＊『岐阜県史　資料編中世二』一二四号

14 羽柴秀勝判物（四居文書）

為合力北郡朝日郷之内五百石宛行了、全永代可有知行状、
如件、
天正十一
未三月十五日　（羽柴）秀勝（花押）
山木甚兵衛殿

＊『東浅井郡志　四巻』三三七頁

15 羽柴秀勝黒印状（安芸市立歴史民俗資料館所蔵文書）

以（丹波国）氷上郡新郷之内五拾石余令加増之畢、全可知行之状如
件、
天正十一年
八月十八日　次（羽柴）秀勝（黒印）
赤尾孫介殿

＊折紙

16 羽柴秀勝知行目録（安芸市立歴史民俗資料館所蔵文書）

赤尾孫介与力分
千石　鉄砲五十丁
上下百人
弐百石　（丹波国）何鹿郡
い田下村
百五拾石　同
山家村
百五十石　（丹波国）ひかミ郡
氷上村
五百石　惣七分
西足立村
以上

天正十一年八月十八日

(羽柴)次秀勝（花押）

赤尾孫介殿

17 羽柴秀吉書状〔大石氏蒐集文書〕

其表儀者雖無御由断候、于今無一途候条、為見廻
松九次(松岡九郎次郎)差越候、猶以各被相談可被入精事肝要候、此
表之儀先書如申候、敵小牧山取上候条、十五町計ニ責詰、
荒手を上掘り構を申付候間、急度可討果候、可御心安候、
猶松岡相含口上候、恐々謹言、

(天正十二年)卯月朔日　(羽柴)筑前守　秀吉（花押）

御預(次)殿(羽柴秀勝)

御陣所

＊『豊臣秀吉文書集』一〇〇四号

18 羽柴秀吉書状〔山田覚蔵氏所蔵文書〕

一、尚以朔日者番替被申候へ共、大らの城ニ者牛介(伊藤)
可被置候事、
一、池尻ニ者石川小七郎(家清)可被置事、
一、政道方かたく可被申付候事、
朔日委細雖申候、重而令申候、仍池尻留守居ニ者石川小
七郎を定番ニ可被入置候、又大らの城ニ者牛介可被置候、
本丸ニ可在之由可被申付候、朔日様子申候へ共、重而又
如此候、尚追々可申候、恐々謹言、

(天正十二年)卯月十二日　(羽柴)筑前守　秀吉（花押）

御次殿(羽柴秀勝)

御陣所

＊折紙

19 羽柴秀吉書状〔岡本文書〕

猶以高山ニ候間、かせをひかれ候て御煩候ましく候、
諸事御由断なく御心かけ専用候、以上、

態申候、大らの城在之儀候条、余の所普請ハ不入事候間、可有其心得候、当山ニ貴所たのミ入おき候間、かまへて〱御由断候ましく候、山下へ用事候ハヽ、助作・加兵へ若ものニ候間、ねんを被入堅被申置、下山候て御用をもかなへられ尤候、返々貴殿見こめ候て在城候条、不可有御由断候、恐々謹言、

筑前守（羽柴）

卯月十二日（天正十二年）　秀吉（花押）

＊折紙か。宛名欠、次秀勝宛と推定される。

20 羽柴秀勝書状〔山田覚蔵氏所蔵文書〕

其表在城、奇敷共候、桑名表ニ敵方より執出相構候つる、無指儀候由、被言上候、替儀追々可被進候、昼夜気遣察入候、謹言、

五月廿七日（天正十二年）　秀勝（羽柴）（花押）

石川小七郎（家清）殿

＊折紙

21 羽柴秀吉朱印書状写〔古今消息集〕

御状令披見候、仍去廿四日到亀山御下着候間、殊小事存入候間、落居不可有程候間、可御心易候、尚追々可申候、恐々謹言、

筑前守（羽柴）

五月廿八日（天正十二年）　秀吉朱印丸

御次（羽柴秀勝）殿

22 羽柴秀勝書状〔犬塚家文書〕

猶々其辺辛労誠々令推量候、具竹庵可申候、以上、

早々飛脚到来、様子聞候て令祝着候、此方之事存分申付候、可心易候、其許隙明候ハヽ、聞繕可被越候、恐々謹言、

六月廿四日（天正十二年）　次（羽柴）秀勝（花押）

＊『愛知県史　資料編12織豊2』五七四号

二、羽柴小吉秀勝文書集

23 羽柴秀勝証文〔安岡寺文書〕

当寺領所々散在並山林等之事、如有来全可有寺納事、専
用候、恐々謹言、

天正十三　羽柴小吉
九月十八日　秀勝（花押1）

安岡寺
　行事御坊

＊折紙

24 羽柴秀勝掟書〔清水家文書〕

　掟　　富田宿久

一、無座無公事事、
　但此方自拝領之内越候者ハ、諸役可為如有来事、

一、国質・所質停止事、
一、諸事宿久中可為年寄次第事、
一、陣取免許事、
一、理不尽之催促停止事、
一、徳政停止事、
一、武士之家停止事、
右如件、
天正拾三年九月吉日　羽柴小吉
秀勝（花押）

虎若

＊『大日本史料　十一編二十冊』四〇四頁

25　羽柴秀勝黒印状〔佐藤行信氏所蔵文書〕

知行之目録事
卅石　いかるか郡山賀村　村木分
以上、
天正十四年十月十九日（黒印１）
とら若

26　羽柴秀勝判物〔大東急記念文庫所蔵小畠文書〕

丹波国氷上郡之内を以弐百拾石、小目録相添遣之条、全可知行者也、
天正十五
十月六日　秀勝〔羽柴〕（花押）
小畠助大夫殿

＊『新修亀岡市史　資料編第二巻』一三五号

27　羽柴秀勝黒印状〔佐藤行信氏所蔵文書〕

氷上郡知行目録事
五拾石　をの村
以上、
天正十五年十月　日（黒印２）
とら若

28 織田信兼等二三名連署起請文写〔「聚楽第行幸記」〕

「同時別紙誓詞有之、文言日付同前」

（敬白　起請

一、就今度聚楽第　行幸、被仰出之趣、誠以難有催感涙事、

一、禁裏御料所地子以下并公家・門跡衆所々知行等、若無道之族於有之者、為各堅加意見、当分之儀不及申、子々孫々無異儀之様可申置事、

一、関白殿（羽柴秀吉）被仰聴之趣、於何篇聊不可申違背事、

右条々、若雖為一事於令違背者、

梵天・帝釈・四大天王、惣日本国中六十余州大小神祇、殊王城鎮守、別氏神・春日大明神・八幡大菩薩・天満大自在天神、部類眷属、神罰冥罰、各可罷蒙者也、仍起請如件、

天正十六年四月十五日）

土佐侍従秦（長宗我部）元親

立野侍従豊臣（木下）勝俊

京極侍従豊臣高次

井（井伊）侍従　藤原直政

金山侍従豊臣（森）忠政

伊賀侍従豊臣（筒井）定次

豊後侍従豊臣（大友）義統

曾禰侍従豊臣（稲葉）貞（典）通

岐阜侍従豊臣（池田）照政

源五侍従豊臣（織田）長益

松任侍従豊臣（丹羽）長重

越中侍従豊臣（前田）利勝

敦賀侍従豊臣（蜂屋）頼隆

河内侍従豊臣（毛利）秀頼

三吉侍従豊臣（織田）信秀

丹後侍従豊臣（長岡）忠興

松島侍従豊臣（蒲生）氏郷

北庄侍従豊臣（堀）秀政
東郷侍従豊臣（長谷川）秀一
左衛門侍従豊臣（斯波）義康
三河少将豊臣（羽柴）秀康
丹波少将豊臣（羽柴）秀勝
津侍従（少将）　平（織田）信兼
「宛所同前」（金吾殿（羽柴秀俊））

＊『群書類従　第三輯』

29　羽柴秀吉朱印御内書〔湯浅文書〕

生白鳥一到来、懇志之程別而悦思食候、其許道・橋之事、無由断入精之由、被聞召届候、尤候、猶浅野弾正少弼（長吉）可申候也、

（天正十八年）二月十一日（朱印）
（羽柴秀勝）大柿少将とのへ

＊折紙

30　羽柴秀勝黒印状写〔「甲斐国志」〕

府内桶大工職当城用所依召使、伝馬之役令免許者也、

天正十八年
八月三日　黒印
勝村清兵衛

31　羽柴秀勝黒印状〔鳴沢村役場所蔵文書〕

当山内江巣鷹候近辺猥立入事、堅令停止候条、相背族ハ忽可加成敗者也、

（天正十八年）九月三日（黒印）
鳴沢郷
地下人中

＊折紙。『山梨県史　資料編8』三〇号

32 羽柴秀勝黒印状（右左口区有文書）

於右左口在家往還之伝馬并塩干物之役、如先規令免除者
也、

天正十八
九月　日（黒印3）

右左口
百姓中

＊折紙。『山梨県史　資料編8』八号

33 羽柴秀勝禁制写（一蓮寺文書）

禁制

一、於当寺中狼藉事、
一、同殺生之事、
一、門前諸役、付押立公事事、
一、竹木伐採事、
一、為私寄進之地、猥違変之事、

右条々、於違背之輩者、速可処厳科者也、

（天正十八年）九月日

一蓮寺

＊後補包紙上書に「一蓮寺　羽柴少将」とある。

34 羽柴秀勝判物（大泉寺文書）

当寺屋敷方并山林竹木共令免除畢、以来不可有相違処也、
仍如件、

天正拾八年十二月三日　（羽柴）秀勝（花押2）

大泉寺

35 羽柴秀勝判物（善光寺大本願文書）

善光寺小御堂□中并屋敷方、仏供田・油田其外諸法度之
儀、任先例之旨可為栗田計条、不可有他綺者也、仍如件、

天正十八年
十二月六日　（羽柴）秀勝（花押）

栗田永寿殿

*『山梨県史　資料編8』一四号

36　羽柴秀勝ヵ印判状写〔巨摩郡古文書〕

自今已後、御分国中以守随秤、可令黄金商売者也、仍如件、

天正十八年十二月十日（円形印輪郭）

*『山梨県史　資料編8』一五号

37　羽柴秀勝判物〔馬淵平六氏所蔵文書〕

只今渡舟為往還当町立置之、諸役免除之事、任先判之旨
不可有相違者也、仍如件、

天正拾九年卯月　日　秀勝（花押2）

38　後陽成天皇口宣案写〔「経遠口宣案」〕

上卿左大将（鷹司信房）

天正廿年正月廿九日　宣旨

右近衛権少将豊臣（羽柴）朝臣秀勝
宜任参議
蔵人権右少弁藤原（甘露寺）経遠奉

39　羽柴秀吉朱印御内書〔開善寺文書〕

昨日書状今日到来、披見候、其方渡海事、本田因幡守（利朝）其
外追々被遣候船、人数壱万乗候図にて被遣候条、其船着
岸迄其地ニ相待、船共来次第可有渡海候、随而当月分兵
粮可被遣候間、成其意、早々奉行可相越候、猶木下半介（吉隆）
可申候也、

五月三日（文禄元年）（朱印）

岐阜宰相（羽柴秀勝）とのへ

40　羽柴秀勝書状〔尊経閣文庫所蔵「武家手鑑」〕

尚々近日可有御下候条、其刻懸御目、万々可申入候、
以上、

度々預示忝存候、上様（羽柴秀吉）御成定日何時ニよらす可被仰越
候、
（羽柴秀長）大納言殿へ其由可申上候条、頼入存候、御煩日々能御座
候間、可御心安候、恐々謹言、
小吉（羽柴）
（年未詳）十一月十一日　秀勝（花押2）
多賀出雲守殿（秀家）
御返報
＊折紙。天正十五年～同十七年。

三、羽柴秀保文書集

41 羽柴家奉行人連署書状〔天理大学附属図書館所蔵保井文庫文書〕

態申入候、先度儀［　　］御朱印出申候、御約束之日数被
成御上洛、御礼可被仰上候、恐惶謹言、
浅野弾正少弼
（天正十七年カ）十一月廿五日　長吉（花押）
石田治部少輔
三成（花押）
増田右衛門尉
長盛（花押）
（羽柴秀保）郡山侍従殿
［　　］
＊折紙か

42　羽柴秀吉加印・羽柴秀保判物〔平松雪夫氏所蔵文書〕

於紀伊国名草郡中郷之内五百石事、遣之候、全可領知之
状、如件、

天正十九
（朱印）八月廿二日　秀保（羽柴）（花押）

伊藤忠兵衛尉とのへ

＊『豊臣秀吉文書集』三七四〇号

43　羽柴秀保判物写〔多賀文書〕

今度大和国奈良町中へ和利付ニ借シ置金銀米銭之事、悉
被為奇破訖、其段堅可申付候也、

天正十九年八月廿四日　御朱印（羽柴秀吉）

如此被仰出候、猶堅可申付候由、御諚間、可被成其意候也、

天正十九年八月廿五日　秀保（羽柴）

44　羽柴秀保判物写〔黄薇古簡集〕

為新知六百石、本知共に都合千石遣候、軍役之儀弓相嗜、
弥奉公肝要候也、

天正十九年
九月廿六日　秀保（羽柴）（花押）

伊丹神大夫とのへ

45　羽柴秀保判物写〔庁中漫録〕

宇智郡小阿村之内三拾石、永代令寄附畢、全令領知、勤
行等不可有懈怠者也、

天正十九年
十二月十日　秀保（羽柴）書判

金剛山大宿
御房

＊『奈良史料叢書』五

46 羽柴秀吉朱印御内書（泰巖歴史美術館所蔵文書）

従大津聚楽へ御鷹之鳥被為持候小者事、ゆかたひらのうしろに大なる丸をくろくごすミにて壱ツ付させ、千人分申付、十四日ニ大津へさし越、鳥奉行・弓鉄炮大将へ可相渡候也、

（天正十九年）十二月十二日（朱印）

（羽柴秀保）大和宰相とのへ

＊『豊臣秀吉文書集』三八五六号

47 御陽成天皇口宣案写（「柳原家記録」所収「資勝卿符案」）

「上卿花山院（定熙）中納言」

天（正廿年正月）――――廿九日

参議右近衛権中将豊臣（羽柴）朝臣秀保

宣任権中納言

蔵人右中弁藤原（日野）資勝奉

48 羽柴秀吉朱印消息（古文書纂）

せいほのしうきとして、こふく二かさね・御しやうぞく・おひ、いつれもうつくしくしたて、并たる三か・三しゆかれいとして、はる〴〵よろこひ存しめし候、まことにいく久しくと祝いりまいらせ候、なをつほね・かうさうすかたより申候へく候、あなかしこ、

（文禄元年か）十二月廿一日　ひて（羽柴）吉（朱印）

（上書）「（墨引）

（羽柴秀保）やまと中納言　（羽柴秀吉）大かう

うちへ　」

＊『豊臣秀吉文書集』四二六一号

49 羽柴秀次朱印御内書（熊野神社文書）

去月晦日之書状、委細可被披見候、仍高麗之様子并其元之躰彼是注進、精を入之段、被悦思召候、猶珍事候者可申越候、将又此方用所可被申候也、

三月十三日（文禄二年）　（朱印）（羽柴秀次）
大和中納言（羽柴秀保）殿

＊『松江市史　資料編４中世Ⅱ』八九二頁

50　羽柴秀保書状〔小早川家文書〕

御状披見仕候、其面之様子、一々預示候、令承知候、長々御辛労、度々如申候、無申計儀候、先度以使札申候処ニ御懇報喜悦候、其国之儀、追々被仰出子細候条、急度被明御隙、可有御帰朝候条、其刻連々儀可申承候、猶羽田長門守（正親）可申入候、謹言、

五月十八日（文禄二年）　秀保（羽柴）（花押）
筑前侍従（小早川隆景）殿

＊折紙。

51　徳川家康等二〇名連署起請文〔東京国立博物館所蔵文書〕

対大明国勅使、面々召仕候者、悪口申之由被及　聞召、御触之通、得其意奉存候、急度可申付候、向後若左様之者御座候ニ付てハ、其者之儀ハ不及申、主人迄曲事ニ可被仰付候、以上、

文禄弐年五月廿日
江戸大納言（徳川家康）（花押）
大和中納言（羽柴秀保）（花押）
丹波中納言（羽柴秀俊）（花押）
岐阜中納言（織田秀信）（花押）
加賀宰相（前田利家）（花押）
会津少将（蒲生氏郷）（花押）
越後宰相（上杉景勝）（花押）
津中将（織田信兼）（花押）
龍野侍従（木下勝俊）（花押）
八幡山侍従（京極高次）（花押）
羽柴河内侍従（毛利秀頼）（花押）
金山侍従（森忠政）（花押）

北庄侍従（堀秀治）（花押）
結城少将（結城秀康）（花押）
松任侍従（丹羽長重）（花押）
佐竹侍従（佐竹義宣）（花押）
山県出羽侍従（最上義光）（花押）
安房侍従（里見義康）（花押）
宇都宮弥三郎（国綱）（花押）
伊賀侍従（筒井定次）（花押）

52 羽柴秀保書状写〔東洋文庫所蔵文書〕

紀伊国中陰陽師相改、女子共ニ民部卿法印（前田玄以）・浅野弾正少弼（長吉）・石田治部少輔（三成）ニ急度引渡候様堅可申触候、為其高札遣之候、不可有由断候也、
（文禄二年）十一月廿日　（羽柴）秀保
桑山（重晴）治部卿法印
藤堂（高虎）佐渡守とのへ

＊折紙

53 羽柴秀保書状〔大阪城天守閣所蔵文書〕

返々頓民法（前田玄以）かたへ被仰出候様可申上候歟、
其方隙明次第
関白様（羽柴秀次）へ罷出、直 伝八事、今度之御供可召連候、諸大夫之事可申上候、次ニ渡辺次右衛門両人をも諸大夫ニなしたく候間、此旨可申上候、謹言、
（文禄三年）卯月五日　（羽柴）秀保（花押）
（奥捻封上書）「（墨引）藤堂佐渡守（高虎）殿　秀保」

54 羽柴秀吉朱印書状〔三溪園所蔵文書〕

尚以二重の塔にて一段わひしき塔之由候条、山の端に被立度思召候、少も被急候て可被申付候、但其方茶のゆぬるく候ハ丶、かやうのわひ所の作事出来かね可申候、すきたきり候ハ丶、早速可出来候、

さ候ハ、滝にて一服可申候、藤堂（高虎）ニ被仰付候へと
もなまうけニ仕候間、出来候はんと思召候、以上、
和州多門仁不入古塔有之由候、然者其国大工を以取壊、
伏見へ相届、則右大工にて被相立候者可悦入候、於出来
者滝之座敷にて一服可申候条、可被得其意候、委細藤堂
佐渡守被仰含候、謹言、
（文禄三年）八月廿三日（朱印）
（羽柴秀保）大和中納言殿

＊『豊臣秀吉文書集』四九六七号

55　羽柴秀保書状〔尊経閣文庫所蔵文書〕

其地御普請無油断由、喜悦候、就中河関之事、下々申事
なと不仕様ニ、為面々可被申付候、御成隙明候者、早々
罷越、其元之様子見舞可申候、返々下々申事仕候者、重々
可為曲事候、委曲者長門守（羽田正親）可申候也、
（文禄三年カ）九月廿一日　秀保（羽柴）（花押）
多賀出雲守（秀家）殿
宇多下野守（頼忠）殿
福智三河守（政直）殿
松倉九八郎殿
松浦安大夫殿
秋山右近大夫殿
深沢六郎殿
湯河二郎太郎殿
鯰江勘衛門尉殿

＊折紙

56　徳川家康書状〔江戸東京博物館所蔵文書〕

態令啓候、仍御湯治以来者為御見舞、以書状等不申入、
無音所存之外候、如何之御湯治相当申候哉、承度存候、
将又先度
御成御機嫌能、万事仕合、無残所可御心安候、猶令期後

音之時候、恐々謹言、
（文禄四年）卯月四日　（徳川）家康（花押）
（羽柴秀保）太和中納言殿

＊折紙か。「猶」と「令」以下の間に、二行ほど欠失あるか（原史彦「新出史料「徳川家康書状　豊臣秀保宛」および「式御成之次第」について—文禄四年、豊臣秀吉の徳川邸御成に関する史料的考察」『金鯱叢書』第四一輯、二〇一四年）。

57　羽柴秀保書状〔上坂文書〕

為音信樽二到来喜悦候、湯相当候、可心易候、委ハ（野田）半左衛門尉可申候也、
（文禄四年）四月五日　（羽柴）秀保（花押）
（正信）上坂八右衛門尉との

58　羽柴秀保書状〔長谷寺文書〕

為雪湯之佳慶、鵝眼二百疋到来、令悦喜候、羽田長門守（正親）可申候、恐々謹言、
（年未詳）二月十七日　（羽柴）秀保（花押）
長谷寺

＊折紙

59　羽柴秀保書状〔大阪城天守閣所蔵文書〕

聞茶早々到来、喜悦候、当年も弥以茶可入精候也、
（年未詳）三月廿八日　（羽柴）秀保（花押）
春松軒

＊折紙か

60　羽柴秀保黒印状〔春岳院文書〕

為見舞三荷・三種到来、喜悦候、悉ハ野田半左衛門可申候也、
（年未詳）卯月五日（黒印）
郡山
惣町中

＊折紙

61　羽柴秀保書状〔広島大学所蔵猪熊文書〕

態見舞人を遣候、湯治相応候哉、無心元候、能養生候而
頓而可被越候也、
　　（年未詳）
　　五月廿日　　秀保（秀保）（花押）
　　　　桑山式部大輔殿

＊『広島大学所蔵猪熊文書（一）』一五五頁

62　羽柴秀保書状〔春岳院文書〕

為八朔之祝儀青銅五百疋到来、喜入候、猶渡辺彦左衛門
尉可申候也、
　（年未詳）
　八月二日（羽柴秀保）（花押）
　　　郡山
　　　　町中

＊折紙

63　羽柴秀保書状写〔「別本前田家所蔵文書」〕

態飛脚進之候、其方煩千々万々無心元候、養生肝要候、
我等事御用ニ付て、大坂罷下候、時宜可然候、可心安候、
如何近田（定）右近可申候、謹言、
　　　　　　　　　　　　羽柴
　　（年未詳）
　　八月廿二日　　　　　　秀保判
　　　多賀出雲守（秀家）殿

四、常閑文書集

64 常閑判物ヵ写〔『犬山里語記』〕

貴老父子居屋敷町役之儀、諸事永代令免許候外、田畠之事ハ諸役等堅可有其沙汰者也、

天正十八　　武入道

九月十一日　　常閑

承賀老

＊『犬山市史　史料編三』五五四頁

65 常閑黒印状写〔妙海寺文書〕

熊野町法花宗寺屋敷、東西四拾間余・南北三拾間余、地下以下永代令寄進畢、全不可有相違者也、

天正十八　　武蔵入

九月十九日　常閑黒印

法花宗寺

惣坊中

＊『犬山市史　史料編三』四七九頁

66 羽柴秀吉朱印御内書〔『尾張国遺存豊臣秀吉史料写真集』〕

為見廻使者、殊包丁五枚・髪刀鈪二到来、悦思食候、仍其方所労事得快気之由候、弥養生儀不可有油断候、随而其国堤之事、入念堅可申付候、猶木下半介（吉隆）可申候也、

（文禄元年）
十月廿日（朱印）

三位法印

＊『豊臣秀吉文書集』四二七九号

67 羽柴秀吉朱印消息〔瑞龍寺文書〕

（羽柴秀保）
中納言もふたんそはに候て、ちそうのよし、さやうになくて、かなハぬ事にて候、又おこりのなきやうに、やうしやう御ゆたん候ましく候、くわし

くハかうそうす申へく候、
煩すこしよく候よしの御返事候へハ、一たんと心やすく
候、関白殿（羽柴秀次）せいを御入候よし、よき事にて候、さやうの
煩ハ、心のやうしやうかんよふなる物にて候まゝ、いか
にものと々々と心しつかに御やうしやう候へく候、何や
うの御よふにても御心をうすらけ給候へく候、かしく、
（文禄二年）正月九日（朱印）
（切封墨引）
「（見返上書カ）（瑞竜院殿）いぬ山とのへ」

＊折紙か。

68 常閑黒印状〔坂井文書〕

為扶助百石宛行畢、目録別紙有之、全可領知状、如件、
文禄三年
三月十九日　常閑（黒印）
堺伊三郎とのへ

＊折紙

69 常閑黒印状〔坂井文書〕

知行方目録
尾州
一、百石　東野村内
已上、
右、全可領知之状、如件、
文禄三年三月十九日　常閑（黒印）
坂井伊三郎殿

70 羽柴秀次朱印御内書写〔「駒井日記」〕

清須町中之事奉行共仕立上候帳面　太閤（羽柴秀吉）御方掛御目候
処、則尾州之内従在々相越、町人ニ成候者共七百六拾余
人事、早々前々居住之在々所々江返進、耕作以下其在所
役相勤候様ニ可申付旨、被仰出候、然間清須之町を片付

可申付存候、何方成共末々町明所ニ成候様ニ被見計、兎角之立置候町並明所無之様ニ尤候、片付候上町末々明所分者、耕作申付候様ニ被仰付候間、右彼是被得其意入念可被申付者也、

（文禄三年）卯月朔日

三位法印

＊『増補駒井日記』一五六頁

71 常閑判物写〔「張州府志」〕

其町市之事、如前々八日・十八日・廿八日、一ヶ月三日可相立之状、如件、

文禄三年午　三位法印

七月朔日　常閑花押

みその町

老衆中

＊『美和町史　人物二』三六頁

72 常閑黒印状〔浅野文書〕

文禄弐年十一月二日

（羽柴秀吉）太閤様被下八木五拾石請取申候間、木下大膳（吉隆）折紙と此請取を被引合、可被遂勘定者也、

三位法印

文禄三年午十一月　常閑（黒印）

善福寺

池之坊

掃部

73 常閑黒印状〔性海寺文書〕

清須之内七寺、従先々依為貴寺之末寺不相替令寄扶畢、全不可有相違之状、如件、

文禄四年

建性院

六月　日　常閑（黒印）

性海寺

＊折紙

74 常閑書状〔田島家文書〕

寄思召汀鱠一桶送給候、御懇志之段祝着無他候、先日者
御尋、早々御帰共候、恐々謹言、

三位法印

（年未詳）七月晦日　常閑（花押）

田島殿

人々御中

＊折紙

75 羽柴秀頼消息〔瑞龍寺文書〕

久御をとつれ不申、心より外にて候、御そくさいに御座
候や、うけ給たく存候、世も涼しくなり候まゝ、ちと〳〵
御出待申候、高台院殿（木下寧々）御けかう候て、まんそく申候、此
銀子二百枚まいらせ候、委者大くら卿より申へく候、め
てたく候、又候へく候、

（年未詳）八月十日

（見返上書カ）「瑞竜院殿　秀頼（羽柴）」

＊折紙か

【初出一覧】

総　論

黒田基樹「総論　羽柴秀吉一門の研究」（新稿）

第1部　秀吉の出自と石松丸秀勝・次秀勝

Ⅰ　跡部信「天下人秀吉の出自と生い立ち」（播磨学研究所編『姫路城主「名家のルーツ」を探る』神戸新聞総合出版センター、二〇一二年）

Ⅱ　横地清「尾張中村雑考」（『郷土文化』三五巻三号、一九八一年）

Ⅲ　桑田忠親「長浜で早死した太閤の嫡子」（『国学院雑誌』六〇巻四号、一九五九年）

Ⅳ　山本順也「朝覚秀勝の再検討」（長浜市長浜城歴史博物館・長浜市曳山博物館編『長浜城主・秀吉と歴代城主の変遷』長浜市長浜城歴史博物館・長浜市曳山博物館、二〇二三年）

Ⅴ　尾下成敏「信長在世期の御次秀勝をめぐって」（『愛知県史研究』一九号、二〇一五年）

Ⅵ　高木嘉正「御次秀勝と生母養観院」（『別冊歴史読本　立体分析織田信長の正体』新人物往来社、一九九六年）

第2部　羽柴秀次とその一族

Ⅰ　諏訪勝則「織豊政権と三好康長―信孝・秀次の養子入りをめぐって―」（米原正義先生古稀記念論文集刊行会編『戦国織豊期の政治と文化』続群書類従完成会、一九九三年）

Ⅱ　太田浩司「八幡山城主秀次の統治」（『近江八幡の歴史第七巻』第一章第一節第一項、近江八幡市、二〇一七年）

Ⅲ　三鬼清一郎「豊臣秀次の入部」（『新修名古屋市史第二巻』第八章第一節、名古屋市、一九九八年）
Ⅳ　諏訪勝則「関白秀次の文芸政策」（『栃木史学』九号、一九九五年）
Ⅴ　遠藤珠紀「豊臣秀次事件と金銭問題」（『日本歴史』八六七号、二〇二〇年）
Ⅵ　平山優「羽柴秀勝の入国と支配」（『山梨県史』通史編3、第一章第一節第二項、山梨県、二〇〇六年）
Ⅶ　山田彦郎「三好吉房」（『美和町史』人物一、愛知県海部郡美和町、一九九五年）

【執筆者一覧】

総　論

黒田基樹　別掲

第1部

跡部　信　一九六七年生。現在、大阪城天守閣研究主幹。
横地　清　一九二二年生。故人。元、東海大学教授など。
桑田忠親　一九〇二年生。故人。國學院大學名誉教授。
山本順也　一九七一年生。現在、神奈川県立公文書館会計年度任用職員。
尾下成敏　一九七二年生。現在、京都橘大学文学部教授。
高木嘉正　元、歴史研究会会員。

第2部

諏訪勝則　一九六五年生。現在、陸上自衛隊高等工科学校教官。
太田浩司　一九六一年生。現在、淡海歴史文化研究所所長。
三鬼清一郎　一九三五年生。現在、名古屋大学名誉教授。
遠藤珠紀　一九七七年生。現在、東京大学史料編纂所准教授。
平山　優　一九六四年生。現在、健康科学大学特任教授。
山田彦郎　故人。元、美和町歴史民俗資料館館長。

【編著者紹介】

黒田基樹（くろだ・もとき）

1965年生まれ。

早稲田大学教育学部卒。駒澤大学大学院博士後期課程満期退学。

博士（日本史学、駒澤大学）。

現在、駿河台大学教授。

著書に、『図説 北条氏康』『戦国期関東動乱と大名・国衆』『増補改訂 戦国大名と外様国衆』『太田道灌と長尾景春』（いずれも戎光祥出版）、『増補 戦国大名』（平凡社）、『徳川家康の最新研究』（朝日新聞出版）『羽柴を名乗った人々』『家康の天下支配戦略』（いずれもKADOKAWA）など多数。

編著に、『足利成氏・政氏』『足利高基・晴氏』『鎌倉府発給文書の研究』『徳川家康とその時代』『北条氏康とその時代』『戦国武将列伝２ 関東編 上』『戦国武将列伝３ 関東編 下』『古河公方・足利義氏』『上杉謙信とその一族』（いずれも戎光祥出版）ほか多数。

シリーズ装丁：辻　聡

シリーズ・織豊大名の研究　第一三巻
羽柴秀吉《はしばひでよし》　一門《いちもん》

二〇二四年一一月八日　初版初刷発行

編著者　黒田基樹
発行者　伊藤光祥
発行所　戎光祥出版株式会社
東京都千代田区麹町一－七
相互半蔵門ビル八階
電　話　〇三－五二七五－三三六一㈹
FAX　〇三－五二七五－三三六五
編集協力　株式会社イズシエ・コーポレーション
印刷・製本　モリモト印刷株式会社

https://www.ebisukosyo.co.jp
info@ebisukosyo.co.jp

ISBN978-4-86403-546-0